Reiner Keller | Achim Landwehr |
Wolf-Andreas Liebert | Werner Schneider |
Jürgen Spitzmüller | Willy Viehöver

Diskurse untersuchen

Ein Gespräch zwischen den Disziplinen

Die Autoren

Reiner Keller, Dr. phil., Professor für Allgemeine Soziologie an der Philosophisch-Sozialwissenschaftlichen Fakultät der Universität Augsburg.

Achim Landwehr, Dr. phil., Professor für Geschichte der Frühen Neuzeit an der Philosophischen Fakultät der Heinrich-Heine-Universität Düsseldorf.

Wolf-Andreas Liebert, Dr. phil., Professor für Germanistische Linguistik im Fachbereich 2 Philologie / Kulturwissenschaften an der Universität Koblenz-Landau (Campus Koblenz).

Werner Schneider, Dr. phil., Professor für Soziologie an der Philosophisch-Sozialwissenschaftlichen Fakultät der Universität Augsburg.

Jürgen Spitzmüller, Dr. phil., Professor für Angewandte Sprachwissenschaft an der Philologisch-Kulturwissenschaftlichen Fakultät der Universität Wien.

Willy Viehöver, Ph.D., Senior Researcher am Lehrstuhl für Technik und Gesellschaft (SoTec) im Human Technology Center (HumTec) der RWTH Aachen.

Das Werk einschließlich aller seiner Teile ist urheberrechtlich geschützt. Jede Verwertung ist ohne Zustimmung des Verlags unzulässig. Das gilt insbesondere für Vervielfältigungen, Übersetzungen, Mikroverfilmungen und die Einspeicherung und Verarbeitung in elektronische Systeme.

Dieses Buch ist erhältlich als:
ISBN 978-3-7799-6145-1 Print
ISBN 978-3-7799-5446-0 E-Book (PDF)

1. Auflage 2020

© 2020 Beltz Juventa
in der Verlagsgruppe Beltz · Weinheim Basel
Werderstraße 10, 69469 Weinheim
Alle Rechte vorbehalten

Herstellung: Hannelore Molitor
Satz: Renate Rist
Druck und Bindung: Beltz Grafische Betriebe, Bad Langensalza
Printed in Germany

Weitere Informationen zu unseren Autor_innen und Titeln finden Sie unter: www.beltz.de

Inhaltsverzeichnis

Diskurse untersuchen – ein Gespräch zwischen den Disziplinen.
Einführende Bemerkungen   7

1. Biographischer Zugang   11

2. Disziplinäre Zugänge   24

3. Diskursive und nicht-diskursive Praktiken, Sprache und Wissen   46

4. Positionen der Diskursforschung in den einzelnen Disziplinen   64

5. Methodologie und Methoden   80

6. Beschreiben, Verstehen, Erklären   104

Literatur   126

Diskurse untersuchen – ein Gespräch zwischen den Disziplinen

Einführende Bemerkungen

Diskurs und *Diskursforschung* bezeichnen nicht nur zwischen den verschiedenen geistes-, kultur- und sozialwissenschaftlichen Disziplinen, sondern auch innerhalb einzelner Fächer und Forschungsrichtungen mitunter ganz Unterschiedliches. Das ist nicht nur für Neuankömmlinge im Feld der Diskursforschungen verwirrend, sondern immer wieder auch für diejenigen, die sich darin schon länger bewegen. Zu den häufig – mit großer Berechtigung und je nach Disziplin unterschiedlicher Gewichtung – gestellten Grundfragen gehören bspw. die folgenden:

- Lässt sich *Diskurs* terminologisch präzise innerhalb einer Disziplin oder gar zwischen Disziplinen einigermaßen konsensuell bestimmen?
- Welche Fragestellungen sind mit dem Diskurskonzept und der Diskurstheorie verbunden?
- Sind diese Fragestellungen – und mithin auch das Diskurskonzept – in verschiedenen Disziplinen (wie der Soziologie, der Sprachwissenschaft, der Geschichtswissenschaft) aufgrund ihrer unterschiedlichen Traditionen notwendigerweise andere, oder überwiegen die gemeinsamen Perspektiven?
- Wie sind die Beziehungen zwischen Diskursen, Akteuren, Praktiken, Medialitäten und Materialitäten zu denken?
- Wie kann man das Verhältnis von Sprache, Bedeutung und Wissen fassen?
- Wie verhält sich Diskursives und Nicht-Diskursives zueinander? Ist diese Unterscheidung überhaupt sinnvoll?
- Wie lassen sich Machteffekte von/in Diskursen bestimmen?
- Wie sind Diskurstheorie, Methodologie und Methoden des Forschens miteinander und mit der konkreten Analysearbeit verbunden?
- Warum und wozu könnte welche Diskursforschung in dieser oder jener Form betrieben werden, und welche Erkenntnisinteressen lassen sich damit verfolgen?
- Wie und wo lassen sich Grenzen der Diskursforschung ausmachen?
- Welche Fragen können im Rahmen von Diskursforschung bearbeitet werden, und welche nicht?
- Was bedeutet *Interdisziplinarität* im Feld der Diskursforschung? Gibt es Fragen, die beispielsweise eher von der soziologischen oder geschichtswissenschaftlichen Diskursforschung bearbeitet werden können als von der sprachwissenschaftlichen? Oder ist Diskursforschung gerade der Versuch einer Überwindung solcher disziplinärer Grenzziehungen? Ist eine monodisziplinäre Diskursforschung überhaupt möglich? Wenn ja, wie ließe sich diese begründen?

Es gibt zu den hier exemplarisch aufgeworfenen Fragen inzwischen eine beträchtliche Menge an Literatur, die dafür sicherlich viele Hilfestellungen bietet. Der vorliegende kleine Band nimmt sie ebenfalls auf, wählt aber mit der Form des Gesprächs zwischen Vertretern verschiedener Disziplinen und Ansätze einen etwas anderen Zugang zu ihrer Beantwortung, oder vielleicht besser: zu ihrer Diskussion. Tatsächlich erlaubt das Gespräch eine besondere Form der Verständigung. Nicht nur führt die Mündlichkeit zu einem letztlich persönlicheren und hoffentlich zugänglichen Sprachduktus. Mehr noch, dadurch werden unmittelbare Nachfragen, Einwände oder Zustimmungen möglich, gewiss im besten Falle »stellvertretend«, aber doch in einer Weise, die auch im Lesen den Nachvollzug von Argumenten, ihre Auslassungen, ihre Korrekturen, ihre Verschiedenheit ermöglicht, fast so, als wäre man selbst dabei – was man als Leserin, als Leser in gewissem Sinne dann ja auch ist. An die Stelle der üblichen Prozeduren von schriftlicher Erläuterung und anschließender wiederum schriftlicher Bezugnahme (häufig über mehrere Ecken und Umwege) tritt in einem solchen Gespräch der direkte dialogische Kontakt, der häufig sehr viel geeigneter ist, Missverständnisse schnell zu klären, Übereinstimmungen festzustellen, aber auch Unterschiede zu markieren, zu begründen und beizubehalten. Das Ziel eines solchen Gespräches ist dann keineswegs der Konsens, sondern vielleicht eher das Verstehen der Anderen und die Klärung des Verhältnisses von Übereinstimmungen und Differenzen. Sehr viel leichter als es im Rahmen von monologisierenden Textformaten möglich ist, kann damit ein polyphones, ein mehrstimmiges Unterfangen deutlich werden, das bei aller Verschiedenheit doch daran interessiert ist, Gemeinsames zu finden, Anderes nicht polemisierend beiseite zu schieben, sondern aus der Verständigung heraus Differenzen zu respektieren und ihren Nutzen für ein letztlich doch irgendwie miteinander verwobenes Unterfangen zu erkennen. Im besten Fall kann man aus einem Gespräch zwischen den Disziplinen auch etwas über die Begrenztheiten der jeweils eigenen Disziplin und Perspektive lernen und eine solche Erkenntnis dann produktiv für die Entwicklung der eigenen Überlegungen nutzen. Denn:

> »Es gibt im Leben Augenblicke, da die Frage, ob man anders denken kann, als man denkt, und anders wahrnehmen kann, als man sieht, zum Weiterschauen oder Weiterdenken unentbehrlich ist.« (Foucault 1995: 15 [1984])

Die hier wiedergegebene Diskussion über den Diskursbegriff, die Möglichkeiten, Vorgehensweisen, Probleme und offenen Fragen der Diskursforschung versammelt Beiträge einer zweitägigen Gesprächsrunde, deren einzelne Abschnitte in den vergangenen Jahren in der *Zeitschrift für Diskursforschung/Journal for Discourse Research* (Beltz Juventa) erschienen sind. Mehrere positive Rückmeldungen zu dieser Beitragsreihe und ihrer Eignung gerade für den Einstieg in das Feld der Diskursforschung haben den Ausschlag dafür gegebenen, sie hier noch einmal im Zusammenhang vorzustellen. Für die vorliegende Ausgabe wurden dazu kleinere Literaturergänzungen vorgenommen. Beteiligt waren der Geschichtswissenschaftler *Achim Landwehr* (Universität Düsseldorf), die Sprachwissenschaftler *Wolf-Andreas Liebert* (Universität Koblenz-Landau, Campus Koblenz) und *Jürgen Spitzmüller* (Universität Wien), sowie die Soziologen *Reiner Keller* (Universität Augsburg), *Werner Schneider* (Universität Augsburg) und *Willy Viehöver* (Technische Universität Aachen). Sie alle arbeiten seit vielen Jahren zu Fragen der Diskursforschung und laden hiermit die LeserInnen dazu ein, in ihre Verständigungen mit einzutreten.[1]

Die Idee zu einer solchen Veranstaltung entstand aus der langjährigen, disziplinär ganz unterschiedlich verorteten Befassung der Autoren mit Fragen der Theorie und Empirie der Diskurse. Die Einführung und Nutzung des Begriffes »Diskurs« im Sinne eines an Michel Foucault angelehnten Verständnisses, aber auch in davon unterscheidbaren soziologischen, politiktheoretischen oder (z.T. »kritischen«) sprachwissenschaftlichen Perspektiven, begann in den deutschen Geistes- und Sozialwissenschaften in der ersten Hälfte der 1990er Jahre. Hier entstanden im Anschluss an Rezeptionen von mehr oder weniger grundlegenden und bis heute einflussreichen Arbeiten (und teilweise auch deren Übersetzungen) aus dem Englischen und Französischen sowie an wenige vorangehende deutschsprachige Pionierarbeiten erste Begriffsklärungen sowie eine größere Zahl von empirischen Untersuchungen, die in ganz unterschiedlicher Weise Umsetzungen und Anpassungen des Diskursbegriffs und der Diskursforschung für ihre jeweiligen disziplinären Kontexte vornahmen. Ihnen gemeinsam war implizit oder explizit eine deutliche Absetzung von der *Diskursethik*, die Jürgen Habermas seit den 1970er Jahren entwickelt hatte, und die in einflussreicher Weise den Gebrauch eines spezifischen Diskursbegriffs (im Sinne eines an Geltungsbedingungen des kommunikativen Handelns orientierten Settings für argumentativen Austausch) prägte.

Mit leichter Verzögerung zur umfangreichen Konjunktur von Diskursforschungen im englischsprachigen Raum, und im Unterschied zur eher auf die Sprach- und z.T. Geschichtswissenschaften beschränkte Nutzung des Begriffs in Frankreich, entfaltete sich im deutschsprachigen Raum seit Ende der 1990er Jahre eine breite, vielfältige, international vernetzte und lebendige Konjunktur von Diskursperspektiven und diskursorientierten Studien. Dafür können Einführungen, Zeitschriften, Handbücher und andere Überblickswerke, auch Buchreihen, Konferenzen, Methodenworkshops, vor allem aber eine Vielzahl von empirischen Studien in ganz unterschiedlichen Disziplinen und mit je spezifischen Erkenntnisinteressen als Belege angeführt werden.

Die angesprochene Vielfalt von Zugängen und Fragestellungen erfordert jedoch immer wieder auch Vergewisserung oder Verständigungen darüber, was in theoretischer, methodologischer und methodisch-praktischer Hinsicht passiert, wenn es um Diskursforschung geht. Denn gerade die Breite von (häufig disziplinspezifischen Fragestellungen geschuldeten) Verwendungsweisen, aber auch die sich aus den inter- und transdisziplinären Potenzialen des Diskursbegriffs ergebenden notwendigen Verständigungsprozesse fokussieren immer wieder die eingangs aufgeführten Grundfragen in Bezug auf die Ansätze und Anliegen der Diskursforschung. Sicherlich wären auch Verständigungen über spezifischere Anliegen und aktuelle Herausforderungen notwendig, wie sie etwa durch Digitalisierungen, Bildlichkeit bzw. Multimodalität, durch die Vernützlichung der Geistes- und Sozialwissenschaften im Zuge der anwendungs- bzw. gebrauchsorientierten

---

[1] Das Gespräch fand im Oktober 2009 in Augsburg statt. Der ebenfalls eingeladene Wiener Historiker Franz Eder musste krankheitsbedingt kurzfristig absagen. Die Diskussionsbeiträge wurden von den Teilnehmenden für die spätere Veröffentlichung in der Zeitschrift für Diskursforschung durchgesehen, aktualisiert sowie mit Literaturhinweisen versehen.

Ökonomisierung von Bildung und Forschung, aber auch durch Theoriebewegungen wie den Neuen Materialismus gestellt werden. Solche Diskussionen hätten jedoch das Vorhaben einer Verständigung über Grundlagen und Vorgehensweisen gesprengt. Der vorliegende Band kann und will zu den eingangs aufgeworfenen Fragen keine abschließenden Antworten liefern. Er versteht sich ganz im Gegenteil als Einladung zu einem Gespräch noch in einem ganz anderen Sinne – einem Gespräch, das seinen Lauf genommen hat und nehmen wird, und von den Beiträgen vieler Beteiligter lebt, wie Kenneth Burke schreibt:

»Der Stoff zu dem Drama kommt aus dem »unendlichen Gespräch«, das schon im Gang ist, wenn wir geboren werden. Es ist, wie wenn ich einen Salon betrete. Ich bin recht spät gekommen, andere sind schon länger da und sind in einem lebhaften Gespräch begriffen. Die Erregung ist nicht gering und keiner will einen Augenblick innehalten, um mir zu berichten, worum es eigentlich geht. Genaugenommen kann das auch niemand, denn das Gespräch war schon längst im Gange, als noch keiner von den jetzt Anwesenden da war, und daher wäre keiner von ihnen in der Lage, alle vorhergegangenen Phasen der Diskussion zu rekapitulieren. Ich höre eine Zeitlang zu, bis ich glaube, das, worum es geht, einigermaßen mitbekommen zu haben – und ich beginne mitzureden. Einer antwortet, ich antworte ihm, ein zweiter kommt mir zu Hilfe, ein dritter nimmt Partei gegen mich, was meinen Gegner entweder freut oder ihm peinlich ist – das hängt davon ab, wie gut oder schlecht der Beistand ist, den ich von meinem Verbündeten bekomme. Doch die Diskussion nimmt kein Ende. Es wird spät, ich muß gehen. Und wenn ich gehe, ist das Gespräch immer noch mit unverminderter Lebhaftigkeit im Gange. Aus diesem unendlichen Gespräch (diese Vorstellung liegt dem Werk Georg Herbert Meads zugrunde) kommt der Stoff für das Drama.« (Burke 1966: 105 f. [1941])

Reiner Keller, Achim Landwehr, Wolf-Andreas Liebert, Werner Schneider, Jürgen Spitzmüller, Willy Viehöver

Literatur

Burke, K. (1941/1966): Dichtung als symbolische Handlung. Eine Theorie der Literatur. Übers. von G. Rebing. Frankfurt am Main: Suhrkamp.
Foucault, M. (1984/1995): Sexualität und Wahrheit, Bd. 2: Der Gebrauch der Lüste. Übers. von U. Raulff u. W. Seitter. 4. Aufl. Frankfurt am Main: Suhrkamp.

1 Biographischer Zugang

Werner Schneider
Während meines Studiums an der Ludwig-Maximilians-Universität München (LMU) in den 1980ern – Soziologie, Psychologie und Pädagogik – habe ich nicht unmittelbar mit Foucault oder dem Diskursbegriff gearbeitet, sondern lediglich in Seminaren das ein oder andere an Texten nebenbei mitbekommen (insbesondere in der Sozialpsychologie). Gleich nach dem Studium fing ich im Jahr 1989 damit an, mich intensiver mit der Thematik des Zusammenhangs von Sprache und Wirklichkeit zu beschäftigen, indem ich einen Vergleich zwischen Dell H. Hymes (1962) *Ethnographie des Sprechens* und Foucaults Diskursbegriff versucht habe. Hier spielte einerseits das Interesse an der Kulturanthropologie eine Rolle sowie andererseits meine soziologische »Theorie-Sozialisation« während des Studiums, die um Verstehende Soziologie und Theorie der Symbolischen Interaktion kreiste. Obwohl mir diese Vergleichsperspektive zwischen kulturanthropologisch orientierter Linguistik, die Sprechen als gesellschaftliche Praxis zu fassen sucht, und Foucault damals interessant erschien, muss ich aus heutiger Sicht sagen, dass dabei für mich nicht viel rausgekommen ist. Aber zumindest so viel, dass ich von da aus angefangen habe, Foucault umfassender zu lesen und dann ab 1993 erstmal für mich versuchte, Wissenssoziologie, kulturtheoretische Perspektiven und die Diskursperspektive zusammenzubringen, indem ich in meiner Dissertation den Diskurs der Familiensoziologie zu Familienkonflikten aufgearbeitet habe (Schneider 1994). Das war nicht so angelegt, dass es mir um die theoretische Ausarbeitung einer umfassenden Diskursperspektive für die Soziologie ging, vielmehr war das zunächst Mittel zum Zweck, um gleichsam eine wissenschaftssoziologische Fragestellung zu untersuchen: Welche diskursiven Muster finden sich in der Familiensoziologie bei der Thematisierung von familialen Konflikten? – Und dennoch war dies schon der Versuch, Wissenssoziologie und Diskursperspektive zusammenzudenken; und das zu einer Zeit, in der nach meiner Erinnerung Foucault in der Soziologie noch kaum präsent war. Er wurde damals mit seinen Beiträgen in den Debatten im Rahmen von Kritischer Theorie, Philosophie, Strukturalismus und Poststrukturalismus wahrgenommen, aber im Grunde nicht in der Soziologie – weder in der soziologischen Theorie noch bei empirischen Analysen. Dies war der Hintergrund, der Mitte der 1990er Jahre dazu führte, dass wir – Marten Hajer, Sven Kesselring und ich – am Institut für Soziologie in der Konradstraße (LMU) die Idee zu einem Gesprächskreis hatten, der sich dann mit Reiner Keller, Andreas Hirseland und Willy Viehöver schnell mit Augsburg verband und schließlich dorthin verlagerte – aber dazu kommen wir später vielleicht noch.

Dann habe ich Ende der 1990er Jahre meine Habilitation zum Thema *Hirntod und Organtransplantation* (Schneider 1999) als Diskursanalyse geschrieben und dabei intensiver versucht, sowohl den Diskursbegriff zu entfalten als auch den Dispositivbegriff à la Foucault mit einzubauen. Zwar habe ich damals im Zuge der deutschen Transplantationsgesetzgebung der 1990er als empirisches Material die entsprechenden parlamentarischen Debatten diskursanalytisch untersucht, aber in diesem Zusammenhang bereits das Dispositivkonzept im Sinne der empirischen Frage nach dem Wandel des modernen Sterbe-/Todesdispositivs eingesetzt, wenngleich damals für eine intensivere theoretische Ausarbeitung im Rahmen der Habilitationsschrift kein Platz war. Seither finde ich das Dispositivkonzept theoretisch interessant und analytisch fruchtbar und versuche vor allem, über das Verhältnis von Diskurs- und Dispositivbegriff nachzudenken, nicht nur im Blick auf Foucault, sondern auch darüber hinaus im Kontext von Wissenssoziologie und praxeologischen Ansätzen. Dies gilt vor allem im Hinblick auf die Debatte in der Soziologie, in der es auch um die Fragen nach den Möglichkeiten und Grenzen von Diskursanalysen ging und bis heute geht. Ich simplifiziere jetzt radikal: Bis heute wird der Diskursanalyse zum Teil der Vorwurf gemacht: »Ihr analysiert immer Diskurse *über* etwas und könnt dann aber letztlich nicht sagen, *was* da konkret vor sich geht«. Ob man diesen Vorwurf nun ernst nimmt oder nicht, er ist Richtungsanzeiger hin zu der Frage: Was haben wir in dieser Diskursforschungsperspektive noch für Begriffe und Konzepte, die es wert sind, genauer betrachtet zu werden? Einer dieser Begriffe war und ist für mich der Dispositivbegriff, der bislang immer noch weitgehend unterbelichtet und undiskutiert und aus meiner Sicht theoretisch noch problematischer und diffuser als der Diskursbegriff ist. Einen Beitrag zu einer theoretisch-konzeptionellen Klärung des Dispositivbegriffs habe ich dann in weiteren Arbeiten zusammen mit Andreas Hirseland (Schneider/Hirseland 2005) sowie vor allem auch mit Andrea Bührmann (Bührmann/Schneider 2012, 2016). versucht, aber ich stoppe jetzt lieber – vielleicht kommen wir da ja später noch darauf zurück.

Wolf-Andreas Liebert
Wir hatten Ende der 1980er Jahre in Heidelberg eine Arbeitsgruppe mit Rainer Wimmer, Dietrich Busse, Wolfgang Teubert und Fritz Hermanns und haben in der Zeit sehr intensiv über Diskurs und Foucaultsche Diskursbegriffe diskutiert. Das war damals noch eine Zeit, in der es einerseits schon Gesprächsanalysen, andererseits eine sehr ausgeprägte Textlinguistik gab, aber nach dem Text war gewissermaßen Schluss. Man konnte einzelne Texte analysieren, auch Korpora von Texten, aber es gab im Grunde keinen Begriff dafür, was gewissermaßen *zwischen* den Texten passiert. Es gab zwar den strukturalen Begriff der intertextuellen Relation, der zur Verfügung stand. Aber für alles, was über den Text hinausging, gab es kein Konzept. Und als es dann klar war, dass Foucault ein entscheidender Autor sein würde, hat man sich auf ihn konzentriert. 1994 gab es dann den für die Linguistik berühmten Aufsatz von Busse und Teubert »Ist Diskurs ein sprachwissenschaftliches Objekt?« (Busse/Teubert 1994), also kann man überhaupt als Linguist über Diskurs forschen? Die beiden Autoren haben das an die damals existierende Korpuslinguistik angebunden und gesagt: ihr macht zwar alle was mit Korpora, habt aber letztendlich keinen Zugriff auf das, was über den Text hinausgeht und habt auch keine Vorstellung davon, wie die Relationen zwischen den Texten beschaffen sind. Und das war schon eine kleine Wende hin zu einer, wie Dietrich Busse gesagt hat, Diskurssemantik, also zum Inhalt von Diskursen.

Die Ausrichtung des Diskursbegriffs damals war sehr stark inhaltlich geprägt, also auch was du sagst: »Diskurs über«, war damals ein großes Thema, da konnte man auch

Korpora analysieren, wie große Mengen von Texten bei einem Thema zusammen wirken. Das hat bis heute den linguistischen Diskursbegriff sehr stark geprägt und es ist gegenwärtig meines Erachtens zum Teil ein Problem, dass zumeist eher thematisch ein Untersuchungsgegenstand ausgewählt wird, der einen interessiert, und anschließend nichts mehr folgt, was wohl auch an der theoretischen Einbettung liegen kann. Für mich war das insofern tatsächlich ein wichtiger Punkt, weil ich selbst auch Textlinguistik und Gesprächslinguistik gemacht und da auch verschiedene Projekte durchgeführt und bei der Verbindung von Wissenschaftsdiskursen und nichtwissenschaftlichen Diskursen (also Öffentlichkeit, Populärwissenschaft und so weiter) gemerkt habe, dass sich die Übergänge und Verknüpfungen vor allem diskurslinguistisch sehr gut erfassen lassen. Man bekam plötzlich auch ganz andere Objekte in den Griff. Ein Beispiel dafür ist, wie die klassische Stadtkommunikationsforschung betrieben wurde: man machte einfach Aufnahmen in bestimmten Gebieten und versuchte, Strukturen herauszuarbeiten. Da gab es ein großes ethnographisches Projekt vom IDS, das erste über die Stadt Mannheim, das in mehreren Bänden veröffentlicht wurde (vgl. Kallmeyer 1995). Wenn man jetzt aber mit dem Diskurskonzept herangeht, dann hat man auf einmal den gesamten Diskurs und dieser geht durch alle Stadtteile. Es gibt eben keine abgetrennten Stadtteile, der Diskurs zieht sich überall durch alle Schichten. Man erkennt erstmals vollständige Verbindungen. Das habe ich am Beispiel der Stadt Trier und der Luft-Schadstoff-Debatte, bei der man alle Beteiligten im Boot hatte, zeigen wollen (Liebert 2004). Man hat plötzlich eine Vielzahl von Akteuren heterogenster Art, die aber alle in irgendeiner Weise zusammenhängen und diese Zusammenhänge können aufzeigt werden. Das war für mich in der Tat ein ganz wichtiger Punkt, bei dem der Diskursbegriff in der Linguistik einen entscheidenden Fortschritt darstellte.

Reiner Keller
Wir sollten später nochmals darüber reden, ob das nicht den Boden der Linguistik verlässt.

Wolf-Andreas Liebert
Das kann gut sein, das ist zum Teil auch ein Problem: Ist das noch Linguistik? Deshalb habe ich gedacht, man nimmt den Begriff der Diskurslinguistik, der hat sich mittlerweile etabliert, es gibt eine Diskurslinguistik, die sich damit beschäftigt und damit ist das gewissermaßen gerechtfertigt (vgl. Warnke 2007; Warnke/Spitzmüller 2008; Konerding 2009).

Reiner Keller
Ok. Werner Schneider hat ja schon für die Soziologie gesprochen, und ich will das etwas komplettieren. Als ich in den 1980ern in Bamberg studiert habe, war der Diskursbegriff mit Jürgen Habermas, der Diskursethik und der Theorie des kommunikativen Handelns besetzt (Habermas 1981). Foucault war gewissermaßen auf das Gefängnis, die Disziplinargesellschaft und das Panoptikum reduziert (Foucault 1977), damit haben sich einige kritische Leute auseinandergesetzt und ansonsten war es im damaligen Kontext eher der Duktus – wie die Diskussion von den Frankfurtern sehr stark ausging –, dass Foucault ein Autor sei, mit dem man sich im Grunde nicht beschäftigen brauchte oder sogar sollte

(vgl. Habermas 1986). Und entsprechend wenig Platz hatte dieser auch im Soziologiestudium, zumindest an einer Universität wie Bamberg, obwohl es schon die ein oder andere Seminarsitzung gab, in der vor allem »Überwachen und Strafen« behandelt wurde – was vielleicht in Berlin (oder bei einigen wenigen von uns) anders gewesen sein mag. Von daher hatte ich im Grunde nicht sehr viel damit zu tun. Womit ich mich jedoch im Studium intensiver beschäftigt hatte, war die Wissenssoziologie in der Berger/Luckmann-Tradition, verbunden mit einer starken Perspektive auf qualitative bzw. interpretative Sozialforschung. Das war dort zum Teil vertreten. Und andererseits natürlich Ulrich Becks weit ausholende Gegenwartsdiagnose der Risikogesellschaft (Beck 1986). Dazu kam noch ein Faible für französische Soziologie.

Ich habe dann im Grunde durch einen Zufall, biographische Karrierewege oder wie auch immer, am Anfang der 1990er Jahre in einem Projektzusammenhang bei der Münchener Projektgruppe für Sozialforschung gearbeitet. Das war ein kleineres Institut, welches sich aus selbsteingeworbenen Mitteln finanziert und Grundlagenforschung betrieben hat. Dort war ich zunächst in einem Projekt über Psychotherapieerfahrungen, das mit dem Deutungsmusterbegriff gearbeitet hat. Es ging auch um Fragen der Wissensverwendung und im Hinblick auf die Therapien natürlich auch um Foucaultsche Themen (Keller 1994; Mutz/Kühnlein 1996). Das lief dann aber aus. Und gleichzeitig begann ein anderes Projekt, so um 1992. Darin wurde hauptsächlich von Klaus Eder und Karl Werner Brand eine Untersuchung über ökologische Kommunikation in Deutschland und Europa vorangetrieben (Brand/Eder/Poferl 1997). Dabei war Ökologische Kommunikation nicht an Luhmann (1986) angelehnt, vielmehr bezog sich der Begriff allgemein auf die Umweltberichterstattung in den Massenmedien und das Projekt befasste sich mit den Fragen nach den Konjunkturen der Berichterstattung in Deutschland, die sich in den vergangenen zwanzig oder fünfundzwanzig Jahren rekonstruieren lassen. Ebenso wurde nach den beteiligten Akteure gefragt und danach, welche Rahmungen – das war ein Begriff, der da eine wichtige Rolle spielte – auftreten, warum sich diese verändern, wie und vor allem auch warum das in Europa so unterschiedlich ist? Also in Frankreich ganz anders als in England oder Italien; die Themen sind anders, die Präsenz des Umweltthemas ist unterschiedlich. Und dieses Projekt hat mit dem Diskursbegriff gearbeitet bzw. mit einer bestimmten Variante, die aus den USA von William Gamson und anderen, die aus der Tradition des Symbolischen Interaktionismus kommen, übernommen wurde – eine soziologische Tradition, die schon länger öffentliche Debatten und Diskurse als *public discourses* untersucht hat. Dabei wurde erforscht, welche Akteure was machen und welche Definitionen diese durchzusetzen versuchen. In diesem Projekt habe ich ein paar Monate auf einer Vertretungsstelle mitgearbeitet, und es war im Grunde so, dass die Beteiligten dort vorwiegend quantifizierend gearbeitet haben. Es gab auch linguistische Ankopplungen mit der Idee, dass diese Diskurse, ihre Syntax und Semantik durch ein Kodierprogramm erfasst werden können. Das wurde aber nie realisiert. Ich kam sowieso eher aus der qualitativen Tradition und hatte immer Bauchschmerzen mit diesem Vorgehen. Und in der amerikanischen Tradition von Gamson wurden solchen Studien auch quantifizierend durchgeführt und dementsprechend erfasst, wie oft welche Deutung in welchem Jahr auftaucht und ähnliches (Gamson/Modigliani 1989). Jürgen Gerhards (1992) in Deutschland arbeitete ebenfalls mit so einer Variante.

In diesem Kontext habe ich dann angefangen, bei Karl-Werner Brand an der TU München meine Dissertation zu schreiben. Ich hatte ein Stipendium und promovierte über Mülldebatten in Deutschland und Frankreich und wollte das dezidiert anders machen, das heißt rein qualitativ bzw. als qualitative Fallstudie, und mein Betreuer gab mir alle Freiheiten dazu. In diesem Zusammenhang habe ich angefangen, Berger/Luckmann und Foucault zusammenzudenken bzw. habe ich zumindest mit den Überlegung angefangen, wie das mit bestimmten Traditionen der interpretativen Textbearbeitung in der deutschsprachigen qualitativen Forschung zusammenpassen kann, um das teilweise hier zu verankern, etwa statt von Frame, von Deutungsmuster zu sprechen usw. Ein Ziel bestand aber auch darin, diese Art der Analyse stärker methodologisch-methodisch durchzukomponieren als das in der Foucaultschen Perspektive der Fall gewesen ist (Keller 2009). Und es gab auch in der Grundausrichtung ein paar ähnliche Arbeiten: Maarten Hajer, ein Politikwissenschaftler, der damals auch in München war, arbeitete an seiner Studie über Sauren Regen und ebenfalls entlang der Idee der Verknüpfung von Berger/Luckmann und Foucault, aber ohne dies in besonderem Maße methodologisch-methodisch zu reflektieren, wie dies in den Politikwissenschaften häufig der Fall war (Hajer 1995). Und das war jetzt der Einstieg, mich tatsächlich mehr mit dem Diskursbegriff auseinanderzusetzen.

Anschließend, so um 1994 herum, wurde ich von Ronald Hitzler und Anne Honer gebeten, einen Artikel über die Diskursforschung für ihr Buch über sozialwissenschaftliche Hermeneutik zu schreiben (Keller 1997). Dazu musste ich einiges querbeet lesen, der Beitrag war 1995 fertig und das war dann auch der Zeitpunkt, an dem ich beschlossen hatte, mich später intensiver mit der Thematik zu befassen. In den Folgejahren habe ich aber zuerst die Dissertation fertig geschrieben und auch versucht, das ein oder andere Forschungsprojekt mit Diskursbezügen auf den Weg zu bringen. 1997 wechselte ich an die Universität Augsburg und um die Zeit herum haben wir (Werner Schneider, Willy Viehöver und Andreas Hirseland, der heute nicht hier ist) uns – das gehört ja auch dazu – nach und nach als Gruppe oder als Personen kennen gelernt und gemerkt, dass wir alle in irgendeiner Form mit dem Diskursbegriff arbeiten. Und in der Soziologie gab es im Grunde außerhalb der interaktionistischen Tradition, wie stellenweise bei Hubert Knoblauch, soweit ich das in Erinnerung habe, nichts dazu (Knoblauch 1995). Wir haben dann angefangen, uns regelmäßig zu treffen und Texte von anderen zu diskutieren, zum Teil auch unsere eigenen Arbeiten. In der Folge – und nach der Fertigstellung der Dissertation im Jahre 1997 – haben wir diesen Arbeitskreis gegründet, zu dem übrigens auch Alexandra Obermeier gehörten, die später leider ausgestiegen ist, und auch Angelika Poferl. Wir haben so ab Ende der 1990er in Augsburg die ersten großen interdisziplinären Tagungen zum Diskursbegriff veranstaltet, mit immer weit über hundert TeilnehmerInnen, wir hatten wohl ein Fass angestochen. Daraus sind dann die Handbücher hervorgegangen, mit der Idee, unterschiedliche Perspektiven und Analysen der Diskursforschung systematisch nebeneinander zu stellen und das Unternehmen zu konsolidieren (Keller/Hirseland/Schneider/Viehöver 2010; Keller/Hirseland/Schneider/Viehöver 2011).[2] Ich

---

2 Vgl. auch Keller/Hirseland/Schneider/Viehöver (2005), Keller/Schneider/Viehöver (2012) und Viehöver/Keller/Schneider (2013).

hatte dann die Idee, daran einen kleinen Einführungsband anzuschließen, habe versucht, mich kreuz und quer durch die Disziplinen zu lesen, also auch in die Linguistik hinein, in die Geschichtswissenschaft, in die Politikwissenschaft, – und bin dann in dem Zusammenhang zufällig auf Achim gestoßen, der ein paar Türen weitersaß und das gerade für die Geschichtswissenschaft machte (Landwehr 2001) – und dann meine Habilitation zu nutzen, um meine eigene Perspektive retrospektiv aus meiner Dissertation heraus als Wissenssoziologische Diskursanalyse auszuarbeiten. Daraus ist dann eben das Buch entstanden (Keller 2011b), das war etwa 2003 fertig, den Begriff und die Grundideen hatte ich erstmals Ende der 1990er auf einer unserer Tagungen benutzt.

Willy Viehoever
Reiner hat zum Teil auch schon meine Diskursgeschichte erzählt, also gehe ich an die Punkte zurück, an denen es Unterschiede gibt. Diese liegen gleich am Anfang; auch ich habe in den achtziger Jahren studiert, und mir ungefähr ab Mitte der achtziger Jahre Gedanken über die Magisterarbeit gemacht. In diesem Zusammenhang sind die beiden ersten Zugänge zur Diskursanalyse über Begriffe, denen ich im Grunde treu geblieben bin, erfolgt. Dies waren die Begriffe Mythos, Geschichte und Erzählung, die ich oft synonym gebrauche, auch wenn man deren Bedeutungsgehalt durchaus differenzieren kann. Anders als Lyotard würde ich sagen, dass auch moderne Gesellschaften weiterhin ihre großen Mythen und Erzählungen haben. Bestenfalls verhält es sich so, dass es beim Mythos immer um Gründungsereignisse geht, wenn ich hingegen von Narrationen rede, geht es mir, und hier folge ich Paul Ricœur (2005), nicht nur um die Erfahrungsräume, die durch erzählerische Plots konstituiert werden, sondern durchaus auch um die Schaffung von etwas anderem, wie z. B. von neuen *Erwartungshorizonten*, um einen Begriff von Koselleck aufzunehmen.

Mich hat im Studium zunächst die Frage beschäftigt, wie es dazu kam, dass im Laufe der achtziger Jahre die Lebensschützer in der Abtreibungsdiskussion zunehmend die Diskurse dominierten. Der Zugang zur Diskursanalyse erfolgte bei mir jedoch nicht hauptsächlich über die »Konstanzer«, also nicht über Berger/Luckmann, sondern eher über die Ethnologen. Grundlegend dafür waren Lévi-Strauss, Roland Barthes, Marshall Sahlins, aber eben auch Mary Douglas. Und als ich Lévi-Strauss (1977) gelesen habe, fiel mir auf, dass da Stellen waren, wo dieser nur über die kalten Gesellschaften schrieb, die angeblich ohne Geschichte waren, was ich bezweifelte. Auch bei Lyotard, der davon sprach, dass die Zeit der großen Erzählungen zu Ende sei, war das ähnlich. Ich habe dies nicht so gesehen. Ich denke, dass der Mensch grundlegend, und dem Credo bleibe ich bis heute treu, ein Geschichtenerzähler ist. Daher muss man die Geschichten und Mythen in den eigenen Gesellschaften rekonstruieren. Ich habe das aber auch immer zugleich unter dem Aspekt betrachtet, dass es auf irgendeine Art und Weise auch körperliche Systeme der Symbolbildung (Douglas 1981) gibt. Und auch wenn ich das zu Beginn nicht unbedingt bewusst reflektiert habe, war das mein Anknüpfungspunkt bei der ersten Arbeit, die ich ungefähr so nannte: der Mythos der Frauenbewegung. Womit ich keineswegs sagen wollte, dass es nie eine Frauenbewegung gegeben hätte, sondern dass diese auch einen ganz bestimmten Gründungsmythos erzählte, und dieser drehte sich eben um den Körper des Ungeborenen und was er symbolisiert. In diesem Sinne war es der Versuch eines diskurs- bzw. narrationstheoretischen Beitrags zur sozialen Bewegungsforschung, die damals en vogue war. Ich habe dann versucht, die Geschichten zu rekonstruieren, die das Ungeborene in seinen verschiedenen Rollen als narrative Figur erlebte, so etwa wie es bei einer bestimmten Gruppierung der Frauenbewegung benannt wurde, nämlich als ein »Parasit«. Abtreibungsmythen habe ich gewissermaßen als eine die kollektive Identität der Bewegung konstituierende Geschichte rekonstruiert, eigentlich müsste man hier im Plural sprechen, denn es gab mehrere Subkulturen der Frauenbewegung, die diese Mythen auf je typische Weise erzählten. Anschließend analysierte ich auch den »Gegenmythos« und dessen spezifische Symbolisierung des Ungeborenen. Damals gab es diese großen Astronautenbilder, woran die Lebensschützer sich in ihrem Versuch orientiert haben, Bilder zu platzieren, bei denen man nur die Nabelschnur sah und sozusagen nichts von der Frau. Insgesamt konnte ich letztlich fünf oder sechs typische Geschichten um das Ungeborene rekonstruieren. Das war der erste Versuch, der vor allem auf einer episodisierenden Einteilung dieser Geschichten beruhte; damals hatte ich Ricœur noch nicht gelesen und den konfigurativen Aspekt der Geschichten allenfalls indirekt betont. Was mir im Nachhinein dabei auffällt, ist meine stets vorhandene Idee, dass eine Diskursanalyse als eine Mythen- oder Narrationsanalyse immer auch versuchen sollte, mehr zu machen als nur zu beschreiben. In Bezug auf diesen erklärenden Anspruch diskutieren Reiner Keller und ich des Öfteren und sind da vermutlich eher unterschiedlicher Auffassung. Es ist für mich nach wie vor ein ungelöstes Problem, ob das geht oder nicht, aber das war für mich ein erster wesentlicher Ansatzpunkt für meine Überlegungen.

Der zweite Zugang zur Diskursanalyse ergab sich dann im Zuge meiner Beschäftigung am europäischen Hochschulinstitut. Das ist deshalb erwähnenswert, weil wir – Reiner Keller und ich – uns damals auch schon kennen lernten. Ich hatte mich zunächst auch mit der Frame Analysis (Gamson, Benford usw.) beschäftigt und kam aber erst durch einen Workshop mit Margaret Somers, die von Klaus Eder ans European University Institute eingeladen wurde, auf neue Ideen. Somers wurde zwar sehr stark kritisiert, als sie von Citizenship, Habermas und dessen damals erst sehr spät ins Englische übersetzte Werk »Strukturwandel der Öffentlichkeit« sprach, aber sie hatte in ihren Vorträgen unter anderem Paul Ricœur erwähnt und ich hatte die Gelegenheit, mich mit ihr darüber zu unterhalten. Meine daran anschließenden Überlegungen führten dazu, dass ich mein Ph.D. bzw. meine Dissertation nahezu vollständig überarbeitete und mich radikal von der Frame Analysis über die (Wieder-)Einführung des Narrationsbegriffs absetzte. In meiner Dissertation – mit dem für mich immer noch klangvollen Titel der »Wiederverzauberung des sublunaren Raumes« – konnte ich dann analysieren, welche Geschichten in modernen Gesellschaften über den Klimawandel erzählt werden. Ich glaube, dass dies im Grunde auf der Durkheimschen Vorstellung aufbaut, wonach wir nicht nur das Konzept von physikalischer Zeit unterstellen, sondern Durkheim nochmal ernster nehmen und auch die Vorstellungen von Raum und Zeit bzw. des biophysikalischen Raumes als diskursiv konstituiert denken müssen. Ich habe daran anschließend versucht, die Geschichten zu rekonstruieren, die bei der Erklärung des Klimawandels erzählt werden. Durch meine intensive Beschäftigung mit der Historie des Klimadiskurses habe ich dann auch gemerkt, dass die Klimawissenschaftler ihre eigene Geschichte, die sie heute wieder kennen, vergessen hatten. Das waren also meine ersten beiden Berührungspunkte mit der Diskursforschung und mit unserem Kennenlernen (i.e. Werner Schneider, Andreas Hirseland und Reiner Keller) habe ich dann versucht, den vorher von mir kaum verwendeten Begriff Diskurs mit den Konzepten der Narration, der Erzählung und des Mythos an die Foucaultschen Diskursgeschichten anzukoppeln. Mit wechselndem Erfolg.

Jürgen Spitzmüller
Meine Diskursbiographie fängt bezeichnenderweise nicht in der Germanistik an. Diskursanalyse hat in meinem Germanistikstudium keine Rolle gespielt. Mein Ausgangspunkt in dieser Hinsicht war die Geschichtswissenschaft, mein zweites Hauptfach. Da war vor allem die Frühneuzeitgeschichte immer sehr stark avantgardistisch ausgerichtet: Es gab die Historische Anthropologie, die Nachläufer der Annales-Schule (in Form der Mentalitätengeschichte) und so weiter. Diskursgeschichte wurde dort ebenso diskutiert wie etwa die Wissenssoziologie, wodurch ich Autoren wie Berger/Luckmann, Foucault usw. kennengelernt habe. Neben dieser Beschäftigung im historiographischen Kontext fing ich in der Germanistik an, mich dafür zu interessieren, was man damals »Sprachbewusstseinsgeschichte« oder »Sprachreflexion/Sprachkritik« genannt hat. Ich habe mich dann entschlossen, meine Abschlussarbeit in diesem Kontext zu verorten. Da habe ich mich mit Fragen beschäftigt wie: Wie kommt es, dass es verschiedene Wertzuschreibungen zu sprachlichen Formen gibt? Was bewirken diese? Wie kann man erklären, dass es offenbar soziale Gruppen gibt, die sich gar nicht verständigen können, wenn sie über Sprache sprechen, insbesondere Sprachwissenschaftler und Sprachkritiker, deren »schwieriges Verhältnis« die Linguistik zu der Zeit sehr beschäftigt hat. Linguisten haben sich immer beklagt, dass sie nicht ernst genommen werden, dass ihre Argumente in »der Öffentlichkeit« nicht ankommen und ähnliches. Wenn man die Auseinandersetzungen jedoch genauer in den Blick nimmt, wird sehr schnell klar, dass die Sprachkritiker zwar hören, jedoch nicht akzeptieren, was die Linguisten zu Sprache und Sprachwandel sagen.

Bei meiner Beschäftigung mit diesen Fragen habe ich gemerkt, dass die Theorien, mit denen ich mich in der Geschichtswissenschaft beschäftigt habe, sich sehr gut zur Erklärung des Problems eignen. Die ganze Debatte im Foucaultschen Sinn als »Diskurskonflikt« – oder auch im Fleckschen Sinn als »Denkstilkonflikt« (Fleck 1935\2010) – zu betrachten, erschien mir als plausibelste Möglichkeit, das Thema zu bearbeiten. Ich habe dann angefangen auszuarbeiten, wie diese Theorien in der Linguistik situiert werden könnten, und muss zu meiner Schande gestehen, dass ich erst recht spät festgestellt habe, dass es in der Linguistik schon längst Adaptionen der Diskurstheorie gab! Erst nachdem ich mich durch das halbe Foucaultsche Oeuvre und die diskurstheoretischen Entwürfe anderer Wissenschaftsdisziplinen (wie der Geschichtswissenschaft und der Literaturwissenschaft) durchgearbeitet hatte, bin ich auf Busse, die »Düsseldorfer«, die Kritische Diskursanalyse usw. gestoßen. Nach dem ersten Schreck war das dann natürlich eine enorme Hilfe, da ich dadurch für die Arbeit auf ein Arsenal von ausgearbeiteten Methoden und Musterstudien zurückgreifen konnte, ohne das Rad neu erfinden zu müssen.

In meiner Dissertation (Spitzmüller 2005) habe ich die Frage dann weiterverfolgt. Sie konzentrierte sich auf eine spezifische sprachideologische Debatte, nämlich den damals medial sehr präsenten Diskurs um Anglizismen, wobei eine zentrale Frage wieder war: Wie ist die Kluft zwischen den Sprachwissenschaften und den verschiedenen Diskursgemeinschaften, die sich in den Medien zu dem Thema äußern, zu erklären? Dafür konnte ich dann auf bestehende Konzepte zurückgreifen, auf Andreas' Metapherntheorie (Liebert 1992) und die Metapherntheorie von Lakoff/Johnson (1980), die Lexemanalyse, die Fritz Hermanns und andere ausgearbeitet haben (vgl. bspw. Hermanns 1994), die Toposanalyse von Martin Wengeler (2003) usw. Ich konnte unmittelbar daran anschließen und würde mich deshalb auch als einen »Diskurslinguisten der zweiten Generation« bezeichnen. Während die »erste Generation« mit der Etablierung der Diskurslinguistik (Warnke 2007; Warnke/Spitzmüller 2008; Konderding 2009) und der Ausarbeitung eines sprachwissenschaftlich soliden Diskurskonzepts beschäftigt war, fanden wir, die zweite Generation, sozusagen schon ein gemachtes Nest vor – wir konnten uns an bestehenden Ansätzen orientieren und die vorgeschlagenen Methoden und Konzepte direkt verwenden.

Im Rahmen der Dissertation wurde mir dann auch bewusst, dass ich tatsächlich einer anderen Generation angehöre. Die Schulenbildung in der Linguistik war sehr stark, und sie wirkt bis heute nach: Da gab es die »kritische Gemeinde« und die »deskriptive Gemeinde«, und die einen wollten mit den anderen nichts zu tun haben; sie haben sich teilweise heftig bekämpft. Ich habe das inhaltlich nie verstanden, da beide Ansätze in vielen Teilen ähnlich sind, aber auch beide etwas enthalten, was dem jeweils anderen Ansatz fehlt – Stärken, die man zu beider Vorteil kombinieren kann, was ich dann auch versucht habe.

Nach Abschluss der Dissertation fing ich an, mit ein paar Leuten zu diskutieren, wie man das zunehmend »explodierende« Feld der linguistischen Diskursanalyse in den Griff bekommen kann, weil es plötzlich eine immer weniger überschaubare Menge von Zugängen gab. Die Zahl der Arbeiten, die in der einen oder anderen Form sprachwissenschaftliche Diskursanalysen vorgenommen haben, hat enorm zugenommen, dabei wurde methodisch viel experimentiert, und natürlich sind auch die linguistischen Diskurskonzepte zunehmend diffundiert. »Ist das jetzt noch »ein Programm««, haben wir uns gefragt, »oder sind das gänzlich unterschiedene Ansätze, die zwar alle den Anspruch erheben, »wir machen Diskurs«, und die sich vielleicht auf die gleichen Theoretiker (vor allem Foucault) beziehen, aber eben mit sehr unterschiedlichem Ausgang?« Und das ist die Frage, die ich in den letzten Jahren mit Ingo Warnke und anderen versucht habe weiterzuverfolgen: Gibt es die Möglichkeit, eine Methodologiedebatte anzustoßen und zu fragen, was haben wir und was können wir überhaupt? Und ganz wichtig sowohl für uns Linguisten als auch die aktuelle Diskussionsrunde finde ich die bereits angesprochene Frage, wo denn unser Kompetenzbereich als Linguisten aufhört? Also: Wozu können wir was Gescheites sagen, wo sind wir vielleicht auch die, die absolut priorisiert sind, was zu sagen, und wo hört unser Kompetenzbereich auf, wo brauchen wir ganz dringend Hilfe aus anderen Disziplinen? Das sind natürlich sehr graduelle Übergänge, und wir haben ja schon kurz angesprochen, wo die Grenzen der Linguistik vielleicht liegen. Das ist aber natürlich auch nicht pauschal festzumachen, das ist keine eindeutig beantwortbare Frage. Aber sich etwa die Frage zu vergegenwärtigen, ob wir z. B. den Diskursbegriff ein bisschen stärker linguistisch definieren können, so dass er für Linguisten brauchbar wird, ist schon wichtig – und das hat ja Busse mit seiner Beschäftigung damit, wie mit dem Aussagekonzept umgegangen werden kann, schon früh gemacht (Busse 1987). Damit ist die Frage aber natürlich noch nicht erschöpfend beantwortet. Weiterhin haben wir uns gefragt: Was genau sollten wir eigentlich untersuchen? Sollten wir tatsächlich nur Korpora und nur gedruckte Texte, nur Massenmedien analysieren? Ist es befriedigend, dass alle Leute nur Zeitungstexte untersuchen und dann sagen, das ist »der Diskurs«? Oder ist das nicht vielleicht eine zu starke Verkürzung? Und wenn ja, was erfordert es, wenn wir zum Beispiel auch auf gesprochene Sprache Bezug nehmen wollen? Was heißt das forschungspraktisch, was heißt das methodisch, wenn wir nicht nur Massenmedien analysieren wollen? Und in Bezug auf die Methoden haben wir angefangen, zunächst mal zu sammeln, was wir als Linguisten überhaupt an Methoden haben, dann zu überlegen, welche Aspekte wir mit einzelnen »diskurslinguistischen« Methoden beschreiben, in welchem Bezug die einzelnen Methoden zu Wissen, Diskurs und Epistemen stehen, was sie also zu deren Erkenntnis leisten. In dem Zusammenhang haben wir schließlich auch die Frage gestellt: Wo kommen die Methoden eigentlich her, und sind sie für das, was wir als Diskurslinguisten damit machen wollen, überhaupt geeignet, wenn man sich ihren Entstehungskontext vergegenwärtigt? Oder müssen wir sie zunächst adaptieren, oder vielleicht sogar über Bord werfen? Diese ganze methodologische Diskussion beschäftigt mich zurzeit sehr.[3] Das ist natürlich auch eine interdisziplinäre Diskussion, in der wir uns als Linguisten, glaube ich, ganz dringend mit anderen Fächern austauschen müssen.

Achim Landwehr
Bevor ich loslege, wollte ich als Frühneuzeitler nochmal nachfragen, weil Du die Frühneuzeitler so gelobt hast: Wann hast du bei wem studiert? Nicht, dass sich unsere Aussagen widersprechen... (lacht)

Jürgen Spitzmüller
In den Neunzigerjahren in Freiburg vor allem bei Wolfgang Reinhardt und seinem damaligen Assistenten Peter Burschel.

Achim Landwehr
Dann haben wir gewissermaßen parallele Biographien, weil ich auch Frühe Neuzeit studiert habe, auch bei Reinhard, Burschel und anderen. In gewisser Weise kann ich in der Tat an das, was du gesagt hast, anknüpfen, und in anderer Hinsicht gibt es dann sicherlich Unterschiede.

Mein Studium in der ersten Hälfte der Neunziger war nicht geprägt von Foucault oder Diskursfragen. Das kam im Studium in der Form im Grunde nicht vor, eher in indirekter Weise, wie Du schon angesprochen hast, über die Historische Anthropologie zum Beispiel. Aber wie ich auf dieses Thema, auf diese Autoren, auf die Texte, auf die Ideen gekommen bin, das hing sicherlich wie auch bei vielen anderen zum einen mit biographischen Zufällen, institutionellen Anbindungen, die man jetzt gerade hat oder nicht hat, zusammen, und zum anderen mit persönlichen Interessen, die dann in einem mehr oder

---

3 Vgl. für Ergebnisse dieser Beschäftigung Warnke/Spitzmüller (2008) und Spitzmüller/Warnke (2011).

weniger glücklichen Fall gerade passfähig gemacht worden sind. Also wie gesagt, während des Studiums spielte das für mich nicht so eine großartige Rolle, ich habe auch nicht explizit danach gesucht. Es gab sicherlich in der historischen Diskussion schon in den Achtzigern und frühen Neunzigern einige Autoren, die sich positiv darauf bezogen haben. Die hatten aber wohl eine dissidente Position; das kann man auch ganz handfest machen, weil das zum Teil Leute sind, die es dann ganz einfach nicht in den Betrieb geschafft haben, die sind dann in irgendwelchen Forschungsinstituten auf Mitarbeiterstellen hängen geblieben und haben den Sprung zur Professur nie geschafft, und ich glaube, das ist kein Zufall. Und es gab eine ganze Menge Leute, die sich auf Diskurs, Foucault, et cetera in negativer, abgrenzender Weise bezogen haben. Also da, wie auch in anderen Fächern, gab es und gibt es zum Teil immer noch eine etwas harsche Debatte. Allerdings klingt die jetzt wirklich langsam aus, das ist auch ein Generationenphänomen. In den Achtziger- und auch noch Neunzigerjahren ist das zum Teil auch ideologisch betoniert geführt worden. Und da war es sicherlich nicht ganz einfach, innerhalb der Geschichtswissenschaften Zugang zu solchen theoretischen Debatten und Überlegungen zu finden. Bei mir kam das auch eher über die Berger/Luckmann-Schiene. Im Rahmen der Magisterarbeit habe ich mich mit irischer Geschichte des 16./17. Jahrhunderts beschäftigt. Ich meinte, das teilweise theoretisch unterfüttern zu müssen, einfach auch deswegen, weil es mich interessiert hat. Ich weiß ehrlich gesagt nicht mehr, wie oder wieso ich dann Berger/Luckmann in die Hand bekommen habe, aber das war tatsächlich ein »Augenöffner« für mich. Und da passte und fügte sich einiges zusammen und funktionierte wunderbar für meine Arbeit, womit sich gewissermaßen ein »Schleusentor« geöffnet hat.

Dann kam tatsächlich der biographische Zufall dazu, beziehungsweise die richtige institutionelle Anbindung: Für die Dissertation hatte ich eine Doktorandenstelle am Max-Planck-Institut für Europäische Rechtsgeschichte. Die Juristen sind jetzt Mitte der Neunziger sicherlich auch kein Laden gewesen, wo alle auf Foucault aufgesprungen wären, aber gerade an diesem Institut mit viel Freiraum, den man da zum Arbeiten und Forschen hatte, gab es sehr viele Leute, die sich mit allen möglichen theoretischen Texten herumgeschlagen haben. Das ging los bei Heidegger, da wurden auch alle Philosophen durchdekliniert, und weiter: Bourdieu, Foucault, Lyotard, alles! Das wimmelte wirklich nur so. Und da gab es ein sehr aufgeregtes und spannendes Diskussionsfeld, und da bin ich recht intensiv mit den Themen in Kontakt gekommen, also wesentlich intensiver, als ich das ansonsten im normalen Universitätsbetrieb gekommen wäre. Und das war sicherlich eine sehr gute Schule. Für die Doktorarbeit selbst habe ich das noch nicht so sehr in Anschlag gebracht. Das lief zunächst noch parallel; die Doktorarbeit hatte damit tatsächlich noch nicht so viel zu tun bzw. ich habe mich methodisch noch nicht in dem Maße darauf eingelassen. Das lief also noch parallel – die theoretischen Diskussionen im Biergarten und die Abfassung der Doktorarbeit. Mir schien es dann relativ schnell wichtig, gerade angesichts einer gewissen, immer noch vorherrschenden Antihaltung gegenüber »den Franzosen«, wie es dann sehr häufig und diffamierend in solchen historischen Diskussionen hieß, klar zu machen, dass man mit »diesen Franzosen«, mit diesen Theoretikern unterschiedlicher Couleur, auch historisch-empirisch eine ganze Menge anfangen kann; dass das nicht nur verquaste theoretische Texte sind, die uns nichts zu sagen haben, weil wir Historiker ja angeblich nur Quellen lesen und nur wissen wollen, wie es früher gewesen ist, und wie auch immer sonst solche typischen Reden beschaffen sind; ich wollte vielmehr zeigen, dass uns das auch für den historischen Zusammenhang enorm viel helfen kann. Und von daher der Impetus und das – im Nachhinein muss ich sagen – fast schon wahnwitzige Unterfangen, mal zu sagen: »Jetzt zeig ich euch mal, wie man das macht«.

Dann kam das Angebot für eine neue Einführungsreihe – da könnte man doch mal was machen zur Historischen Diskursanalyse – und dann hab ich mich hingesetzt und was dazu geschrieben. Das scheint einen gewissen Nerv getroffen zu haben, weil es zumindest einige Leute interessiert hat und sich auch die Verlage immer zufrieden gezeigt haben im Hinblick auf Absatzzahlen – anscheinend bis heute. Das hat offensichtlich funktioniert. Im Rahmen der Habilitation ging es anschließend um venezianische Geschichte in der Frühen Neuzeit und da habe ich das erste Mal versucht, das im Rahmen einer größeren Arbeit durchzuführen. Und inzwischen kann man auch gewiss feststellen – das ist tatsächlich auch ein generationelles Phänomen – das sich diese betonierte Antihaltung aufgelöst hat bzw. in vereinzelte »Altherren-Club-Debatten« diffundiert ist. Das spielt sicher keine große Rolle mehr, es gibt zwar immer noch bisweilen ein paar Ausfälle, aber die werden eher als parodistische Ausrutscher wahrgenommen. Ansonsten muss man feststellen, oder kann man und darf man feststellen – je nachdem wie man das einschätzen möchte –, dass es für eine Gruppe jüngerer Historikerinnen und Historiker inzwischen selbstverständlich ist, mit solchen Texten und mit Diskursbegriffen zu hantieren – was Fluch und Segen gleichzeitig ist. Fluch insofern, als es in der Tat schwierig ist festzumachen, wo unsere methodologischen Fähigkeiten und Kompetenzen liegen, bei denen wir tatsächlich was liefern können und auch mehr liefern wollen, und wo es beliebig und der Begriff Diskurs in der Tat zu einem Label wird, das aufgeklebt wird, ohne dass damit die Inhalte verbunden werden, von denen wir uns wünschen, dass sie damit in Zusammenhang gebracht werden. Sicher ist das hinsichtlich der Wahrnehmung von Diskurstheorie eine Erfolgsgeschichte, aber auch eine Erfolgsgeschichte mit den negativen Erscheinungen, die damit einhergehen.

Jürgen Spitzmüller
Mir ist noch was eingefallen, bei dem, was du erzählt hast. Einer der Gutachter meiner Dissertation, ein bekannter Korpus-und Soziolinguist, hat zu mir gesagt: Das war wirklich eine sehr interessante Arbeit, aber wenn Sie sich habilitieren wollen, dann machen Sie doch besser etwas Linguistisches – ganz offensichtlich ein gut gemeinter Rat.[4] Das gibt es also schon noch. Aber es gibt eben auch eine ganz starke Gegenbewegung, die darin besteht, dass jetzt alle »Diskurs machen«, auch wenn sie im Grunde textlinguistisch arbeiten.

---

4   Ein Rat, auf den ich dann aber doch nicht gehört habe. Auch die Habilitationsschrift (Spitzmüller 2013) ist in vielen Teilen eine Diskursanalyse, und überdies eine, die mit Fokus auf Materialität und Typografie das "Linguistische" im Sinne des erwähnten Gutachters sicher noch mehr hinter sich lässt.

Achim Landwehr:
Ja. Solche Geschichten kann wahrscheinlich jeder von uns erzählen. Eine für mich auch sehr eindrückliche Begegnung war eben an diesem Max-Planck-Institut für Europäische Rechtsgeschichte in Frankfurt, da haben wir dann eben zwischendurch auch Wochenenden veranstaltet und 500 Seiten Foucault, Bourdieu, Lyotard und andere durchgearbeitet, auch mit dem Leitungsgremium – da gab es so ein Graduiertenkolleg mit dem professoralen Leitungsgremium, alles Juristen –, haben uns zusammengesetzt und die Köpfe heiß geredet, und das war gut, hat Spaß gemacht, war intensiv, und man hat was gelernt, und Luhmann und alles, was nicht bei drei auf den Bäumen war, war auch dabei. Ein für mich sehr eindrückliches Erlebnis war dabei folgendes: Nachdem wir dann tatsächlich zwei Tage da saßen und intensiv diskutiert hatten, und sich selbst die Professoren, die sich von Haus aus nicht dafür interessierten, darauf eingelassen haben, kam einer der Professoren auf mich zu und sagte: »Ja, also, wissen sie Herr Landwehr, das war wirklich interessant, aber eigentlich lese ich ja Quellen, das brauch ich ja alles gar nicht«. Und ich dachte mir: Warum reden wir denn zwei Tage hier, nur damit dieser Mensch mir jetzt nach zwei Tagen sagen kann: »Eigentlich brauch ich es ja nicht, ich lese ja Quellen!«.

Wolf-Andreas Liebert
Ich kann da auch noch eine Anekdote erzählen!

Achim Landwehr
Eine kleine Anekdotenrunde!

Wolf-Andreas Liebert:
Am Ende des Habilitationsverfahrens habe ich meine Antrittsvorlesung gehalten über die Luft-Schadstoffdebatte in der Stadt Trier. Und danach kam einer der Mitgutachter auf mich zu und sagte: »Ja, was Sie gemacht haben, ist die Linguistik des 21. Jahrhunderts«, da habe ich gedacht: »Ja toll!« und so etwas in der Art, und anschließend kam aber noch ein anderer auf mich zu und sagte: »Was der meint ist, das ist völliger Kappes, was du gemacht hast!«.

[Aufbrausende Heiterkeit]

2 Disziplinäre Zugänge

Werner Schneider
Ich habe da noch eine Nachfrage zu dem Gesagten an die Kollegen aus der Linguistik. Wenn ich euch richtig verstanden habe, haben einige von euch folgendes Problem in den Raum gestellt: Der Diskursbegriff sei mittlerweile durchaus etabliert, er wird häufig verwendet. Mitunter sind aber Nutzungen feststellbar, wo von Diskursen oder Diskursanalysen die Rede ist, bei denen man aber nicht unbedingt so glücklich über die Verwendung ist, da es zu einer Entgrenzung des Begriffs kommt. Anschließend habt ihr festgehalten, dass man genauer hinschauen müsste, ob da, wo das Label erscheint, auch tatsächlich Diskursanalyse »drin ist«, und das könnte man an der Frage der Methoden festmachen. Das ist mir deshalb aufgefallen, weil ich das in der Soziologie immer andersherum gedacht habe. Wenn ich – zum Beispiel beim Berliner Methodentreffen, wo es um Diskursanalyse geht – wenn ich also die soziologische Diskussion über die Verwendung von »Diskurs« verfolge, dann habe ich das hier noch nie an Methoden(!) festgemacht, sondern immer primär an den theoretischen Bezügen – d.h. an der Präzisierung der Forschungsfragen, an deren begrifflich-konzeptionelle, also diskurstheoretische Begründung und Unterfütterung etc. Insofern war mir jetzt nicht klar, ob ich das hier nur falsch verstanden habe oder ob es tatsächlich eine interessante disziplinäre Differenz wäre. Ist es also eher der Konsens über theoretische Fundamente des Diskursbegriffs oder die Frage der angemessenen Methoden, welche ausschlaggebend ist? Für mich ist es eher eine Frage der theoretischen Verortung, die entscheidet, ob »Diskurs« bloß ein modisches Label ist, das man sich aufklebt, oder ob tatsächlich eine ausgewiesene Diskursperspektive zum Tragen kommt – erst dann, also an zweiter Stelle, geht es für mich um die methodischen Umsetzungsfragen der jeweiligen Forschungsunternehmung. Für die Soziologie würde ich jetzt etwas überspitzt sagen, dass es im Grunde egal ist, welche Methoden zum Einsatz kommen, solange diese für die Diskursanalyse adaptiert werden (was je nach zur Fragestellung passender Methodik dann mehr oder wenig ausführlich, mehr oder weniger bruchlos oder gar »missbräuchlich« zu leisten wäre. Vgl. z.B. Gasteiger/Schneider 2014). Ansonsten gibt es da erstmal keinen Ausschluss.

Jürgen Spitzmüller
Da habe ich mich vielleicht etwas missverständlich ausgedrückt. Was ich sagen wollte, ist Folgendes. In der Linguistik haben wir lange Zeit, über die ersten zehn Jahre, eine intensive Diskussion über Konzepte und Termini geführt. Das hat auch damit zu tun, dass *Diskurs* am Anfang durch die Tradition der *discourse analysis* im Sinne von »Gesprächsanalyse« sehr stark besetzt war (vgl. Ehlich 1994; Brünner/Fiehler/Kindt 1999). Zudem wurde auch Habermas' Diskursbegriff in einzelnen Fachbereichen stark rezipiert. Der Foucault'sche Diskursbegriff kam gewissermaßen als terminologischer Neuling in die Linguistik, in der von Diskurs (in einem anderen Sinn) schon länger die Rede war. Folg-

lich gab es ausufernde Diskussionen zum Diskursbegriff, die auch stark Abgrenzungskämpfe waren. Auch innerhalb der dezidiert Foucault-inspirierten Diskursanalyse selbst gab es solche Kämpfe und es wurde jedenfalls intensiv diskutiert, wie man das Konzept fassen will, als »kritisches« oder als »semantisches« Konzept beispielsweise. Mein Eindruck ist, dass diese Diskussion inzwischen weit fortgeschritten ist, weil wir zahlreiche terminologische Texte haben, auf die wir verweisen können. Mittlerweile ist es für Diskurslinguisten möglich, ohne erst 40 Seiten lang Foucault vorstellen zu müssen, zu schreiben: Ich beziehe mich auf DIE Schule oder auf DIE Autoren und auf JENEN Diskursbegriff. Es ist also relativ leicht, sich theoretisch und terminologisch zu verorten.

Ingo Warnke und ich haben mal konstatiert, dass der Diskursbegriff wohl einer der weitest elaborierten und am ausführlichsten diskutierten Konzepte in der Linguistik ist (vgl. Warnke/Spitzmüller 2008, S. 3). Das ist sicher etwas plakativ, aber es ist auch als Gegenposition dazu formuliert, dass sich seit einem Jahrzehnt jeder genötigt fühlt, zunächst einmal ausführlich zu erklären, was ein Diskurs denn überhaupt ist, bevor Diskursanalyse betrieben wird. Neben dieser ausführlichen konzeptionellen Diskussion wurden zwar auch viele methodische Vorschläge gemacht, dabei bleibt meines Erachtens aber vielfach unklar, inwieweit sie mit dem propagierten Diskurskonzept kompatibel sind. Deswegen erscheint mir eine diskurslinguistische Methodologie so wichtig. Diese hat danach zu fragen, ob die Methoden, die uns zur Verfügung stehen, einlösen, was wir als Erkenntnisziel vor dem Hintergrund des Diskurskonzepts formuliert haben. D.h. die Methoden müssen an die Theorie und Epistemologie angebunden sein. Mir scheint manchmal nicht in jedem Fall ersichtlich, ob, wenn z.B. einfach irgendeine textlinguistische Methode im Rahmen von Diskursanalysen gewählt wird, diese dann tatsächlich dazu geeignet ist, kollektives Wissen zu ermitteln. Ob man mit dieser textlinguistischen Methode also auf die Stufe kommen kann, auf die man mit dem Diskursbegriff hin will. Daher muss man darüber diskutieren, was die Zugänge und die Methoden erreichen können und welche Parzellen des Feldes, das wir »Diskurs« nennen, sie abdecken. Wir folgen in der Linguistik ja gerne einer aszendenten Aufteilung von Einheiten, vom Morphem bis zum Text und darüber hinaus. Wenn wir das auch als Diskurslinguisten tun (ob das sinnvoll ist, ist eine andere Frage), wären die einzelnen Methoden immer vor allem auf bestimmten Ebenen fokussiert, und es ist zu fragen, ob die anderen Ebenen ausreichend berücksichtigt sind. Würde ich beispielsweise nur eine Schlüsselwortanalyse durchführen, müsste ich mich fragen, ob dies ausreicht, um Diskurse zu analysieren, die ja über die lexematische Ebene weit hinausgehen. In diese Richtung gehen meine Überlegungen. Daher sage ich: Wir haben ein recht fundiertes theoretisches Konzept, aber wir haben bis lang keine richtige methodologische Diskussion gehabt.

Wolf-Andreas Liebert

Das würde ich ein wenig anders sehen. Es ist richtig, dass es diese Debatten gab, vor allem Debatten in der Auseinandersetzung mit der kritischen Diskursanalyse. Diese waren teilweise relativ heftig. Aber was noch immer aussteht, ist im Grunde eine Auseinandersetzung mit dem Foucaultschen Diskursbegriff. Ich habe vorhin kurz geschildert, dass sich dieser linguistische Diskursbegriff, der textübergreifend ist, aus der Korpuslinguistik heraus entwickelte. Also wenn du von Busse/Teubert (1994) ausgehst, dann gab es diese lexikographischen Projekte, in denen versucht wurde, das in Bücher zu packen, im Prinzip im Anschluss an Reinhart Koselleck (Brunner/Conze/Koselleck 2004). Darin wurden auch entsprechende Verbindungen gezogen. Darüber hinaus gab es typologische Projekte usw., das ganze Arsenal eben, das dabei entstanden ist. Aber bei den vielen Analysen, die vorgelegt wurden, fanden meiner Ansicht nach – außer bei Dietrich Busse – kaum Auseinandersetzungen mit dem theoretischen Konzept des Foucaultschen Diskursbegriffs statt. Also ich denke, dass der Diskursbegriff, den Foucault in »Die Ordnung des Diskurses« anlegt, nicht auf inhaltliche Diskussionen abzielt. Wenn du aber schaust, was in der Linguistik gemacht wird – und da schließe ich mich selbst ein –, dann sieht das so aus: Erst wird ein inhaltliches Feld abgesteckt, – die Sprache, die deutsche Sprache, Anglizismen, Ozonloch (was ich selber gemacht habe, Liebert 2002). Thematisch wird da also was abgedeckt, dann ein Korpus zusammengestellt, entsprechend diskutiert, welche Methoden diskursgeeignet sind, und anschließend folgt die Analyse, um diesen Diskurs zu beschreiben. Meiner Ansicht nach zielt dieser bei Foucault angelegte Diskursbegriff nicht auf diese inhaltlichen Felder ab – er liegt auf einer anderen Ebene. Hinzu kommt, dass diese Debatten in der Linguistik noch nicht richtig angekommen sind. Es gibt schon wichtige theoretische Fundamente, die es wert wären, sie zu diskutieren, die aber verdeckt werden, da es sehr viele inhaltliche Diskursanalysen gibt. Enorm umfangreiche Bücher, die man in ihrer Vielfalt rezipieren kann. Aber wenn diese genau betrachtet werden, hat jeder Autor einen eigenen Begriff von Diskurs und eine eigene Methodik. Daher bezieht sich meine Kritik nicht darauf, dass man keine einheitliche Methodik findet, um dieses Problem in den Griff zu bekommen. Vielmehr besteht das eigentliche Problem in der mangelnden Auseinandersetzung mit dem Foucaultschen Begriff.

Jürgen Spitzmüller
Ich würde gerne direkt darauf Bezug nehmen. Ich glaube nicht, dass wir Methodenhomogenität brauchen, sondern eine fortlaufende Methodenreflexion. Einiges von dem, was du gesagt hast, ist tatsächlich ein Methodenproblem: Die Tatsache, dass wir thematische Korpora bilden, hat zum Beispiel sehr viel mit den geringen methodischen Ausarbeitungen zu tun. Wir müssen uns klar machen, dass dies eben gerade deshalb so ist, weil diese Methoden auf diese themenfixierten Korpora ausgelegt sind. Dies betrifft teilweise auch die Akteure – ein Aspekt, der von der Diskurssemantik und weniger von der Diskursanalyse übersehen worden ist. Auch müsste man zunächst diskutieren, welche Methoden wir haben, um eine Akteursanalyse linguistisch zu betreiben. Ich glaube, dass das immer zusammenhängt. Daher bin ich überzeugt, dass der Theoriediskurs fortschreiten muss, aber dies in einer Art Wechselwirkung mit einem methodologischen Diskurs. Die Mittel, die wir zur Untersuchung von Diskursen einsetzen, sind sehr oft tradierte linguistische Methoden, vor allem aus der Textlinguistik, Semantik und Pragmatik. Hier bewegen wir uns auf den alten Pfaden fort und das führt eben zu diesem thematisch abgegrenzten Diskurs.

Wolf-Andreas Liebert
Ich würde darauf antworten, dass, wenn du sagst, es gehe nicht nur um Methoden, vielmehr auch um ein bestimmtes Forschungsprogramm, also nicht um ein bestimmtes Arsenal von Methoden, sondern um einen methodischen Ansatz, dann würde ich dir recht geben, denn es gibt in der Linguistik zwei Traditionen. Du hast die Gesprächs- bzw. Konversationsanalyse, die sehr ähnlich zu dem ist, was in einigen Teilen der qualitativen oder interpretativen Sozialforschung gemacht wird. Im Prinzip kann man z. B. mit dem *grounded-theory-Ansatz* hervorragende Gesprächsanalysen machen. Man kann auch sehr gute Textanalysen vornehmen. Das ist das, was in der Linguistik unter dem Stichwort der linguistischen Hermeneutik (Biere 1989; Hermanns/Holly 2007; Liebert 2016) diskutiert wird. Nur ist das noch nicht auf den Diskursbereich angewendet worden. Wenn man *das* als Forschungsprogramm versteht, ist dies sicher eine Einheit. Man kann keine Methoden von einem bestimmen Ansatz ablösen, nach dem Motto: Ich hab eine riesige Werkzeugkiste, wie im Baumarkt, und da kann ich mir alles zusammenstellen, auch wenn Foucault diese Metaphorik der Werkzeugkiste selbst benutzt. Es geht um das Gesamtkonzept. Und da gebe ich dir recht, denn oft werden diese textanalytischen oder lexikologischen Denkweisen, Schlüsselwörteranalyse oder ähnliches durchgeführt, was auch alles seine Berechtigung hat, aber eben nicht unbedingt Diskurslinguistik oder Diskurssemantik wäre. Hier entsteht die Frage, in der wir mit der Soziologie zusammenarbeiten könnten. Ich denke schon, dass die *Grounded Theory* als Hermeneutik in dieser Verbindung genau der entscheidende Ansatz wäre, bei dem es nicht um die Methoden im Einzelnen, sondern um ein Forschungsprogramm geht, das dazu diskutiert werden sollte.

Jürgen Spitzmüller
Ja, genau das wollte ich sagen.

Achim Landwehr
Ich möchte jetzt zurück zur Ausgangsfrage der Perspektivierung oder Methode. Ich würde euch unbedingt Recht geben. Es geht um eine Perspektive, die aufgrund bestimmter theoretischer Vorüberlegungen eröffnet wird. Es sind *per se* nicht bestimmte Sets an methodischen Werkzeugen gemeint. Es geht methodisch sicherlich nicht alles, und deshalb finde ich diese Kopplung auch zentral. Man kann nicht sagen, dass in dem Moment, in dem ich die richtige Frage stelle, das methodische Vorgehen egal ist. Ich denke schon, man muss den Zusammenhang thematisieren. Im Vorhinein würde ich dennoch sagen, dass die Perspektivierung dessen, was man mit dem Diskursbegriff erreichen will, zentral ist. Doch da tauchen für mich häufig Probleme auf insofern, dass sich manche Verwendungen von »Diskursforschung« oder »Diskurstheorie« nicht in diese Perspektivierung einfügen lassen, sondern tatsächlich zu einem modischen »Wortgeklingel« werden, und genau dies halte ich für eher gefährlich. Gerade im Zusammenhang unseres Anliegens hier wäre es deswegen wohl auch für uns an der Zeit, zu bestimmen, was Diskurs ist. Denn wir reden bisher nur um das Thema herum, ohne auf den Punkt zu kommen.

Reiner Keller

Das unterstütze ich natürlich. Ich will aber zunächst noch zwei bis drei Bemerkungen zu dem vorher Gesagten machen. Wir sind uns in Vielem sicherlich einig. Aber wir merken auch hier schon, dass das in anderen Disziplinkontexten schnell anders gesehen wird. Vielleicht habe ich vorhin auf die Verbindung von Discourse Analysis und Grounded Theory deswegen etwas kopfschüttelnd reagiert, weil das in der Soziologie schon wieder eine andere Konnotation hat. Z. B. würde ich die Grounded Theory im vorhin erwähnten Sinn in der Soziologie auch als ein Forschungsprogramm begreifen, ebenso wie die Wissenssoziologische Diskursanalyse, aber als ein davon deutlich unterschiedenes Programm, das zumindest in den klassischen Varianten andere Erkenntnisziele verfolgt, auch wenn mittlerweile Adele Clarke (2012) von dort aus eine entschiedene Verknüpfung mit Diskursansätzen vorschlägt und einfordert. Umgekehrt habe ich, von der Diskursforschung her kommend, dafür plädiert, Analysestrategien der Grounded Theory zu übernehmen (wie das »theoretical sampling«, die minimale bzw. maximale Kontrastierung, die sequenzanalytisch und abduktiv angelegten Prozesse der Kodierung, die sich von denjenigen der qualitativen Inhaltsanalyse deutlich unterscheiden, oder das zumindest sollten; vgl. Strauss 2007, Keller 2011a; Keller 2011b; Keller 2012a; Keller/Truschkat 2014). Das bedeutet aber nicht, das gesamte Programm »einzukaufen«, das sich ja auf die Untersuchung von Interaktionsprozessen richtete und in jüngerer Zeit mitunter in quantifizierte Kodierungen als Selbstzweck zu münden scheint. In den Vorgehensweisen von Strauss bestehen nach meiner Einschätzung noch hohe Affinitäten zu sequenzanalytisch-hermeneutischen Traditionen der interpretativen Sozialforschung im deutschsprachigen Raum. Das ist mir bei den neueren Arbeiten, die vor allem auf Computersoftware setzen (Corbin/Strauss 2015), nicht mehr so klar.

Aber ich sehe ebenfalls, wie vorhin schon von Euch angedeutet wurde, ein Problem darin, dass im Grunde zu häufig das Label »Diskurs« verwendet wird. In der Soziologie gibt es insgesamt wenige ausgewiesene Positionen für die jeweilige Art der Diskursforschung. Dazu gehören ein paar Varianten von an Foucaults Arbeiten anschließenden Positionen (etwa die Beiträge in Bührmann u.a. 2007), dazu würde ich unter anderem die Wissenssoziologische Diskursanalyse zählen, aber auch die eher inhaltsanalytischen Framingansätze aus der US-Bewegungsforschung (Gerhards 2011), und an den Rändern der Disziplin gibt es ein paar Berührungen mit Sprachwissenschaften (vgl. dazu Diaz-Bone 2010). Doch vieles, was in den 1980er und 1990er Jahren ausprobiert wurde, ist nicht zu eigenständigen Ansätzen ausgearbeitet worden, sicher aus ganz unterschiedlichen Gründen. Aber es gibt beliebige und vor allem viele Medienanalysen aller Art. Zum Beispiel wird die Auswertung diverser Zeitungsberichterstattungen – etwa: drei Zeitungen von dann bis dann, zur Bundestagswahl – als »analysierter Mediendiskurs« aufgefasst und vorgestellt. Es hängt sicherlich damit zusammen, dass sich oft Magisterarbeiten oder jetzt Masterarbeiten so gut machen lassen und man an das Material leicht herankommt, zumal wenn Geld und Zeit knapp sind. Bei Forschungen in Promotionen wird das etwas ausführlicher, man steigt tiefer ein. Und was hier zum Teil Unmut in der breiteren Disziplin schafft, ist: überall wird von Diskurs geredet, aber es sind oft nur kleine Mikroanalysen von einigen wenigen Aspekten. Und da kommen trotzdem häufig 40 Seiten Theorievorlauf – mit Foucault und allen anderen Bezügen. Einen mir wichtigen Punkt will ich noch festhalten: Es gibt bei Foucault zwei Seiten: Strukturen und Inhalte, und die würde ich gar nicht gegeneinander ausspielen. Aber da kommen wir ja vielleicht noch drauf.

Werner Schneider
Ich stimme dem auch zu, sich nun in einem nächsten Schritt über die *discourse essentials*, also den Begriff zu verständigen. Ich muss dennoch etwas über die Methoden sagen. In der Soziologie, oder vielmehr für mich, ist es zunächst schwierig, bestimmte methodische Praktiken von vornherein als »diskursinkompatibel« auszuschließen, also sowohl in Bezug auf quantitative Analysen und all das, was im Bereich der qualitativen Methodiken möglich ist. Es ist sicherlich richtig, dass ich nicht einfach ein Methodenlehrbuch zur Hand nehmen kann, mir dann irgendwas daraus aussuche und lediglich eine diskurstheoretische informierte Fragestellung voranstelle, diese Methode dann dazu 1:1 anwende; das ist klar, das wäre ja auch aberwitzig, da einzelne Methoden bekanntlich immer mit erkenntnistheoretischen Prämissen, wissenschaftstheoretischen Fundierungen und methodologischen Prinzipien verbunden sind. Aber ich habe den Eindruck, dass nach meinem Methodenverständnis keine konkrete methodische Operation *per se* und prinzipiell nicht anwendbar wäre. Genau vor dem Hintergrund, den du, Reiner, aufgemacht hast. In einem ausgewiesenen diskurstheoretischen Zusammenhang mit methodologischen Reflektionen über das Erkenntnisziel und dessen Reichweite, kann dann diese methodische Operation so angepasst oder umgebaut werden, dass man sie ggf. tatsächlich verwenden kann. Ich glaube, dass man an den Methoden nur mehr oder weniger arbeiten muss, um sie für sich fruchtbar zu machen. *Per se* tue ich mich schwer, hinten bei den Methoden in irgendeiner Form die entscheidenden Weichen zu stellen – ich glaube, die werden immer vorne gestellt. Und hinten muss nachjustiert werden. Bei der einen Methodik manchmal mehr, bei der anderen manchmal weniger. *Grounded theory* als Schlagwort ist für mich mittlerweile so eine Katastrophe, weil es dem Begriff noch viel schlimmer ergangen ist als es dem Diskursbegriff jemals ergehen wird, da er für alles und zugleich nichts verwendet wird. Also fast könnte man polemisch sagen, dass immer, wenn man irgendwie glaubt, etwas empirisch zu machen, und nicht sagen will, was man macht, schreibt man *grounded theory* drüber. Also, von daher denke ich tatsächlich: Vorne liegt die entscheidende Baustelle, nämlich die theoretisch-begriffliche Fundierung, und die methodologische Reflexion dazu und alles andere, was als methodische Umsetzungen folgt, sind dann notwendige Passungen.

Jürgen Spitzmüller
Ich denke, dass das alles sehr verzahnt ist. Ich wollte noch etwas zu den von Andreas erwähnten interpretativen Methoden ergänzen, die noch nicht in der Diskurslinguistik verortet sind. Das ist auch ein Resultat der anfänglichen Abgrenzungsprozesse, die wir bereits besprochen haben. Dass viele gesagt haben: Wir machen gerade nicht die Diskursanalyse, die ihr – z.B. die Konversationsanalytiker – macht, das war am Anfang vielleicht nötig, um das neue Forschungsfeld zu profilieren. Aber damit wurde auch einiges verschenkt, weil die Ansätze sich doch auch in mancher Beziehung ähnlich sind. Wenn die Diskurslinguisten die Methoden jener Formen der »Diskursanalyse«, von der sie sich abgrenzen wollten, – etwa interpretative und interaktionale Methoden – und deren Objekt-

bereich – etwa Alltagsinteraktion – auch berücksichtigt hätten, hätte sich die Disziplin vielleicht nicht so entwickelt, dass es irgendwann gehießen hat und bis heute immer noch heißt, Diskursanalyse könne nur geschriebene Texten untersuchen. Da sieht man auch sehr schön, wie verwickelt das alles ist, da fällt sozusagen ein Teil des Gegenstands, aber auch sofort ein Teil von Zugängen weg, mit denen man vielleicht bestimmte Fragestellungen oder bestimmte Praktiken gesehen hätte, mit denen man vermutlich auch die Bedeutung der Akteure viel früher erkannt hätte, als das der Fall ist. Nochmals: Ich glaube, dass die Fachentwicklung immer eine Wechselwirkung zwischen Theoriediskussion, Wissenschaftspolitik, »claim-staking«, Datenselektion und Agendasetting (Auswahl und Priorisierung der Fragestellungen) ist. Diese Aspekte und Wechselwirkungen muss daher jedes Fach auch fortwährend reflektieren.

Willy Viehöver
Ich habe an der Stelle jetzt nur, weil du, Jürgen, das auch erwähnt hast, eine Frage: Häufiger habe ich über Sprachwissenschaft und insbesondere über linguistische Ansätze gelesen, sie würden so etwas wie das *Akteurs*konzept nicht brauchen – kennen schon, aber nicht benötigen. Du sagst jetzt aber schon mehrfach, dass es gebraucht wird. Meine Frage wäre nun, ob und warum man es in der Diskurslinguistik braucht. Und wenn ja, was wird dann darunter genauer verstanden?

Jürgen Spitzmüller
Ich persönlich denke, man braucht es deswegen, weil es in Diskursen immer ganz fundamental darum geht, dass irgendwelche Positionen, Autoritäten, soziale Hierarchien sowie soziale Positionierungen ausgehandelt werden. Das ist für mein Diskursverständnis ein zentraler Aspekt, genauso wie der damit verbundene Aspekt der Macht, die man unverständlicherweise häufig gerade nicht in den Blick zu nehmen versucht. Wenn man mit dem Machtbegriff nicht glücklich ist, kann man das meinetwegen auch anders nennen, aber der Aspekt der sozialen Stratifizierung ist für Diskurse konstitutiv, das lässt sich einfach nicht ausblenden. Unter Akteuren verstehe ich grundsätzlich diskursiv ausgehandelte Rollen. Wenn ich über Akteursanalyse spreche, werde ich bisweilen gefragt: Müssen wir denn herausfinden, wer die Menschen, die die Texte geschrieben haben, sind und wie diese leben? Um derart überkommene Autorkonzepte geht es natürlich gerade nicht. Wenn unter einem Leserbrief zur *Anglizis*mendiskussion jedoch »Prof. Dr. Wolf-Andreas Liebert, Germanistisches Institut« steht, dann positioniert sich ein Akteur mit seinem Namen diskursiv, und das ist diskursanalytisch relevant. Mein Akteursbegriff lässt sich sozialwissenschaftlich vielleicht am ehesten in der Nähe von Interaktionismus und Goffman verorten. Und damit wird natürlich auch die Konversationsanalyse für mich wichtig, weil dort soziale Positionierung und die Aushandlungen von sozialen Rollen sehr ausgiebig diskutiert wurden. Man muss noch sehen, wie man das auf Diskurse applizieren kann, aber in die Richtung geht das. Man hat ja immer mit dem Argument, Foucault selbst habe den »Tod des Subjekts« konstatiert, versucht, Akteure aus der Analyse auszuklammern – eine Fehlinterpretation Foucaults, wie wir wissen. Wolfgang Teubert betont zum Beispiel sehr nachdrücklich, dass nicht von Interesse sei, welche Akteure am Diskurs beteiligt sind (vgl. etwa Teubert 2013).

Aber dass im Diskurs Akteure und soziale Positionen konstituiert werden, ist doch evident und nicht zu übersehen.

Wolf-Andreas Liebert
Vielleicht nochmal eine Anmerkung zur Frage, inwiefern in der Linguistik ein Akteurkonzept benötigt wird. In der Linguistik ging man ursprünglich von einzelnen Sprechern, also von Einzelpersonen aus. Diese standen sozusagen im »luftleeren Raum«, sie hatten ihre konkreten empirischen Situationen und im allgemeinen Gespräch gab es etwa das strukturell abgrenzbare Mikrogespräch usw., z. B. etwa die in einer längeren Situation sprachlicher Interaktion isolierbare Sequenz, wenn ein Chef seine Untergebenen zusammengestaucht hat, und ähnliches. Die darin eingelassene Hierarchie der unterschiedlichen Sprecherpositionierungen war nur dann relevant, wenn sie im Gespräch thematisiert wurde. Ob da eine vorgängige Struktur da war, oder ob Entlassungen drohten, ist nur relevant, wenn es im Gespräch thematisiert wird, ansonsten eben nicht. Das reicht aber nicht, notwendig ist vielmehr, sich auch von der Person zu entfernen hin zu Organisationen und Institutionen, die auftreten können und zwar wiederrum repräsentiert durch Rollen und Personen. Das ist im Akteurkonzept schon auch angelegt, denke ich. Das heißt, dass man auch in der Linguistik vom isolierten Sprecherkonzept im erläuterten Sinne weggehen kann und auch so etwas wie Institutionen und Organisationen in die Analyse mit einbeziehen sollte. Ein Umweltbundesamt hat zum Beispiel Schriften, die initiiert werden, Gespräche, Diskussionen, die damit eingeleitet werden, mit Personen in Rollen, die diese repräsentieren. Das ist ein wichtiger Punkt, denke ich, an dem man in der Linguistik vom einfachen Sprecherkonzept weg und zu abstrakteren Konzepten hinkommt.

Willy Viehöver
Ist damit dann ein intentionaler Sprecher gemeint, oder spielt dies keine Rolle?

Wolf-Andreas Liebert
Also die Intentionalität ist ein vertrackter Begriff. Im Sprecherkonzept ist die Intentionalität natürlich angelegt, wenn man von der Sprechakttheorie ausgeht. Dennoch ist dieser Intentionalitätsbegriff schwierig, da ich, wenn ich annehme, dass die Sprecher auch diskursiv konstituiert sind, das Intentionalitätskonzept ebenfalls stark zu hinterfragen habe. Also zu fragen, ob es denn überhaupt so etwas wie eine ganz persönliche Intentionalität gibt, wenn die Sprecher diskursiv so stark geprägt sind. Aber wie groß da der Spielraum für den Einzelnen ist und wie weit die Autonomie reicht, das, denke ich, ist in der Diskussion. Mein persönlicher Ansatz wäre, dass es so etwas wie Spontaneität gibt, die als kontingentes Element immer wieder in den Diskurs mit eingespeist wird.

Achim Landwehr
Ich finde die von euch angesprochene Diskussion deswegen sehr spannend, weil sich die Situation in den Geschichtswissenschaften praktisch diametral umgekehrt verhält. Da wird das Problem immer gesehen: Erstens wird seltener von Akteuren, meistens von Subjekten gesprochen, und da wird eher problematisiert, dass diese historischen Subjekte hin-

ter den Texten, die diskursiv so wichtig werden, verschwinden. Die Parallelisierung aus unterschiedlichen disziplinären Zugängen wäre daher meines Erachtens nochmal hochinteressant. Aber gerade deswegen halte ich es im Sinne der Nachvollziehbarkeit für wichtig, dass wir erst einmal die Diskursverständnisse klären und zunächst die disziplinären Situationen in den Fächern ausloten, bevor wir auf die schon recht spezifischen methodischen Diskussionen kommen. Da sollte man nochmal einsteigen, weil das, so denke ich, ganz zentral ist und es dann auch wirklich ans Eingemachte geht. Und auch mit der Frage »Wohin soll es weitergehen?«, vor allem auch im Gespräch zwischen den Disziplinen.

Werner Schneider
Ja, aber ich glaube, da sind wir gleich wieder an dem Punkt, wo wir jetzt schon stehen. Ich möchte jetzt nicht vorgreifen und Reiner und Willy können für die Soziologie sofort ergänzen, aber mein Diskursbegriff ist recht schnell definiert: Diskurs ist eine geregelte Aussagepraxis, die auf die Herstellung, Sicherung oder Veränderung von Wahrheit im Sinne von Geltung beanspruchenden Wissens zielt und somit immer Wissenspolitiken im Sinne von Wahrheitspolitiken betreibt. An diesem Punkt bin ich dann schon wieder beim Akteursbegriff mit all seinen Fragezeichen und bei dem bekannten Foucaultzitat:

> »Die Wahrheit ist von dieser Welt; in dieser wird sie aufgrund vielfältiger Zwänge produziert, verfügt sie über geregelte Machtwirkungen. Jede Gesellschaft hat ihre eigene Ordnung der Wahrheit, ihre »allgemeine Politik« der Wahrheit [...] es gibt Mechanismen und Instanzen, die eine Unterscheidung von wahren und falschen Aussagen ermöglichen und den Modus festlegen, in dem die einen oder anderen sanktioniert werden; es gibt einen Status für jene, die darüber zu befinden haben, was wahr ist und was nicht« (Foucault 1978, S. 51).

Die damit angelegte analytische Blickrichtung würde ich ganz dick unterstreichen, denn das ist auch für mich immer die Nagelprobe: Die Frage bei den von Reiner erwähnten Abschlussarbeiten, die mit dem Label Diskursanalyse daher kommen und dazu schreiben, »Ich mach mal ein paar Medientexte«, lautet genau deswegen: Von welchem Diskursverständnis wird hier ausgegangen? Und wenn dieses Diskursverständnis nicht in irgendeiner Form einen Aspekt wie Macht oder Herrschaft – z.B. mit Blick auf »Macht/Wissen« – adressiert, dann würde ich sagen: »Mach eine normale Inhaltsanalyse, mach irgendwas zur Mediendiskussion.« Da gibt es jede Menge Möglichkeiten und es muss eben nicht immer Diskursanalyse sein. Und insofern würde ich auch den vorhin dazu gemachten Punkt bezüglich der Klärung des Diskursverständnisses ausdrücklich betonen, und dann kämen natürlich vor dem Hintergrund dieser recht einfachen Diskurs-Definition mit der geregelten Aussagepraxis die aus meiner Sicht eigentlich spannenden soziologischen Folgefragen. Und da würde ich, um das nur an einem Beispiel deutlich zu machen, den Akteursbegriff, den Subjektbegriff und mindestens noch den Begriff des Individuums als Analysekonzepte in eine Reihe stellen und wenn man so will, auch den Begriff der Person. Dann müsste ich noch sagen, dass man den Akteursbegriff gleichsetzen kann (aber nicht muss) mit dem Begriff des Handelnden. Wenn man aber den Handelnden hat, muss man in der Soziologie sofort ein mehr oder weniger umfängliches

Grundeinmaleins einbeziehen, also sofort so ein Konzept wie hier »der Handelnde«, dort »der Erleidende« anbauen (oder z. B. gleich bis zur Akteur-Netzwerk-Theorie gehen), wenn man es denn so ausdrücken möchte. Also kurzum, das wäre für mich ein Begriffsspektrum, das man erst einmal ausbuchstabieren müsste.

Beim Thema Macht und Herrschaft käme zum Beispiel hinzu, dass man diese Ebene in der Diskursanalyse in irgendeiner Form adressiert, die Du (Jürgen Spitzmüller) vorhin mit »soziale Stratifizierungen« benannt hast. Damit ist dann die analytische Aufgabe verbunden, den Diskurs zu befragen, inwieweit er Auskunft über die sozialen Verhältnisse, über die sozialen In-Bezug-Setzungen von Akteuren, Handelnden, Erleidenden, Subjekten, Individuen, von kollektiven Akteuren gibt (vgl. Keller/Schneider 2019). Und das ist für mich jetzt im Grunde auf der Basis des recht simplen Diskursverständnisses eine Frage von Struktur und Inhalt, da gebe ich Reiner völlig Recht. Aber dann braucht es für mich als Soziologen den Ausweis bzw. eine Klärung all dieser soziologischen Folgefragen. Ich muss in einer Diskursanalyse nicht alles Mögliche adressieren oder ansteuern, aber ich muss zumindest angeben, in welche Richtung ich analytisch gehen möchte. Im Grundsatz und auf der Basis der Blickrichtung des oben benannten Diskursbegriffs ist es für mich dann unerheblich, ob jemand auf eine Strukturebene oder Subjektebene geht, im Inhaltlichen verbleibt und eher den Deutungen hinterher spürt oder eben versucht, Praktiken zu identifizieren.

Willy Viehöver
Machst du einen Unterschied zwischen geregelter Aussagenpraxis und dem Begriff der Äußerungen?

Werner Schneider:
Ja, ohne jetzt auszuholen und auf die Schnelle gesagt: Äußerungen sind Bestandteile von geregelten Aussagepraktiken.

Wolf-Andreas Liebert
Also ich würde da vielleicht noch zwei Aspekte ergänzen. Insgesamt würde ich das auch so sehen. Es gibt den Regelbegriff und den könnte man jetzt noch einmal diskutieren. Aber vielleicht ist noch ein anderer Aspekt wichtig: Für mich ist ein Diskurs auch eine kohärenzbildende Struktur, die eben so etwas wie Normalität, Natürlichkeit erst herstellt. Dies halte ich für wichtig zu beachten, gerade im Hinblick auf die Untersuchung von Alltagshandlungen oder allgemein der Alltagswelt. Ein zweiter Punkt wäre, dass der Diskurs auch eine dynamische Komponente hat, und zwar in vielerlei Hinsicht. Dies ist ein bedeutsamer Aspekt, ebenso wie wir eventuell noch das bereits angesprochene Verhältnis zwischen Akteur und Struktur vertiefen könnten. Das ist in der Soziologie ein altes, bekanntes Motiv und ich finde es wichtig, diese Verbindung in der interdisziplinären Diskursforschung noch einmal zu diskutieren.

Reiner Keller
Ich habe jetzt das Problem, sehr weit ausholen zu müssen, aber das würde den Rahmen hier sprengen – ich probiere es kurz: In der »Wissenssoziologischen Diskursanalyse«

(Keller 2011b) habe ich versucht, eine ganze Reihe von Begriffen zu definieren oder in Relationen zu setzen. Da kommen neben Akteuren noch Äußerungen, Aussagen, diskursives Ereignis, öffentliche Diskurse, Spezialdiskurse, diskursive Praktiken, Dispositive, Koalitionen, Arenen, in jüngerer Zeit auch Modellsubjekte oder Modellpraktiken usw. hinzu, das kann ich hier nicht alles ausführen. Hinsichtlich des Diskurskonzepts schließe ich mich dir (Werner Schneider) an. Aber ein wichtiger Aspekt war tatsächlich folgender: Ich habe das ja »ein Forschungsprogramm« zur Analyse von Wissensverhältnissen und Wissenspolitiken genannt, das im Übrigen je nach Erkenntnisinteressen und Erkenntnisgegenständen sehr unterschiedler Umsetzungen bedarf und keineswegs ein »Modell für alles« propagiert. Was war dafür der Hintergrund? Zum einen: Wenn damals etwas *präsent* war, dann war es eine Foucaultsche Argumentationstradition, die sagte: Subjekte, Akteure…NEIN! Ein Subjekt wird konstituiert, basta. Eine Formulierung, die in meinen Augen immer recht platt war und zwar in der Hinsicht, dass davon ausgegangen wurde, dass das Subjekt diskursiv konstituiert sei und es deswegen keine Handelnden oder keine Akteure gäbe, die etwas tun, sondern: »Foucault hätte dies ja gezeigt«, »deutlich gemacht« usw., daher mache man das nicht so (z. B. Gehring 2012)[5].

Ich habe dagegen immer versucht, Foucault soziologisch zu lesen und zu sagen »Na gut, er macht eigentlich nichts anderes wie Emile Durkheim schon 1912 und redet auch wie der von »Denksystemen« (Durkheim 1981), in gewisser Weise«. Also es geht um kollektive Wissensbestände, die sich im Zusammenspiel unterschiedlichster Akteure erzeugen. Und findet man nicht bei Foucault genug Hinweise, dass diese Akteure also existieren? Aber das war in der Soziologie Ende der 1990er Jahre oder in dem geringen Teil, was davon in der Diskursforschung rezipiert wurde, überhaupt nicht präsent. Also von Akteuren zu reden, das war eine ähnliche Situation wie in der Linguistik und bei Jürgen Link (2005) ist das bis heute so: »Diskurse werden nicht ausgehandelt von Akteuren, die setzen sich nicht zusammen«. So ist es ja auch nicht gedacht, aber das ist die Vorstellung, gegen die dann immer argumentiert wird. Und deswegen möchte ich gerne noch etwas ergänzen: Vorhin ist Berger/Luckmann (1980) mehrmals erwähnt worden, und für mich ist es nach wie vor wichtig zu betonen, dass es im Grunde ein basales wissenssoziologisches Theorieangebot gibt, das sehr viele Komponenten hat. Es hat die Fragen »Wie wird Sinn im Bewusstsein konstituiert?«, »Wie arbeiten wir sinnhaft als *Bewusstseine*?«, »Wie ist das ganze gedacht als ein soziales Wissen?«, also nicht als ein Subjekt, das außerhalb von Wissensordnungen steht. Das ist überhaupt die Grundlage dafür, Diskurse zu analysieren und zu sagen, ich kann von Diskursen als Prozessierungen von Wissen, Konfiguration, Formatierung nur sprechen, wenn ich – das ist sozusagen ein Anthropologiegrundanteil – eine bestimmte Vorstellung davon habe, wie menschliches Bewusstsein funktioniert. Und diese Theorie gibt es nicht in der Foucault-Tradition, dazu hat er nichts geschrieben. Das war der eine Grund, auch zu sagen: das ist primär, ohne das gibt es keine Diskurse.

Ein zweiter Aspekt, den ich betonen möchte, ist, dass diese Tradition der Wissenssoziologie leider nicht die großformatigeren Fragen nach Diskurs, Macht, Herrschaft usw.

---

5 Vgl. zu Visualisierungen Keller (2016), zur Diskurs- und Dispositivethnographie Keller (2019b), zur Diskussion des Verhältnisses zum Neuen Materialismus Keller (2017b; 2018; 2019a); zur Diskussion des Verständnisses von Kritik Keller (2017a).

aufgegriffen hat. Vielmehr ist diese Tradition eher einseitig in eine Richtung gelaufen, nämlich auf die Alltags- und Mikroebene, oder auch die Ebene des professionellen Handelns und der kleinen Lebenswelten, der konkreten Interaktionen, Sinngebungen und kommunikativen Gattungen. Zweifellos sind das alles interessante Fragen. Die jeweiligen Kontexte und gesellschaftlich ja bedeutsamen Meso- und Makroebenen der Wirklichkeitskonstruktionen durch Organisationen, kollektive Akteure, in spezifischen und öffentlichen Arenen werden dabei jedoch ausgeblendet. Das ist für mich mit dem Begriff der Wissenssoziologischen Diskursanalyse verbunden gewesen: zu sagen, dass wir eine eigene Ausarbeitung benötigen, die die Foucaultschen Ideen mit einbezieht, aber auch diese etwas anders gelagerten Traditionen des Interpretativen Paradigmas einzubinden – neben der Wissenssoziologie insbesondere diejenige des Symbolischen Interaktionismus, die sich mit öffentlichen Debatten und Auseinandersetzungen beschäftigt, die Foucault nicht im Blick hatte. Und das nenne ich in der Zusammenführung Wissenssoziologische Diskursanalyse und verknüpfe damit gleichzeitig bestimmte methodologische und methodische Reflexionen. Zu sagen: es ist Interpretation, davon würde ich nicht abgehen. Und natürlich wird da häufig dagegen gehalten, Foucault sei »jenseits« der Interpretation oder Hermeneutik bzw. lehne diese ab (Keller 2012b; Keller/Schneider/Viehöver 2015; Keller/Schneider 2019). Betrachtet man jedoch genauer, welches Verständnis von Hermeneutik oder Interpretation dabei gemeint ist, muss man das relativieren.

Dann kommt ein nächster Punkt: Beispielsweise sind Äußerungen für mich das, was konkret passiert. Das konkrete materiale diskursive Ereignis ist demnach die Äußerung. Die Regeln beziehen sich auf eine Art Generierungsprinzip. Das ist in diesem Diskurs verankert. Das ist Teil dieser umfassenderen Struktur oder Strukturierungsform. Die Aussage ist dagegen der typisierbare Gehalt der einzelnen, verstreuten Äußerungen – so habe ich versucht, das zu bestimmen. Ich würde auch bei Praktiken unterscheiden zwischen diskursiven und nicht diskursiven Praktiken. Für soziologische Fragestellungen, denke ich, braucht man natürlich auch dieses ganze Arsenal von Akteuren und von Ressourcen bzw. Kapitalien, die sie möglicherweise haben. Das heißt also, wie du (Jürgen Spitzmüller) vorhin sagtest, es ist ein Unterschied, ob da Prof. Dr. Liebert unter dem Leserbrief steht, das ist ein symbolisches Kapital. Damit verbunden brauche ich die Akteurkategorie und weitere Kategorien, sonst kann ich nur beispielsweise eine Abfolge von Semantiken oder Strukturierungen von Semantiken beschreiben und mich dann fragen, wie es dazu kommt. Und das funktioniert historisch großformatig vielleicht. Bei Luhmanns funktionalen Differenzierungen z. B. entwickelt sich eine ökonomische Semantik stärker, aber das scheint mir wenig überraschend: die Ausdifferenzierung eines Vokabulars und einer Praxis gehen Hand in Hand (vgl. dazu die entsprechenden Arbeiten, z. B. Luhmann 2010). Zwar sind das durchaus ja konkrete Akteure (Philosophen, Juristen, Händler, Unternehmer, Politiker), sicher auch Akteurinnen, aber wenn es nur um »the long run« geht, ist das aus der zeitlichen Distanz für bestimmte Frageinteressen vielleicht vernachlässigbar. In der Korpuslinguistik liegt das ja etwas anders, weil doch kürzere Zeiträume anvisiert werden. Zwar betont bspw. Wolfgang Teubert (vgl. etwa seine Beiträge in Busse/Teubert 2013), man solle (und er würde) die Akteure ausblenden, alles sei eine Frage der Deskription der Korpus-Entwicklung – aber dann gibt es etwa in seiner Analyse der Europadiskurse (Teubert 2010) am Schluss einen Abschnitt, in dem beschrieben wird, wie es dazu kam, und auf einmal wird auf Akteure (Zeitungsbesitzer, Politikerinnen usw.), auch andere Studien und Disziplinen rekurriert, die besagen: die Briten waren gegen den Beitritt, weil das ihre Interessen berührt und deswegen taucht das Thema so auf, usw. D. h. zunächst sind die Akteure nicht in der Analyse, aber sie kommen dann wie nebenbei im Nachklapp hinein, wenn es um die Interpretation der Ergebnisse geht.

Das Interesse für eine soziologische Diskursanalyse ist – da gibt es auch andere Positionen, aber ich will daran festhalten – zu sagen, dass wir das ganze Arsenal brauchen, was die Soziologie hat. Auch Rollen, Institutionen, Organisationen. Denn, warum sollte man das über Bord werfen und jetzt sagen, Foucault hat das alles überwunden?! So wird das manchmal immer noch präsentiert und das halte ich für Nonsens.

Willy Viehöver
Eine Reaktion wäre jetzt zu sagen, ich unterschreibe im Wesentlichen Werner Schneiders und Reiner Kellers Ausführungen. So habe ich es meistens auch belassen. Hier will ich aber nun auf einige allgemeinere Probleme hinweisen. Ich habe vorhin schon angedeutet, dass mich insbesondere diese Sollbruchstelle semantischer bzw. pragmatischer Zugang vermehrt umtreibt. Paul Ricœur hat beim Versuch, den Diskursbegriff zu präzisieren, unter anderem in Bezug auf Benveniste (1974) gesagt, ein Diskurs sei, wenn jemand zu jemandem etwas über etwas in der Welt sagt (Ricœur 2005, S. 32). Diese »pragmatistische« Position kann bis zu einem bestimmten Punkt kompatibel mit dem sein, was bisher gesagt wurde. Ricœur betont zudem immer wieder, dass es hier, bezogen auf den Diskurs, immer auch Menschen gibt. Menschen, die einen Körper haben und die etwas in der Welt zur Sprache bringen wollen. Da sehe ich Ansatzpunkte für eine Unterscheidung, die mir wichtig ist. Ricœur hat durch seine Beschäftigung mit Erzählungen die Definition von narrativen Diskursen aber auch so revidiert, und ich wiederhole das nochmal: Jemand erzählt jemandem etwas über etwas in der Welt. Er hält sich dabei offen, dass es Arten von empirischen Referenten gibt, Erzähler/Autor, Hörer/Leser/Publikum und eben auch Sachverhalte, Vorkommnisse in der Welt. Ich würde versuchen, in genau diese Richtung zu gehen, Welt und Akteure dabei eben nicht aussparend. Und dann interessiert mich mit Blickrichtung auf das, was Hayden White (1990) mal die *Bedeutung der Form* genannt hat, inwiefern es narrative Generierungsprinzipien von Diskursen gibt. Und die sind mir insbesondere wichtig, und ich möchte die auch nicht kleingeschrumpft wissen, wie das beispielsweise bei Hubert Knoblauch erkennbar ist – Narration ist da nur irgendeine Gattung unter anderen. Ich sehe das Konzept Erzählung schon sehr viel genereller, nämlich so, dass Narration ein Prinzip der Erzeugung von Sinn und Bedeutung überhaupt ist. In anderen Worten, Erzählen ist ein »way of world making«, um einen Terminus von Nelson Goodman (1978) zu beleihen. Ich würde also dann auch in vielerlei Hinsicht in die Richtung gehen, die Reiner Keller eben beschrieben hat.

Aber ein Punkt ist mir jetzt insbesondere bei Achim Landwehr aufgefallen und ich will das nochmal ansprechen, ohne aber den Anspruch auf Klärung zu erheben. Natürlich sind Narrationen selbst auch eine Institution. Man kommt eben sehr schnell auf eine Organisationsebene, institutionelle oder allgemein kulturelle Ebene, wobei es dann z. B. institutionell etablierte Erzählungen gibt (Gründungsmythen etwa der EU, der Klimakonvention usw.).

Was mich in letzter Zeit aber auch zunehmend beschäftigt und was Andreas eben auch angesprochen hat, ist das Problem mit den Sprechern. Ricœur (2005) spricht von dieser ternären Struktur, dass er im Grunde immer auch den Anderen mitdenkt, der jemanden anredet oder den er anredet. Man hat dann den Sprecher, der, wenn er etwas sagt oder erzählt, eine bestimmte Intention verfolgt, also bspw. ich, als ein verkörpertes Individuum, das euch meine eigene Position zum Diskursbegriff erklären will. Natürlich passiert dann dabei genau das, was Anthony Giddens beschreibt, dass ich dabei immer auch Beiträge zur Reproduktion der Sprache usw. leiste oder bestimmte symbolische Codes »wiederhole«, ohne dass ich dies bewusst merke oder beabsichtige. Das treibt natürlich auch den Akt des Erzählens immer über eine Mitteilung von Ego an ein mehr oder weniger offenes Publikum hinaus. Wir gehen, wenn wir Diskursanalyse betreiben, sehr oft und sehr stark und natürlich auch vernünftigerweise auf diese institutionelle Ebene ein. Was passiert aber beispielsweise, wenn wir uns mit Körperpolitiken und entsprechenden Wissensordnungen beschäftigen – ich finde bei Foucault den Begriff des Inskribierens, des »sich Einschreibens« sehr unglücklich oder gar unpassend. Weil da ja tatsächlich viel mehr gemacht wird, z. B. in der plastischen Chirurgie, was klar über sprachlich und visuell verfasste Diskurse hinausgeht. Aber natürlich wird das, was gemacht wird, wiederum zur Sprache gebracht. Ich sehe es diesbezüglich immer noch so: Wenn ich diese Figur des verkörperten Sprechers aufgreifen darf, also wenn dann jemand zu jemandem irgendetwas über etwas in der Welt und sei es seinen Körper sagt, dass er sich dann schon in den Diskursen selbst als jemand bezeichnet, jemand der auch fähig dazu ist, dies oder jenes zu tun, was über das Sprechen hinausgeht. Also ich würde gerne nochmal drüber diskutieren, ob man diesen Begriff der Intention und der Handlung usw. aufgeben oder im Begriff der Praktiken verschwinden lassen kann, wie Herr Reckwitz (2003, S. 290 ff.) in der Tendenz, oder aber vielmehr präzisieren muss, was damit wann gemeint ist.

Mir ist darüber hinaus auch noch nicht klar, wie wir uns zu solchen Begriffen wie »Textualismus« und »Mentalismus« usw. verhalten wollen. So wie wir das jetzt gemacht haben, sind die meisten von uns eher im Dunstkreis der Textualisten zu verorten. Ich sehe das jetzt allerdings gar nicht so negativ, wie sollte man da auch vernünftigerweise herauskommen? Wir arbeiten nun mal häufig mit Textmaterialien, wenn auch nicht ausschließlich. Dann lese ich aber doch sehr oft, dass die Texte entweder gesprochene Sprache sind. Oder, wie bei Ricœur, der zeigt, dass, sobald jemand über etwas geschrieben hat, dieser Text eine Eigendynamik entfaltet, sozusagen ein Eigenleben bekommt. Er wird zu einer Ebene *sui generis*, die vom Autor entkoppelt wird. Dieser oder diese Texte, die jemand einmal verfasste, werden dann aber wieder von jemand anderem gelesen, angeeignet und möglicherweise weiterinterpretiert.

Bei der im Hier und Jetzt gesprochenen Sprache, im Sprechakt, so wie bei unserer Diskussion jetzt, da kann man immer nachhaken: Erklär mir das mal genauer, was du da gesagt hast, da hab ich dich jetzt nicht genau verstanden. Dann kann man als Sprecher auf eine Nachfrage hin viel stärker korrigieren. Diese Möglichkeit habe ich als Autor eines Textes nicht (mehr). Doch die Probleme gehen noch weiter: Wenn ich jetzt über Diskurse rede und mich so einer textualistischen Richtung zurechne, wo höre ich dann auf mit dem Textbegriff zu arbeiten? Ich finde, das kann man jetzt nicht wirklich einfach festlegen. Nehmen wir z. B. die Bilder in Ratgebern zur Schönheitschirurgie, etwa die

»Vor der Operation/Nach der Operation«-Bilder, die ihr wahrscheinlich alle kennt. Würdet ihr sie den Texten zurechnen? Liegt nicht auch in solchen Bildern, selbst ohne Subscriptio, ein implizites Versprechen an ein Publikum, welches irgendjemand jemandem macht und das man entschlüsseln kann. Wie kriege ich das dann aber diskursanalytisch in den Begriff? Man muss wohl über das Konzept des geschriebenen Textes hinausgehen. Ich weiß aber selbst noch nicht, wie man das dann methodisch angemessen in den Griff kriegen könnte. Da würden doch auch die Sprachwissenschaftler nochmals herausgefordert sein, da einen Beitrag zu leisten.

Jürgen Spitzmüller
Daran wird gearbeitet. Der Textbegriff ist in der Linguistik letztlich ein vager Begriff, aber auch sehr weit gefasst. Er umfasst sprachliche Handlungen, mehr oder weniger sprachlich abgeschlossene Entitäten, Text-Bild-Einheiten und Multimodalität, auch formale Gestaltung. Das Schlagwort ist vor allem Multimodalität. Es ist demnach so, dass nicht nur Schrift eine Rolle spielt, sondern auch alles, was sonst in Texten vorkommt.

Wolf-Andreas Liebert
In der Linguistik verlässt man gerade die enge Ebene des »Textes als Struktur« und betrachtet zunehmend die äußere Form als wichtiges Element für die Analyse. Das kann die Typographie sein, das kann das Bild sein, die konkrete Äußerung einer Person, wie sie sich momentan eben präsentiert. Und das ist zunächst »ausgebettet« worden, weil man gesagt hat: »Ok, mich interessiert jetzt eben semiotisch nur der Inhalt. Ob das jetzt in »Times Roman« oder in »Gothic« geschrieben ist, ist mir eigentlich egal. Ich analysiere die Texte so, wie sie im Korpus sind. « Inzwischen würde man bspw. in einer Bildhermeneutik ergänzen: In welchen Kontext ist dieses Bild, was du da vorher gezeigt hast, überhaupt erschienen und in welcher Materialität? Das wäre ganz wichtig, also ich würde gar nicht mehr nur unter inhaltlichen Aspekten betrachten, sondern das würde eben auch die weitere Materialität und Kontextualität des Bildes einbeziehen: Hängt das jetzt als *Ding* im Rahmen? Wo im Zimmer ist es platziert? Usw. Das wird alles eine Rolle spielen, das heißt, die ganz individuelle, raumzeitlich-materielle Manifestierung von Gegenständen, aber auch von Personen und allgemein auch von Kommunikationsereignissen spielt plötzlich eine wichtige Rolle und das wurde früher ausgeblendet, weil man alles in ein Korpus eingegliedert und dann Analysen »darüber gejagt« hat (Liebert/Metten 2007).

Reiner Keller
In der Soziologie findet das ähnlich statt. Also dieser Medienhype, da läuft auch die Frage: wie kann man Bilder analysieren, interpretativ erschließen, wie verhält sich das zum Text, wie ist es eingebunden, welche Wirkung hat das (Keller 2016)? Vor Jahren auch schon: welche Inszenierung. Symbolpolitik, Politikerkörper – ja solche Themen sind da eigentlich schon verhandelt und werden verhandelt. Also wenn ich deine Frage etwas anders interpretiere, sehe ich eigentlich noch zwei Sachen darin. Das eine ist die Frage, was nach wie vor tatsächlich kaum berücksichtigt wird, bezogen auf die alte Foucaultsche Formulierung: »Diskurs ist eine Praxis«. Also Vorwürfe wie »Mentalismus« und so weiter gibt es ja, man »beschäftige sich nur mit Texten«. Dann wird aus der Kulturtheorie

heraus die »Relation« zwischen Diskursen und Praktiken zum Problem (Reckwitz 2008). Dass das eine Praxis der Welterzeugung, der Stabilisierung oder Strukturierung ist, die man als Praxis untersucht und nicht nur als Inhalt oder als Text, das wird vielfach nicht gesehen und wird in den Diskursarbeiten oft nicht deutlich genug hervorgehoben. Zumindest ist das mein Eindruck. Nun hat man das Problem, dass man nicht eine Arbeit über journalistisches Arbeiten machen will. Wenn man eine soziologische Medienanalyse als Diskursanalyse macht, dann interessieren mich nicht die Nachrichtenwerte oder die journalistische Praxis als solche, auch wenn ich wissen sollte, wie das funktioniert. Aber das ist ein relativ schwieriger Punkt: zu denken und zu vermitteln, dass Diskurse Praktiken oder Praxen sind, die man analysiert, und wie man das macht.

Der zweite Punkt, den ich aufgreifen will, ist, bezogen auf Paul Ricœur, die Sache mit dem Adressaten. Es ist immer schwierig, genau nachzuvollziehen, was der Diskursbegriff im Französischen meint, der schillert ja je nach Gebrauch eben zwischen ganz verschiedenen Dingen. Da kann Diskurs neben dem wissenschaftlichen Begriffsgebrauch als Bezeichnung von Debatten, Positionen oder schriftlichen Abhandlungen und ebenso auch für jede Form von öffentlicher mündlicher Rede, also für Tischansprachen, einen Vortrag usw. verwendet werden, was wir vielleicht nicht alle so tun. Also der angesprochene Adressatenbezug ist mir deswegen in seiner Bedeutung jetzt gar nicht so klar geworden. Ein dritter Punkt betrifft die von Willy aufgeworfene Frage nach den Körpern. Gerade die Frage nach Machteffekten oder der Wirkung von Diskursen ist auch für mich eines der Grundprobleme der Diskursforschung. Ich kann mich natürlich, wenn ich einen Diskurs sozialwissenschaftlich analysiere, auf den Diskurs beziehen, auf die Wissensproduktion, auf verschiedene Mechanismen. Ich kann das auf unterschiedlichen Ebenen machen. Und dann kommt oft der Vorwurf: »Ja, aber du beschreibst ja nur, wie die reden, aber gar nicht was sie wirklich tun«. Wir alle wissen ja um die häufige Differenz zwischen Reden und Tun, und das verstärkt sich in der Frage, welche Effekte das alles hat. Und kann oder muss in diesen und anderen Fällen die Diskursforschung auf diese Effekte, auf diese Folgen hinweisen? Ich glaube, sie muss gerade diese Schnittstellen mitnehmen und sie zum Thema machen, sonst besteht immer die Gefahr zu sagen: Ja, ihr habt jetzt da untersucht, wie die da fünf Monate reden und wir untersuchen, was tatsächlich die Sache ist. Es sollte wohl darum gehen, diesen Gegensatz aufzubrechen, und das versuche ich mit einem Dispositivbegriff, der in meiner Lesart enger an Foucault anschließt, zumindest anders ansetzt als derjenige von Werner. Das betrifft bspw. eben genau die Frage: »Was ist mit Körpern?« Also mit denen die sich angesprochen fühlen, die sich umschneidern lassen – wie kann man das als einen Diskurseffekt rekonstruieren?

Jürgen Spitzmüller
Das ist halt ein notorisches Problem: Wie bekommt man Wirkung zu fassen? Die Sprechakttheorie hat das nicht hingekriegt und die Rezeptionsforschung bislang ebenso wenig.

Wolf-Andreas Liebert
Aber in der Soziologie habt ihr doch die Konzepte von Chris Argyris (1997), der hat das ja genau ausgearbeitet: »theory espoused« and »theory in use«. Das meint, dass es eine

Sache ist, was Leute sagen, wenn du sie fragst, wonach sie leben, nach welchen Prinzipien, also die theory espoused. Doch es ist eine ganz andere Sache, wonach sie tatsächlich leben, wenn man sie in ihrem Tun beobachtet, was also ihre »theory in use« darstellt. Da gibt es schon eine recht ausgefeilte Tradition. Reinhold Schmitt (2011) hat das in Bezug auf die Schulforschung die »De-facto-Didaktik« genannt.

Reiner Keller
Ja, es gibt da schon eine starke Diskussion. Zum Teil sogar verfeindete Lager. Oder sagen wir mal: kontrastierende Lager. Wo die einen argumentieren: schaut euch ethnomethodologisch genau an, was die Leute machen, beobachtet »natürliche Daten«, dann habt ihr die Realität. Das andere, also die Interviewauskunft, interessiert eigentlich gar nicht. Man fragt nicht: »Warum hast du die und die Person geheiratet?«, oder: »Erzähl mir mal dein Leben«. Entweder man kann es beobachten oder nicht. Das wäre sozusagen diese Ebene von »theory in use«, der praktische Vollzug und dessen genaue Beschreibung. Die enthält sich aber häufig aller Aussagen darüber, wie der Vollzug zustande kommt, welche Rolle Kontexte spielen usw., so wie es vorhin schon erwähnt wurde. Die Frage: »Warum reden die an der Uni so?« wird weggelassen: Man analysiert, wie sie reden, und fertig.

Jürgen Spitzmüller
Ich würde gerne zur Frage unseres jeweiligen Diskursverständnisses zurückkommen. Ich bin sicher auch stark wissenssoziologisch geprägt, aber es kommt auch das dazu, was Reiner gerade gesagt hat. Ich würde Diskurs verstehen als kontingenzreduzierendes, sozial sinnstiftendes und handlungsleitendes Wissen, aber als solches, das sich in Handlung und Praktiken manifestiert. Als Linguist interessiere ich mich dabei vor allem für kommunikative Handlungen oder Sprachhandlungen. Da kommt die Semantik mit hinein, also die Verhandlung sozialer Bedeutungen. Deswegen verstehe ich Diskurs als Prozess, als fortschreitendes Verhandeln sozialer Bedeutung, das wäre der semantische Zugang. Dabei ist die Frage wichtiger, wie die Leute sich darstellen, als die, was sie »wirklich« sind. Warum stellen sie sich in einer bestimmten Art und Weise dar? Weil mit bestimmten sozialen Bedeutungen bestimmte Handlungsformen assoziiert werden. Wichtig ist außerdem die Annahme, dass es Routinen gibt, die sozial-historisch verortet und in Form von musterhaften, routinehaften, sprachlichen bzw. kommunikativen Handlungen erkennbar sind. Nur darum ist es ja überhaupt sinnvoll, vom Einzeltext weg auf größere Textmengen zu gehen, eben damit man solche Muster erkennen kann, aus denen wir Handlungsroutinen ableiten können. Ich glaube auch, dass man durch Mikroanalysen, über ethnomethodologische und ethnographische Verfahren ein Korrektiv schaffen kann im Hinblick auf das, was nicht über quantifizierbare Musteranalysen erschließbar ist. Trotzdem sind die Musteranalysen sehr wichtig; sie sind für uns Linguisten der sicherste Weg, um Rückschlüsse auf das zu ziehen, was wir sozial relevantes Handeln nennen können. Aber es geht meines Erachtens nicht um Muster oder Struktur versus Handlung. Ich halte es nicht für sinnvoll, zu sagen, »der Diskurs liegt hinter dem Sprechen«. Ich würde sagen, der Diskurs ist im Sprechen, in der Performanz, als handlungsleitendes Element.

Willy Viehöver
Das wäre jetzt genau das, was ich eben gefragt habe. Geht es um die Öffnung für eine pragmatische Perspektive, wenn hier der Begriff der Performanz fällt?

Jürgen Spitzmüller
Performanz ist für Linguisten ein (weiterer) schwieriger Begriff, weil daran ganze Forschungstraditionen hängen – etwa Chomsky, Hymes und aktuell die ganze neuere Performativitätsdiskussion. Dieses Fass will ich jetzt nicht auch noch aufmachen. Ich wollte nur darauf hinweisen, dass es wichtig ist, Handlungen stärker in den Blick zu nehmen, als das in der Diskurslinguistik lange der Fall war. Auf die Frage des Textualismus zurückkommend würde ich sagen, dass die Diskurslinguistik zunächst für *sprachliche* Handlungen kompetent ist. Inzwischen hat die Diskurslinguistik ihren Fokus erweitert und berücksichtigt ja auch zunehmend kommunikatives interaktives Handeln im weiteren Sinn. Sobald aber der tradierte Kompetenzbereich des sprachlichen Handelns verlassen wird, wird es für die Linguisten immer schwieriger, fundiert und sauber zu arbeiten. Ähnlich ist es bei Bildern. Das Zusammenwirken von Schrift und Bildern in Texten ist zweifellos ein sehr wichtiges Thema, aber die linguistische Diskussion steht in diesem Bereich noch in den Anfängen; wir sind im Umgang mit Text-Bildern daher noch nicht so sicher wie wir es zu sein glauben, wenn wir es mit sprachlichem Handeln im engeren Sinn, oder mit reinen Schrifttexten, zu tun haben. Trotzdem oder gerade deswegen ist es wichtig, sich damit zu befassen, weil Kommunikation nicht nur in einen Kanal nutzt, sondern mehrere, die daher auch alle zu berücksichtigen sind.

Wolf-Andreas Liebert
Gerade die Frage nach dem Bild ist ein ganz gutes Beispiel. Es gibt eine jahrhundertelange Tradition von Kunstgeschichtlern, die eine Hermeneutik der Bildinterpretation entwickelt haben, aber die nimmt in der Linguistik momentan noch niemand zur Kenntnis. Man versucht immer neu anzufangen. Das ist auch der Punkt, dieser seltsame Mechanismus, den ihr alle schon beschrieben habt, dass es eine Selbstabschottung gibt. Man erfindet das für sich selbst noch mal neu, obwohl da eine jahrhundertealte Praxis vorhanden ist. Das ist schon ein Phänomen.

Willy Viehöver
Uns ist es ja auch so ergangen, als wir mit dem Arbeitskreis angefangen haben. Reiner hatte das schon erwähnt, in Deutschland wurde damals wenig darüber diskutiert, aber in Frankreich ist über Foucault schon 20 bis 25 Jahre vorher diskutiert worden. Es ist die Ungleichzeitigkeit, die die Forschung in Nationen oder Disziplinen charakterisiert. Man arbeitet an Problemen, aber viele andere Dinge blieben halt liegen oder unberücksichtigt. Ich sehe jetzt doch, dass fast alle mal nachgefragt haben und in gleiche oder ähnliche Randbereiche vorstoßen. Man müsste aber ehrlich einräumen, dass die in anderen Bereichen Arbeitenden dann mitunter schon viel weiter sind. Man denkt vielleicht persönlich, man hätte eine Forschungslücke gefunden, in Wirklichkeit aber tendiert man zur Neuerfindung.

Wolf-Andreas Liebert
Das ist beim Diskurs bei manchen Arbeiten auch der Fall – da fängt jemand wieder von vorne an als wenn es noch nie eine Diskussion vorher gegeben hätte.

Jürgen Spitzmüller
Und das ist ja auch wieder eine methodologische Frage. Ich will da nicht ständig drauf zurückkommen, aber sich zu überlegen, etwa bezüglich der Bildinterpretation: Gibt es da nicht einen Ansatz irgendwo, der mir hilft, das in den Griff zu bekommen? Ich kann es ja dann trotzdem anders machen, wenn ich sage, OK, ich kenne die Ikonographie, und ich finde, das ist eben nicht brauchbar für mich, aber soweit muss man erst mal kommen. Wenn man aber, wie das Andreas beschrieben hat, statt dessen gleich loslegt und das Rad neu erfindet, bringt das der Disziplin nicht zu Unrecht den Vorwurf des Dilettantismus ein: »So wie ihr das macht, kann ich das auch – dazu muss man kein Linguist sein«. Ich finde es wichtig, dass wir uns da so festigen, dass wir dann auch sagen können, nein, das kannst du eben nicht! Jedenfalls nicht ohne weiteres.

Wolf-Andreas Liebert
Eine ketzerische Frage wäre dann: Was bringen eigentlich Diskursanalysen? Auch dafür müssen wir eine Antwort haben.

Willy Viehöver
Du kannst die Frage ja gerne festhalten. Noch einen Punkt, den ich gerade bemerkt habe. Du hast von Praktiken geredet. Das ist schön und gut, es fällt aber auf, dass fast alle in dieser Runde mindestens einmal das Wort »Handlung« benutzt haben. Wir scheinen also auch nicht komplett ohne den Begriff der »Handlung« auszukommen, insbesondere dann, wenn wir auch noch die Begriffe »Akteur« und »kollektives Handeln« im Munde führen. Aber ungeklärt ist, wie das Verhältnis zwischen Praxis und Handlung genauer aussieht und was Handlung ist.

Werner Schneider
Ich würde mindestens vier Begriffe nehmen: Handlung und Interaktion, das ist für uns in der Soziologie ein eingeführtes Begriffspaar. Und dann würde ich auf jeden Fall nochmal unterscheiden zwischen Praktiken und Praxis. Ich mache das selbst auch nicht immer, aber ich versuche, mich da zu disziplinieren. Ich versuche mir immer deutlich zu machen, dass beide Begriffe nicht synonym verwendet werden sollten. Praktiken und Praxis müsste man theoretisch nochmal unterscheiden.

Darf ich hier noch kurz anschließen. Ich nehme einen Konsens oder Pseudokonsens wahr, dass es ein Spezifikum von Diskursanalyse sein sollte, die Analyse selbst auf eine Praxisebene zu beziehen. Sprachlich, kommunikativ, wir würden sagen, es muss auch mehr sein, auch andere Praktiken, nicht-sprachlich, nicht-kommunikativ usw. Immer der Bezug auf Praxis. Wir sollten über den Punkt nochmal reden, der bei euch vorhin angeführt wurde: Theorie über etwas, und Theorie in situ, oder wie man sich das auch vorstellen mag. Mir ist jetzt auch noch mal eingefallen, vor dem Hintergrund dieser Debatte, wie du, Jürgen, drauf hingedeutet hast, was ich überzeugend finde, es ist nicht ein Diskurs der hinter der Praxis steht, sondern »der Diskurs« prozessiert sich im Tun. Das hast du auch formuliert mit dem Begriff des »Darstellens«. Es gibt diese Differenz gar nicht zwischen einem Sich-Darstellen und dem, was man wirklich ist. Das kann man bei Goffman ja sehr schön nachlesen. Man würde diskurstheoretisch reformulieren müssen, was die diskursiven Praktiken und Regeln sind, die zum Beispiel einer angebbaren Gruppe gegenüber etwas so präsentieren, dass diese Gruppe glaubt, sich wirklich darstellen zu müssen bzw. die Gruppenmitglieder dazu aufruft sich als »bestimmte Selbste« zu präsentieren.

Jürgen Spitzmüller
Also ich habe gerade erst ein schönes Buch gelesen. Da schreibt der Soziolinguist Nikolas Coupland sehr treffend, dass Authentizität kein Zustand ist, sondern soziale Bedeutung (vgl. Coupland 2007, S. 26).

Werner Schneider
Genau! Dieser Authentizitätsbegriff, wie er heutzutage als Gegenbegriff zum Sozialen verwendet wird, ist eigentlich schon selbst ein Phänomen, und diskurstheoretisch betrachtet kann man das auch nur so formulieren. Deswegen glaube ich auch, dass man die Frage nach dem Subjektbegriff in der Diskursanalyse nochmals stellen muss. Denn ich glaube, dass so wie du es vorhin dargestellt hast, man hier nochmals nachfragen müsste, weil ich es nicht derart formulieren würde. Ich würde sagen, dass diese Subjektproblematik aus meiner Sicht immer dann eine Problematik im Kontext von Diskurs ist, wenn ich tatsächlich – gleichsam »vordiskursiv-phänomenologisch« ein Subjekt auf den Tisch stelle. Wenn ich Berger und Luckmann nehme, und nur das was da drin steht, radikal auf den Punkt bringe, dann meine ich – du, Reiner, hast eben darauf hingewiesen, dass immer so platt formuliert wird, dass das Subjekt nur ein Effekt von Diskursen sei – man kann es gar nicht anders formulieren, als dass das Subjekt nichts anderes sein kann als der Effekt von Diskursen (z.B. auch und gerade in seinen Widerständigkeiten etc.)! Was genau nicht(!) heißt, dass ich damit »das Subjekt« als Analysekategorie verschwinden lasse.

Reiner Keller
Ja, eben darum ging es mir!

Werner Schneider
Und ich glaube, das Grundproblem ist tatsächlich, ob ich etwas für das Verständnis der gesellschaftlich konstruierten Wirklichkeit brauche, was ich im Subjekt verorte und als dem Sozialen vorgängig denke. Und wenn ich das so sehe, dann kann ich keinen Diskursbegriff mehr in Anschlag bringen, der Subjekte so fasst wie oben benannt: Subjekte als diskursiv hergestellt. Aber darüber können wir vielleicht nachher nochmal reden. Das führt dann wohl zu all diesen oben schon angesprochenen Folgefragen und Folgeproblemen, wenn man die Begriffe – verstanden als Analysewerkzeuge – in einer bestimmten Art und Weise denkt, die eben mehr oder weniger kompatibel zu den jeweiligen diskurstheoretischen Basisannahmen sind.

Achim Landwehr
Bevor ich mein Diskurscredo loslasse, möchte ich auch nochmal an die Frage nach Authentizität und Subjekt anschließen. Ich finde es ja gerade auch für diskurstheoretisches Arbeiten sehr hilfreich, manche belletristische Autoren zu lesen. Bei Peter Bichsel gibt es so eine nette Kolumne, die fängt damit an: Wenn ich nicht Familienvater bin, wenn ich nicht der Handwerksmeister bin im Betrieb und wenn ich nicht Vereinsmitglied bin und wenn ich nicht der Verwandte und der Bruder und sonst was bin, wer bin ich denn dann, wenn ich das alles abgezogen habe? Und das lässt er dann so stehen, mit Fragezeichen. Er hat das natürlich wesentlich schöner formuliert, aber das sind ganz treffende Formulierungen im Hinblick auf diese Authentizitätsfragen.

Reiner Keller
Das steht fast wörtlich so bei Peter Berger in seiner *Einladung zur Soziologie* von 1963 (Berger 2011).

Achim Landwehr
Zurück zum Diskurs. Ich glaube, die wichtigsten Aspekte in Bezug auf den Diskursbegriff sind tatsächlich schon gefallen. Trotzdem finde ich es wichtig, noch einmal Verständnis darüber herzustellen, weil es ja ein relativ großes Spektrum an Diskurskonzeptionen gibt. Ich möchte das aus meiner Perspektive nochmal anders formulieren wollen, nämlich mit Blick auf die Frage, die sich damit verbindet: Was will ich eigentlich wissen oder was interessiert mich, wenn ich mich mit Diskurs beschäftige? Welches Problem treibt mich um? Und da sind wir dann – oder ich bin das zumindest – schlicht und ergreifend doch wieder bei Berger-Luckmannschen Wurzeln, wo es dann wieder darum geht, wie Wirklichkeit überhaupt möglich ist. Wie funktioniert das und wieso ist diese *eine* spezifische sozio-kulturelle Wirklichkeit, mit der wir uns hier gerade beschäftigen oder mit der wir uns auseinandersetzen müssen, wieso ist die möglich? Und weitergehend die Frage: Wie kommt sie überhaupt zustande bzw. wieso haben wir es dann ggf. überhaupt mit einer Pluralität von Wirklichkeiten zu tun? Wenn man das als zentrales Interesse festlegt und Diskurstheorie sowie methodische Ansätze der Diskursforschung nimmt, um diesem Problem nahe zu kommen, dann glaube ich, dass es auch einige Aspekte gibt, die sich gar nicht ausblenden lassen oder einige Aspekte, die für mich zumindest im Rahmen der Diskursforschung nicht mehr verhandelbar sind. »Macht« ist jetzt schon mehrfach gefallen. In der Tat geht es natürlich nicht ohne das grundsätzliche Anerkennen, dass man es im Rahmen solcher diskursiver Prozesse mit sozialen Asymmetrien zu tun hat. Das lässt sich schlicht und ergreifend nicht ausblenden, und das wäre auch für mich ein Punkt, an dem ich sagen würde: Wenn das nicht geht, dann haben wir es auch tatsächlich nicht mehr mit Diskursforschung, Diskursanalyse und so weiter zu tun.

In historischer Perspektive interessiert natürlich dann darüber hinaus auch das, was Foucault interessiert hat: die Diskontinuität von Diskursen. Also wie, wann, warum und durch wen kommt es zu bestimmten Brüchen innerhalb solcher diskursiven Formationen? Wieso ausgerechnet da und an keiner anderen Stelle? Wieso ausgerechnet in der Form – denn auch das ist sicherlich kein Zufall. Genau da gibt es spätestens die Probleme mit Luhmann etc., so interessant solche Makrodiagnosen auch sein können. Da steht dann so groß »Modernisierungstheorie« drauf, dass es schon fast unheimlich wirkt. Also da kann ich auch nicht wirklich mitgehen, weil da der Telos im Prinzip schon alles erklärt. Und genau hier denke ich, dass man das alles erst historisch erklären müsste, diese Veränderungen und Verschiebungen. Diskursforschung ist ohne den Einbezug von Macht, von Akteuren und ohne den Praxisbegriff nicht möglich. Sicher, das wird immer wieder kontrovers diskutiert, diskursive Praxis und nicht-diskursive Praktiken, und wir müssen darauf später zurückkommen. Aber für mich lässt sich das jedenfalls nicht auseinander dividieren. Allein deshalb, weil diese Wirklichkeiten, mit denen wir es da zu tun haben, sozio-kulturell produziert sind, nichts anderes, und nicht natürlich gegeben sind. Wie das auch schon in der Debatte hier ähnlich formuliert wurde: Kohärenzsysteme werden eben hergestellt und sie sind alles andere als selbstverständlich. Diese Kohärenzsysteme und diese Wirklichkeiten sind tatsächlich das, was mich am meisten interessiert und das ist auch schon mal eine wichtige erste Leistung, wenn wir danach fragen: Was bringt Diskursforschung? Diese Perspektive überhaupt erst zu öffnen bzw. allein dafür aufmerksam zu werden, darauf aufmerksam zu machen. Wenn mir das bei Studierenden gelingt, ist schon viel gewonnen! Wenn es bei denen zu einer Denk-Biegung kommt, hat Diskursforschung schon Wichtiges geleistet! Also dafür zu sensibilisieren, die Selbstverständlichkeiten nicht mehr als selbstverständlich hinzunehmen, Kohärenzsysteme als solche wahrzunehmen, und nicht mehr davon auszugehen: Der Mensch ist halt der Mensch, das war schon immer so, das ist eine anthropologische Konstante, natürlich sind wir alle Subjekte, was gibt es daran zu zweifeln? Natürlich bin ich ich etc., also all die Themen, die uns umtreiben, ob Sexualität, Geschlechterunterschiede usw. Also mit den Arbeiten von Thomas Laqueur (1992) kann man ja immer schöne Erfolge erzielen, wenn man die frühneuzeitlichen Geschlechtermodelle erläutert, ein, zwei, drei Geschlechter – was, daran haben die wirklich geglaubt?

Jürgen Spitzmüller
Ich schmeiße dann immer eines meiner Lieblingszitate von Foucault an die Wand: *Sexualität und Wahrheit 2:* »Es gibt im Leben Augenblicke, da die Frage, ob man anders denken kann, als man denkt, und anders wahrnehmen kann, als man sieht, zum Weiterschauen oder Weiterdenken unentbehrlich ist (Foucault 1989b, S. 15)«. Da geht im Seminarraum immer die Sonne auf.

3 Diskursive und nicht-diskursive Praktiken, Sprache und Wissen

Wolf-Andreas Liebert
Also ich würde ganz gerne hören, weil ich dies selbst auch nicht auf die Reihe kriege, also etwas zu diesem Problem der Differenzierung von nicht-diskursiven und diskursiven Praktiken.

Werner Schneider
Ich hatte versucht, die Frage nach der Praxis an einem Beispiel deutlich zu machen: Wenn ich ganz allein in eine Kirche hineingehe und gläubiger Katholik bin oder vielleicht auch gar nicht so gläubig, aber so sozialisiert wurde, und – obwohl niemand in dieser Kirche ist – ich es nicht fertigbringe, über die Kirchenschwelle zu gehen, ohne meinen Finger in den Weihwasserkessel zu tauchen, dann hat das aus meiner Sicht keine diskursreproduzierende Wirkung. Als Soziologe könnte ich in dem Moment, wo ich gerade das Kreuz mache, ins Grübeln kommen und mich fragen, ob ich, indem ich das mache, z. B. einen religiösen Disziplinierungsdiskurs der Unterwerfung des Subjekts unter einer Institution reproduziere. Man kann das so denken, aber ich würde sagen, wenn man es so formuliert, dann verunklart man mehr als man klärt.

Wolf-Andreas Liebert
Worum geht es dir, darum dass es nicht beobachtet wird, dass man selbst beobachtet wird oder dass man sich selbst beobachtet. Worum geht es dir jetzt? Also, dass es jetzt eine Kirchengemeinde ist und alle gehen da in die Kirche hinein und man könnte auch sagen, also dieses Ritual wird dann aufgeführt.

Werner Schneider
Richtig! Ich illustriere anhand dieses Beispiels mein Unbehagen gegenüber dieser Schlussfolgerung, dass sich hier ein Diskurs reproduziert, weil es mir nicht einleuchtet, es so zu interpretieren. Und an dem Punkt würde ich vorschlagen, eine Differenz zu machen und zu sagen, ein Diskurs wird reproduziert, wenn man so sagen darf, in der ersten Qualität, wenn es Diskursakteure gibt – also einen Akteur, der aktiv am Diskurs teilnimmt mit einer Äußerung, mit der er beobachtbar vor einem Publikum agiert. Und hier liegt der Unterschied, wenn ich bspw. als Bürgermeister in die Kirche gehe, die versammelte Kirchengemeinde ist schon drin, und zeige, dadurch dass ich ganz demonstrativ meinen Finger in den Weihwasserkessel tauche, ich bin zwar ein Linker, aber ich bin immer noch traditionell katholisch.

Wolf-Andreas Liebert
Es würde dir ja dann darum gehen, dass da keine Äußerung stattfindet?

Werner Schneider
Es wäre für mich in meinem »Allein-Beispiel« eben eine andere Qualität von Äußerung, wo ich sagen würde, wir sollten darüber nachdenken, ob wir da so unbedarft die Setzung produzieren können, dass damit schon der Diskurs reproduziert würde. Noch dazu, wo möglicherweise aus der Subjektperspektive betrachtet in dem Moment, in dem der Mensch das macht, er zu sich selbst sagt: »Mensch, bin ich blöd, eigentlich bräuchte ich das gar nicht, denn ich stehe ja auch da gar nicht mehr dahinter.«

Reiner Keller
Ich würde jetzt nicht versuchen, das da ganz herauszunehmen. Aber man muss, so glaube ich, dann Ebenen unterscheiden.

Werner Schneider
Ja!

Reiner Keller
Nun kann man natürlich argumentieren, dass in dem Moment, wo niemand mehr diese Praxis vollzieht, dann hat das für diesen Diskurs Konsequenzen, d. h. für seine Reproduktion oder vielleicht auch nicht, denn er kann ritualistisch immer weiter prozessieren, aber er informiert keine Anwendungspraxis mehr.

Werner Schneider
Ja genau, er kann auch permanent weiter prozessieren, aber er wird nicht mehr vollzogen. Als Soziologe bin ich aber immer auch an der Alltagspraxis der Menschen interessiert.

Reiner Keller
Ich bezeichne solche diskursiv konfigurierten Handlungsvollzüge bzw. Praktiken, also Aufforderungen für Arten und Weisen, dieses oder jenes aus diesen oder jenen Gründen zu tun – etwa im Sinne der von Foucault (1984/2005; 1989b; 1989c; vgl. auch Keller 2008; Keller 2011b) untersuchten Technologien des Selbst – als »diskursgenerierte Modellpraktiken«. Dieses Ritual des Kreuzeichens so und so zu vollziehen, ist ja vor-geschrieben, und die Frage, ob es tatsächlich vollzogen wird, ist eine Frage, die man über eine Soziologie der Ritualpraxis usw. in den Blick nehmen kann und die auch wichtig ist.

Werner Scheider
Eine Frage, die empirisch zu klären ist, die aber auch in der empirischen Klärung differenzierter als zuvor konzeptioniert werden müsste. Und das ist mein großes Bedenken gegen alle diejenigen Positionen, die behaupten, dies könne man sowieso alles nicht genau trennen und alles ist letztlich Diskurs.

Wolf-Andreas Liebert
Ein anderes Beispiel: Nehmen wir an, es gab ein Seminar an der Uni, ein Seminar, wo die Studenten da jetzt ihre Hausarbeit machen. Jeder macht hier jetzt die Hausarbeit, jeder für sich alleine. Reproduzieren die nun den Diskurs oder nicht?

Werner Schneider (lacht)
Ja, Ja! Da hast Du eben die ganzen Katholiken, die Du eben gerade sozialisierst. Aber Spaß beiseite: Du sozialisiert sie zu Diskursakteuren im akademisch-wissenschaftlichen Diskurs.

Wolf-Andreas Liebert
Aber auch da kann wieder so ein Selbstzweifel da sein, ob man diese Performance überhaupt machen muss.

Werner Schneider
Mit geht es einfach um ein Unbehagen, das sich bei mir dann einstellt, wenn man hier wie dort sagen würde: Ja, diese jeweilige Praktik reproduziert an sich den Diskurs. Ich glaube, wir brauchen eine Begrifflichkeit, die genau diese Differenzen, die wir gerade umkreisen, ausweist. Als Soziologen würden wir eine ganz platte Soziologie produzieren, wenn wir überall sagen, damit und damit reproduziert sich der Diskurs und setzen das auch gleich synonym mit der Aussage, damit und damit reproduzieren sich die sozialen Verhältnisse. Das mag vielleicht letztlich sogar in meinem Beispiel zutreffen, weil hier scheint es so, als würde die »Macht der Kirche« durch mich bzw. meine Geste bestätigt. Also diese Geste des Bekreuzigens reproduziert die sozialen Verhältnisse. Das ist aber letztlich eine Null-Aussage, denn die sogenannten sozialen Verhältnisse sind ja nichts anderes als die verfestigten Effekte sozialer Praktiken. Sie werden beständig reproduziert oder leicht abgeändert oder radikal in Frage gestellt oder sonst etwas. Und genau das ist der springende Punkt bei meinem Unbehagen, denn zur empirischen Beobachtung dieser Prozesse brauchen wir eine sensiblere Begrifflichkeit als Analyse-Heuristik. Und wenn ich alles unter Diskurs fasse bzw. darauf schon reduziere, gelangt man nie zu einem sensibleren Instrumentarium und zu einer brauchbaren Heuristik. Man würde damit nicht per se der Wirkmächtigkeit von Diskursen etwas entziehen, sondern es geht nur um eine Begriffsheuristik, die in der Beobachtung dieser Prozesse solche Differenzen oder auch Gemeinsamkeiten empirisch besser in den Blick nehmen könnte. Und deswegen meinte ich vorhin, dass für mich, in meinem Denken jedenfalls, diese Differenz nicht so sehr ein theoretisches Grundproblem ist. Ich kann selbstverständlich alle diese theoretischen Turnübungen nachvollziehen, in denen erläutert wird, wenn man den Diskursbegriff ernst nimmt, wie weit der quasi in die Praxis, also in die Selbstverhältnisse von Subjekten hineinreicht. Und an der Stelle kann ich natürlich theoretisch setzen: Gibt es eigentlich etwas, was nicht Diskurs ist? Nein, gibt es wohl nicht! Aber an der Stelle wird es dann auch irgendwo schwierig, weil, wie Du es vorhin erläutert hast, Reiner, wir dann im Prinzip ein Programm von Diskursanalyse aufgebaut haben, wo man sofort sagen kann, man redet hier nicht mehr von Diskursanalyse, sondern von Soziologie schlechthin. Also das ist alles Soziologie, von vorne bis hinten. Nichts

was nicht in den Blick genommen werden könnte, bei dem, was Du da skizziert hast. Der Diskurs als theoretisches Konzept erschließt das Soziale schlechthin ... – ich bezweifele das.

Reiner Keller
Nein, ich glaube, das ist jetzt ein Missverständnis. Ich betone, dass »Diskurs« nur eine spezifische Perspektive, eine Fragerichtung auf einen abgegrenzten Gegenstandsbereich ist, und man kann viele Gegenstände der Soziologie eben auch unter der Perspektive Diskurs in den Blick nehmen, aber das heißt nicht, dass das die allein relevante Perspektive ist. Diskursforschung muss spezifisch sein – sonst macht Diskursforschung meines Erachtens keinen Sinn. D.h. sie interessiert sich nur für einen ausgewählten Bereich des »Sozialen«: einen jeweils abgrenzbaren Zusammenhang von Aussagen bzw. eine zusammenhängende Aussagepraxis auf institutioneller oder organisatorischer Ebene der Gesellschaft, die Wirklichkeit für uns konstituieren. Es gibt nicht DEN Diskurs, sondern »Diskurse«, die mitunter in Konkurrenz und Konflikt stehen, und die eine spezifische Form der gesellschaftlichen Prozessierung von Wissen, der Wissensverhältnisse und Wissenspolitiken darstellen. Dieser Bereich steht in Beziehung zu anderen gesellschaftlichen Phänomenen, worauf schon Foucault in seinen nachträglichen Erläuterungen zur Archäologie hinwies (Foucault 2002), und dessen Elemente auch unter anderen Perspektiven und Fragestellungen analysiert werden können, etwa durch Organisationsforschung, Systemtheorie, Bourdieusche Feldtheorie usw. Mit Begriffen wie Modellpraxis geht es mir darum, Anschlussfähigkeiten für bspw. ethnographische Untersuchungen herzustellen, die dann konkrete Umsetzungsprozesse in den Blick nehmen und vor dem Kurzschluss bewahren, wir könnten automatisch vom analysierten Diskurs auf die darin adressierte Praxis schließen. Sofern die Adaption von Modellpraktiken oder auch empirische Formen der Subjektivierung, also die Folgen, aber auch Praktiken der Diskursproduktion unter der Referenz »Diskurs« in den Blick genommen werden, spreche ich bspw. seit langem von Diskursethnographie (Keller 2011b, S. 260 ff.; Keller 2019b). »Diskursgenerierte Modellpraxis« beschreibt das diskursiv konstituierte Modell, etwa die von Foucault (1989b; 1989c) analysierten »Technologien des Selbst«, die ja wie Webers Protestantische Ethik eine Analyse von Texten und dort idealtypisch vorgeschlagenen Verhaltensweisen sind, aber keine Untersuchung von Praxisvollzügen. Die Untersuchung der Ritualpraxis kann auch völlig anders betrieben werden, wenn etwa die eingesetzten Objekte usw. in den Blick kommen. Sie ist dann sicherlich nicht Diskursforschung – aber man kann sie sehr wohl dazu in Beziehung setzen; die Analyse konkreter Subjektivierungsweisen kann die unterschiedlichen Adaptionen zeigen, die ein gewisses Modellsubjekt (etwa das »unternehmerische Selbst«) von dem Ulrich Bröckling (2007) spricht, in der alltäglichen Lebenswelt erfährt.
Es ist meines Erachtens in erster Linie wichtig, die Soziologie, welche Diskurse zum Gegenstand wählt, weiter zu festigen. Das heißt zu sagen, bei Diskursen handelt es sich tatsächlich um eine reale und folgenreiche Praxis, die soziologisch erst einmal für sich und dann in ihren Voraussetzungen und Effekten zu betrachten wäre. Dafür brauchen wir eine angemessene Methodologie und methodische Umsetzung. Der zweite Punkt ist die Annahme, dass das, was da irgendwo passiert, bspw. in dieser oder jener Organisation,

ohne Rekurs auf den diskursiven Vorlauf oder Kontext eben nur unvollständig analysiert werden kann, und dass das zumindest reflektiert werden sollte. Und man wird in der Soziologie immer den Vorwurf haben, also wenn ich über Müllpolitik und die öffentlichen Debatten spreche, dann bekomme ich immer den Vorwurf: »Ja, aber was hat das nun gebracht, hat es irgendwelche Spuren hinterlassen?« Oder, es heißt in dem Moment, man habe erfahren, wie man Texte in den Medien bzw. der Öffentlichkeit und anderen Arenen lanciert, und das war's. Doch was hat es jetzt gebracht? Dann kommt es darauf an, den Schritt auch durchaus zu gehen und zu sagen, nun ja, wir haben aber doch heute eine ganz andere Praxis der Mülltrennung. Und wir sind in eine bestimmte Praxis hineingezwungen, also haben etwa neue Kategorien und Klassifikationen, Trennbehälter, dauernde Gewissensentscheidungen usw. Also solche Effekte mit in den Blick zu nehmen – das fasse ich unter dem Begriff der »Dispositive der Weltintervention« –, das ist durchaus auch eine Aufgabe der Diskursforschung, aus meiner Sicht. Man kann entsprechende Phänomene soziologisch, historisch, politikwissenschaftlich auch anders angehen, das bleibt ja unbenommen.

Werner Schneider
Also sozusagen diese Selbstzwänge. Ja, also meine Mutter sagt bspw., sie habe gestern diesen Bericht im Fernsehen gesehen von der Müllverbrennungsanlage, wo gezeigt wird, dass alles von der gelben Tonne bis zur braunen, alles wird in die gleiche Klappe hineingeschmissen, aber sie bringt es dann trotzdem nicht übers Herz mit der Trennung aufzuhören.

Jürgen Spitzmüller
Da bist Du jetzt wieder beim Kirchenbeispiel?

Werner Schneider
Ja, ich denke, soweit muss es gehen, denn da wird es soziologisch interessant. Es sind im Prinzip genau solche Beispiele.

Wolf-Andreas Liebert
Also ich denke es ist einfach zu wenig zu sagen, es ist jetzt keine Reproduktion des Diskurses. Also irgendetwas ist ja dieser Zweifel, der da auch wichtig ist. Und die Frage ist wichtig, ob es darum geht, ob jetzt jemand allein sozusagen das macht, wenn er davon überzeugt ist, so sage ich mal, also der geht hin, er bekreuzigt sich und führt ein komplettes Ritual durch. Also würde der den Diskurs dann reproduzieren, oder nicht? Und zwar auch dann, wenn er allein wäre? Dieses Alleinsein wäre für dich das Kriterium?

Werner Schneider
Nicht das Alleinsein, sondern lediglich der praktische Vollzug, also das bloße Tun, das reine »doing«, also da würde ich sagen, da wäre ich vorsichtig, das sofort einfach über diesen einen Kamm der gesetzten Diskursreproduktion zu scheren, also dann zu sagen, das ist alles gleichermaßen Diskurs. Da muss man fragen, woher kommt denn dieser »praktische Vollzug«. Welche Reflexivitätsvorgaben stecken hinter dieser Praktik? Wel-

che Folgen hat dieses Tun? etc. Ansonsten habe ich das Problem, dass mir fruchtbare Differenzierungen abhanden kommen, da ich glaube, dass es ein ganzes Spektrum von »etwas zu tun« (doing) gibt, das wir gar nicht einfach so als »tun« fassen können. Geschlecht ist ja bekanntlich ein schönes Beispiel. Es gibt sozusagen fast kein doing gender mehr im Sinne eines geregelten, unreflektierten, weil selbstverständlichen Tuns, weil uns das Projekt »Sensibilisierung bezüglich doing gender« in den letzten dreißig Jahren so eindringlich vermittelt wurde, dass alles was wir tun und mit Geschlecht zu tun haben könnte, gar nicht mehr doing gender ist, also man gar nicht mehr so einfach tun kann. Das hat natürlich was mit Diskursen zu tun, aber ist aus meiner Sicht nicht identisch mit Diskursreproduktion. Und das wären eigentlich die Differenzen, wo ich glaube, dass es für mich in der Soziologie und in der soziologischen Denkweise interessant wäre, sie in den Blick zu nehmen und da scheint mir, dass diese diskurstheoretische Setzung, also alles ist Diskurs, theoretisch zwar durchaus plausibel erscheint, aber eben für die praktische Analyse nicht so sehr hilfreich ist. Ich folge da Reiners Differenzierungsvorschlag zwischen diskursiven und nicht-diskursiven Praktiken

Reiner Keller
Also das Problem, dass alles Diskurs ist oder Diskurs ist alles, also vielleicht sehe ich das auch falsch, aber eigentlich sind wir da bei dem Verständnis von Laclau/Mouffe (2012), bei dieser Tradition und dem, was dann da poststrukturalistisch rezipiert wird. Ich denke, sie nehmen den Begriff Diskurs bzw. das Diskursive für das, was wir in der Soziologie als Sinnvermitteltheit menschlichen Weltzugangs bezeichnen. Weder hat Foucault das behauptet, noch alle anderen Positionen, die ich kenne, oder?

Werner Schneider
Ja, die Position von Laclau/Mouffe (2012) z. B. kann man unterschiedlich lesen, also ich würde die nicht so lesen, dass sich daraus für mich in meiner soziologischen Denkweise zwangsläufig ergibt: Ich darf mein Begriffsinstrumentarium nicht weiter sensibilisieren, um das mal vorsichtig auszudrücken. Und es müsste mir jemand erläutern und begründen, dass, wenn ich diese Unterscheidung von nicht-diskursiven und diskursiven Praktiken einziehe, damit dann wichtige Dinge nicht nur nicht in den Blick genommen werden können, sondern ich mir sogar den Blick auf wichtige Dinge verstelle.

Jürgen Spitzmüller
Das hängt aber doch dann wieder sehr stark vom Begriff ab! Wenn man wie du, Werner, von »reproduzieren« spricht, impliziert das, dass es »den Diskurs« gibt, der die Praktiken steuert. Ich würde dem entgegenhalten, dass die Praktiken umgekehrt den Diskurs produzieren und »außergewöhnliche« Praktiken somit den Diskurs verändern. Der Diskurs ist das Resultat der Praxis und nicht ein exopragmatisches, vorab abstrahierbares Muster; das heißt, Praktiken produzieren Diskurs und reproduzieren ihn nicht. Vielleicht habe ich aber das Gegenbeispiel einfach nicht verstanden.

Wolf-Andreas Liebert
Das Beispiel war, wenn jetzt jemand in die Kirche geht und dann das Ritual des Sich-mit-Weihwasser-Besprengens aufführt, selbst aber im Zweifel und allein ist.

Werner Schneider
Ich hatte versucht, an dem Beispiel Folgendes deutlich zu machen bzw. zu problematisieren: Man ist selbst religiös oder auch nicht, egal. Und man ist allein in der Kirche und weil man vielleicht die ersten fünf Lebensjahre so sozialisiert wurde, taucht man den Finger als Katholik unwillkürlich in den Weihwasserkessel und möchte dann das Kreuz machen, zögert aber und kommt dann ins Grübeln und denkt, was mache ich denn hier für einen Quatsch, ich möchte und muss das eigentlich gar nicht tun. Und damit ist die Situation auch schon rum. Wenn ich dieses Tun jetzt als soziologischer Beobachter sehen würde, würde man dann an der Stelle einfach sagen, also hier haben wir jetzt ein Beispiel dafür, wie sich ein Diskurs reproduziert oder wie ein Diskurs etwas produziert? Ich hätte jetzt an diesem Beispiel mein Unbehagen geäußert und gegen diese Schlussfolgerung argumentiert, weil es mir nicht einleuchtet, das so zu interpretieren oder theoretisch zu deuten. Also die Frage ist, ob das, was da passiert, gewissermaßen nur durch Diskurse erklärbar ist. Dann haben wir versucht noch weitere Beispiele zu finden und diese diskutiert, und ich hätte jetzt gesagt, wenn ich dieses Tun analytisch als eine nicht-diskursive Praxis bezeichne und sie von dem Beispiel des Bürgermeisters abhebe, der vor der Gemeinde seinen Finger in Weihwasser taucht und sich bekreuzigt, um damit eine Aussage zu signalisieren, dann könnte man sagen: ok, da ist jetzt dieser Bürgermeister ein Diskursakteur, denn er nimmt aktiv an dem Diskurs teil und versucht eine bestimmte Positionierung zu demonstrieren.

Achim Landwehr
Da sind wir doch unter Umständen bei anderen Verständnissen von Diskursen angekommen. Hier geht es ja um die Frage Intentionalität oder Nicht-Intentionalität. Also ich oute mich jetzt mal als jemand, der den Unterschied zwischen diskursiven und nicht-diskursiven Praktiken nicht nachvollziehen kann, in der Tat im Sinne von Laclau/Mouffe (2012). Ich sehe nicht, dass es – und es gibt dieses Zitat bei Laclau/Mouffe – eine Handlung geben könnte, die nicht konstitutiv für mindestens einen Diskurs ist, egal ob dies intentional oder nicht-intentional ist. Auch bei dem Kirchgänger, der kopfschüttelnd aus der Kirche heraus geht und sich fragt: »Was mache ich hier eigentlich gerade?« Selbst *das* ist ja schon wieder konstituierend für welchen Diskurs auch immer. Das müsste man dann sehen. Es geht ja nicht darum, wie du das gerade gesagt hast, Diskurs als übermächtige Hintergrundfolie zu konzeptualisieren und zu fragen, inwieweit die Marionetten da mitspielen oder nicht, sondern, wenn wir es mit der Konstitution von Wissens- und Wirklichkeitsformen zu tun haben, dann lässt sich natürlich auch die Verweigerung einordnen, was weiß ich, als Atheismus, kirchlicher Überdruss, Vernachlässigung, Dechristianisierung, oder wie man das auch immer bezeichnen möchte. Also zumindest mir ist dieser Unterschied, je länger ich darüber nachdenke, immer weniger plausibel, und mir ist nicht klar, wie man irgendwelche Praktiken finden kann, die nicht zur Konstitution von welchen Wissens- und Wirklichkeitsformen auch immer beitragen.

Jürgen Spitzmüller
Ich würde noch ergänzen, dass das Verhalten in Bezug stehen muss zu einer sozial konstituierten Wirklichkeit. Selbst wenn sich das Individuum von Konventionen abgrenzt, dann grenzt es sich ja selbst offensichtlich ganz bestimmt von Konventionen ab; es setzt sein eigenes Handeln in Bezug zur sozial konstituierten Welt. Ich tue mich auch schwer damit, dass es eine Form von Handeln geben soll, die außerhalb des Sozialen steht.

Willy Viehöver, Werner Schneider und Reiner Keller (einstimmig und gleichzeitig)
Genau das ist das Missverständnis – das behauptet ja auch niemand!

Wolf-Andreas Liebert
Die Aussage, Diskurs sei gleich »Soziales«, versuchen wir gerade in Frage zu stellen. Das hat Werner Schneider ja vorher gesagt, das war mir auch nicht klar. Er hat ja vorher gesagt, der einsame Kirchgänger reproduziert nicht den Diskurs – und Diskurs kann man ja so und so auffassen –, sondern die sozialen Verhältnisse, und das war ein wichtiger Unterschied für die beiden Beispiele, die Werner Schneider eben ausgeführt hat.

Reiner Keller
Das haben wir ja gesagt und es ist ja immer Teil einer gesellschaftlich strukturierten sinnhaften Wirklichkeit, einer symbolischen Ordnung oder wie auch immer man das nennen will. Und auch die Gegenposition, also auch die Verweigerungen sind daran orientiert. Dafür würde ich nur nicht den Begriff Diskurs nehmen, weil ich Diskurs als spezifischen Ausschnitt setze. Aber nicht als das Ganze. Das Ganze heißt für mich symbolische Sinnwelt oder Lebenswelt. Das sind sozusagen die verschiedenen Vokabularien, die in der Soziologie seit 100 Jahren oder seit 70 Jahren bestehen, um genau das zu bezeichnen, also diese Sinnhaftigkeit zu bezeichnen.

Achim Landwehr
Und woraus besteht diese symbolische Sinnwelt? Wie konstituiert sie sich in ihrer Gesamtheit, wenn nicht durch Diskurse (bricht ab)?

Reiner Keller
Wenn ich hier etwas verkürzt von symbolischer Sinnwelt rede, dann meine ich das Gesamt der Wirklichkeit, so wie sie durch menschliche Sinnsetzung im Deuten und Handeln bzw. in Interaktionen aufgebaut wird, historisch und je aktuell. Sie besteht, wenn wir da ganz basal sind, und bezogen auf die Perspektive, an die ich anschließe, also an die Perspektive von Alfred Schütz (Schütz 1993; Schütz/Luckmann 2003), aus dem, was dort als »kollektive Wissensvorräte« und »Wirklichkeit des Alltags« bezeichnet wird, oder, in Begriffen von Mead (1973), aus einem System signifikanter Symbole. Berger/Luckmann (1980) haben beschrieben, wie man sich das als Prozess in seiner grundlegenden Entstehung exemplarisch denken kann, und zwar über die Stadien von wechselseitiger »Typisierung« von Handlungen, deren »Habitualisierung«, »Routinisierung«, »Externalisierung« und so weiter. Ich würde sagen, die symbolischen Sinnwelten konstituieren sich zum Teil aus diskursiven Konstruktionen – das ist eine Ebene, aber es gibt auch noch an-

dere, die will ich nicht ausschließen. Zum Beispiel: »Fahrradfahren können« ist ein körpergebundenes Wissen. Das kann natürlich theoretisiert sein und es gibt eine ganze Pädagogik des Fahrradfahrens. Das kann Gegenstand von diskursiven Prozessen werden, also Gegenstand von diskursiven Wissenszuständen. Aber das ist möglicherweise auch einfach etwas, wofür in der Soziologie Begriffe wie tradiertes Körperwissens, Körperroutinen, Körpertechniken benutzt werden. Wenn ich zurückgehe in andere Kulturen, die nicht diesen Grad an Expertisierung und Schriftlichkeit haben, dann habe ich Techniken des Baumfällens, da würde ich sagen, das sind keine Diskurse, sondern routinisierte Praktiken in bestimmten Handlungsfeldern. Und um solche Sachen dann im Blick zu halten, sagen wir, wir machen da besser eine Unterscheidung.

Werner Schneider
Kurz – um es in einem Satz auf den Punkt zu bringen – worauf wir abzielen: wir wollen uns irgendetwas als Denkoption erhalten, was noch nicht oder nicht mehr Diskurs ist oder aus unserer Sicht sein kann.

Achim Landwehr
Die Intention verstehe ich, aber es bleibt mein Problem: Du bringst Beispiele wie Fahrradfahren oder Baumfällen. Gut, aber selbst dabei glaube ich nicht, dass diese diskursfrei oder sinnentleert sind.

Reiner Keller
Das glaube ich auch nicht! Ich würde auch sagen, die sind nicht sinnentleert, aber ich würde dafür nicht den Begriff des Diskurses benutzen.

Jürgen Spitzmüller
Was bei mir immer noch nicht klar ist: Wo beginnt eine Handlung dann, diskursiv zu werden?

Achim Landwehr
Also du hast die Grenze, so hab ich das verstanden, bei der Intention fest gemacht.

Werner Schneider
Nein, nicht bei der Intention, sondern bei der Praxis der Darstellung.

Willy Viehöver
Ich wollte nur nochmal daran erinnern, das hattet ihr beide jetzt gerade auch noch einmal angesprochen, Sarasin (2003) hat mal über Foucault gesagt, er hätte keine Diskursanalyse der Signifikanten im Sinn gehabt, sondern eine Diskursanalyse der Signifikate. Diesbezüglich findet bei den Franzosen üblicherweise ein zweigliedriges Symbol- bzw. – je nach Schule – ein Zeichenbegriff Verwendung. Also du hast einen Signifikanten – etwa das Lautbild, Sinnesbild oder Zeichen SKALPELL und etwas, das damit bezeichnet wird, das Signifikat also. Das kann ein materielles Objekt sein, das Fahrrad wie wir es eben hatten, als ein materiales Objekt oder etwa das medizinische Instrument *Skalpell*. Dieses ma-

terielle Objekt ist natürlich nicht in diesem Sinne Diskurs, aber doch immer eingebunden in all diese diskursiven Praktiken und nur da kann es dann eine diskursive Funktion erhalten und zur Ordnung von Begriffen, Dingen und ihren Gebrauchsweisen beisteuern. Nehmen wir ein anderes Beispiel, das der Schönheitschirurgie etwa: hier gehorchen die Schnittmuster der ästhetischen Chirurgen sicherlich einer diskursiven Logik. Ich will kurz dabei bleiben, denn mir scheint, dass hier das eben diskutierte Problem aufscheint. Gibt es dort eine Grenze oder keine, zwischen dem Diskursiven und dem Nicht-Diskursiven? Ich habe ein Problem damit und weiß zugleich noch nicht genau zu benennen, wo es liegt. Ich zitiere einmal den folgenden Satz, Hannelore Bublitz geht dabei auf Judith Butler ein und sie bezieht sich implizit auf die Sex-Gender-Dichotomie, die ja durch Butler im Grunde diskursiv eingerissen bzw. grundlegend problematisiert wurde:

> »Der Körper entsteht durch die Norm, er *ist* die Norm bzw. ein Normeffekt, er geht ihr nicht voraus. Butler hebt damit die Trennung von *sex* und *gender* auf und führt *sex* in *gender* zurück. Der Körper selbst ist für Butler ein Stück Gesellschaft, das sich im Körper manifestiert und zugleich als Natur erscheint« (Bublitz 2002, S. 40).[6]

Und das ist die Stelle, die ich für problematisch halte, weil hier die Grenze zwischen dem Diskursiven und Nicht-Diskursiven aufgelöst ist. Kann man wirklich sagen, der Körper *sei* die Norm? Ist denn das diskursiv konstituierte Schnittmuster das Schneiden selbst? Also aus meiner Sicht stellt die Äußerung, der Körper *ist* die Norm, schon auf *Obligation* und nicht auf *Wunsch* und *Optativ* ab, also auf unterschiedliche Formen und Modi der Materialisierung. Wenn man aber sagt, durch Zitieren würde etwas materialisiert werden, dann wird das sehr missverständlich und vielleicht ist das ein Grund, hier analytisch auf zwei Formen von Praktiken zu insistieren, auch wenn man der Ansicht bleiben kann, dass man die Einbettung der nicht-diskursiven Praktiken in Diskurse immer mitdenken muss. Natürlich ist das Führen des Skalpells als solches kein Diskurs, aber die Schnittmuster, nach denen das Skalpell vom Arzt geführt und der Körper geformt wird, die werden von irgendjemanden nach einem bestimmten Code gemacht, die werden also immer wieder in diskursiven Praktiken konstituiert und sie unterliegen der Veränderung. Aber das Führen des Skalpells am Körper aus Fleisch, Blut und Silikon ist analytisch gesehen eine nicht-diskursive Praxis. Es ist nicht Diskurs, obschon noch eine Praktik. Und dann ist es immer noch so, dass etwa die Nase oder was weiß ich, was immer verändert wird. Sie wird nach Maßgabe diskursiver Praktiken durch das symbolische Netz der Deutungen und Bedeutungen usw. »geformt«. Es ist in dem Sinne, da neige ich auch eher dem zu

---

6   Bei Butler heißt es vorsichtiger wie folgt: »Das »biologische Geschlecht« ist demnach also ein regulierendes Ideal, dessen Materialisierung erzwungen ist, und zu dieser Materialisierung kommt es (oder kommt es nicht) infolge bestimmter, höchst regulierender Praktiken. Anders gesagt, *das »biologische Geschlecht« ist ein ideales Konstrukt, das mit der Zeit zwangsweise materialisiert wird.* Es ist nicht eine schlichte Tatsache oder ein statischer Zustand eines Körpers, sondern ein Prozeß, bei dem regulierende Normen das »biologische Geschlecht« materialisieren und diese Materialisierung durch eine erzwungene ständige Wiederholung jener Normen erzielen. Daß die ständige Wiederholung notwendig ist, zeigt, daß die Materialisierung nie ganz vollendet ist, daß die Körper sich nie völlig den Normen fügen, mit denen ihre Materialisierung erzwungen wird.« (Butler 1995, S. 21)

was du (Reiner Keller) gesagt hattest, ein Skalpell als solches ist eingebunden in eine sinnhafte, bedeutungsvolle Ordnung, die diskursiv produziert wird und die wir nicht aus dem Blick verlieren dürfen. Aber in so einer Definition, die auch prozessorientiert ist, scheint mir so etwas wie das Problem einer sinnvollen Grenzziehung auf. Es scheint mir zumindest sichtbar zu machen, dass es Sinn macht zwischen diskursiven und nicht-diskursiven Praktiken noch zu unterscheiden, obwohl ich dann auch immer sofort sagen würde: Es gibt natürlich immer schon eine Diskursgeschichte, der jeder neugeborene verkörperte Mensch zunächst einmal gar nicht entkommen kann. Und deswegen: welche Objekte und nicht-diskursive Praktiken (den Finger ins Weihwasser tauchen, das Führen des Skalpells) auch immer darin eingebunden sind, man kann sie aus der Sicht menschlicher Gesellschaften gar nicht als außerdiskursiv bezeichnen.

Jürgen Spitzmüller
Das ist dann ja nicht außerdiskursiv, es ist einfach nicht *homogen*. Ich kann vielleicht damit einverstanden sein, wenn man solche basalen Handlungen wie das Atmen als *nicht-diskursiv* bezeichnet. Wir *müssen* atmen, damit wir nicht ersticken.

Achim Landwehr
Wir können gar nicht *nicht* atmen.

Werner Schneider
Aber *wie* atmen wir?

Reiner Keller
Wir müssen ja atmen, um zu sprechen und zu leben, aber mich interessiert in der Diskursforschung nicht, wie SprecherIn X oder Y beim Sprechen atmet und lebt. Mich interessiert vielleicht, welche Expertendiskurse über Atemtechniken geführt werden, aber das wäre ein anderes Thema. Ich will versuchen, das noch einmal an einem anderen Beispiel klar zu machen. Ich denke, dass jedes Handeln, Tun, Praxis etc. in Diskurse einbezogen, zu deren Gegenstand werden kann. Dann benutze ich den Diskursbegriff um zu sagen, das sind historisch situierte, mehr oder minder weiter ausgreifende Prozessierungen von Wissen und Sprache über einen Gegenstand, der dadurch *konstruiert* wird. Aber ich würde sagen, dass »Diskurse« (im PLURAL) immer ein spezifischerer Ausschnitt des Ganzen, wenn man so will: der Gesamtheit stattfindender Kommunikationen sind (Keller/Knoblauch/Reichertz 2013). DER DISKURS ist ein Begriff, der für mich sehr schwierig ist. Also das ist für mich eher die Ebene: Gesellschaften produzieren eine symbolische Ordnung, stellen symbolische Ordnungen her – das ist sozusagen die Grundebene. Jetzt aber nochmal ein Beispiel, was alles noch komplizierter macht, weil es noch eine weitere Differenzierung in die Frage der Praktiken einführt: Also wenn man sagt, so eine Angelegenheit wie unser Treffen hier, das ist Teil eines wissenschaftlichen Diskurses über Diskurse usw. Dann muss ich in Rechnung stellen, dass ihr alle mit dem Zug hierher kommen könnt, dass ihr alle in der Lage seid euch eine Fahrkarte zu kaufen, dass ihr den Zug benutzt usw., dass ihr sozusagen ein Orientierungswissen im Raum habt. Das würde ich in Bezug auf den Diskurs, den wir hier thematisch haben, immer als eine nicht zu diesem

Diskurs gehörige Praxis, hier eben als eine Mobilitätspraxis bezeichnen. Die ist Teil von Netzwerken, Infrastrukturen, Diskussionen und Diskursen über moderne Mobilität, ok, aber dann interessiere ich mich mit einer ganz anderen Fragestellung für das, was hier passiert. Aber für mich macht es keinen Sinn, diese unser Treffen ermöglichende Mobilitätspraxis als Bestandteil der diskursiven Praxis im Rahmen dieser Diskussion oder eines spezifischen Diskurses zu behandeln. Wir sind jeder alleine hergefahren und haben dabei was weiß ich getan. Und wir tun das auch, wenn wir zu einem Konzert wollen. Es ist also nicht spezifisch für diese unsere heutige Diskussion über Diskursforschung. Wir müssen solche Grenzen der Relevanz ziehen, um überhaupt Forschung betreiben zu können.

Achim Landwehr
Also vielleicht hängt damit jetzt auch der disziplinäre Hintergrund zusammen. Vielleicht fasse ich das auch deshalb weiter, weil sich das in der historisch längerfristigen Perspektive dann doch noch ein wenig anders gestaltet und bestimmte Selbstverständlichkeiten und gewisse Praktiken in ihrer diskursiven Konstituiertheit nochmal deutlicher werden. Ich meine: Das Beispiel, das du gerade genannt hast; natürlich handelt es sich um eine Mobilitätspraxis, aber diese Praxis des Fahrkartenkaufens, des In-den-Zug-Steigens ist eben nicht nur ein reines Tun, sondern ist hundertprozentig konstitutiv für Diskurse. Und deshalb bin ich jetzt auch ein wenig hängengeblieben bei dem Beispiel Baumfällen, denn wir haben es mit vermeintlich völlig banalen Tätigkeiten zu tun. Und wenn man sie in ihrer historischen Langfristigkeit beobachtet, dann sieht man eben wie die gleiche Handlung mit völlig unterschiedlichen Wissensformen und – nach meinem Dafürhalten – diskursiv produzierten Wissensformen verbunden sind. Und genau dann ist Baumfällen nicht gleich Baumfällen und Zugfahren ist auch nicht gleich Zugfahren. Zugfahren im 19. Jahrhundert ist natürlich etwas ganz anderes als Zugfahren heute. Das hängt nicht damit zusammen, dass die Züge schneller werden und dass wir anders Fahrkarten kaufen oder sonstiges tun, sondern weil sich der Diskurs um das Zugfahren tatsächlich verschoben hat. Und deswegen würde ich sagen, ist für mich diese Grenze in der Tat nicht festzumachen. Ich könnte nicht sagen, wo der Diskurs aufhört und wo die Praxis anfängt. Allein deswegen würde ich diesen Unterschied einreißen wollen.

Jürgen Spitzmüller
Was ich noch nachfragen will: Werner, du hast von *Aufführungen* gesprochen. Was für ein Aufführungskonzept habt ihr? Wir haben ja schon über Authentizität gesprochen; also performativ versus nicht-performativ. Doch was macht hier die Aufführung zur Aufführung und inwieweit ist Aufführbarkeit oder Aufführungspraxis für euch konstitutiv für Diskurs?

Werner Schneider
Die Menschen tun das, was sie tun und wie sie es tun, auf der Grundlage des ihnen zuhandenen Wissens. Sie handeln – symbolisch interaktionistisch gesehen – aufgrund von Bedeutungen, die die Objekte, auf die bezogen sie handeln, für sie haben. Somit ist Baumfällen nicht gleich Baumfällen, je nachdem wer wo wie und wozu welchen Baum fällt, wer dabei mithilft, zusieht usw. Die Frage ist ja nur – und da bin ich wieder bei der

Darstellung oder bei der Praxis, wie wir sie vorhin diskutiert haben: Gibt es bei dieser Praxis unterschiedliche Bedeutungskontexte, die verschiedenen Situationsdefinitionen, die das Baumfällen haben kann, bei denen man sagen kann, da ist der Einsatz des Diskursbegriffs, wie wir ihn gebrauchen, analytisch weiterführend oder nicht. Und dabei geht es mir auch nicht um Intentionalität per se – vielleicht kommt man da eher ran, wenn man in der Weberschen Tradition zwischen subjektiv gemeintem und objektiv gegebenem Sinn unterscheidet. Bei meinem Beispiel, jetzt dem in der Kirche, interessiert mich ehrlich gesagt weniger der subjektiv gemeinte Sinn, aber ich würde sagen, vom objektiv gegebenen Sinn dessen, was da passiert her gesehen, kann ich ehrlich gesagt keinen Diskursbeitrag erkennen. Außer mir geht es um die Analyse von Selbstverhältnissen als Folge von diskursiv prozessierten Wissensordnungen und daraus resultierenden Herrschaftsstrukturen. Es geht mir also nicht um eine kategorische Differenzsetzung oder gar um irgendwelche Essentialisierungen, sondern nur um ein Instrumentarium, um eine analytische Heuristik. Und da würde es für mich analytisch eben einen wichtigen Unterschied machen, den ich in den Blick nehmen möchte, in welchem Kontext, in welcher Situationsdefinition jemand einen Baum fällt. Tut er es z. B. in der Vorstellung, dass er das nur tun darf, wenn er mittels eines Rituals beim Fällen die Waldgeister besänftigen muss, oder in dem Bewusstsein, dass er für sich und seine Nomadengruppe, der er angehört, beginnt, eine Lichtung zu roden, um den Winter zu überstehen, oder macht er es z. B. als Profi aus Sicherheitsgründen für Parkbesucher. Hier jedes Mal analytisch einfach ranzugehen und einen Diskursbeitrag zu sehen, eine diskurskonstituierende Praxis, verflacht aus meiner Sicht das Konzept »Diskurs« als Erkenntnisinstrument.

Achim Landwehr
Das ist eben *nicht* nur bloßes *Tun*, und so habe ich Reiner auch nicht verstanden. Selbst der Versuch den Wald zu schützen, um ihn dann auszuroden, damit da ein bisschen mehr Luft und Licht rankommt, das ist eben nicht nur bloßes Tun. Vielleicht liegt es dann doch an der Perspektivierung. Ich muss nicht jedes Handeln aus diskursiver Perspektive fassen, man kann das natürlich auch durchaus anders tun. Aber wenn man es mit diskursiver Perspektive tut, dann würde ich sagen, gibt es kein Handeln, das nicht *auch* diskurskonstituierend ist. Mich können auch völlig andere Dinge daran interessieren, dies ist gar keine Frage. Von daher ist es für mich auch immer ganz zentral herauszustellen, dass man Diskurse nicht essentialisiert – eigentlich banal, aber gerade bei solchen Diskussionen besteht immer die Gefahr zu sagen: »Ja, irgendwo muss ja der Diskurs dann sein, den muss ich ja irgendwo finden.« Wenn mich das interessiert, dann würde ich dem zustimmen, weil man immer eine Verbindung herstellen kann, die mehr oder weniger plausibel oder mehr oder weniger naheliegend ist. Aber das muss nicht sein! Man kann das Baumfällen, das In-die-Kirche-gehen und das Zugfahren natürlich auch unter ganz anderen Perspektiven in den Blick nehmen.

Werner Schneider
Das ist aber keine Lösung, irgendwelche anderen Perspektiven nun ins Feld zu führen, wenn man unter Perspektiven andere theoretische Sichtweisen versteht. Denn wir sagen,

wir wollen *in* der Diskursanalyse die analytische Differenzierung herstellen. Du sprichst jetzt davon, dass man keine Diskursanalyse macht.

Achim Landwehr
Nein, deswegen sage ich, wenn man es unter diskursanalytischer Perspektive macht, dann gibt es meinem Dafürhalten nach keine Praxis, die nicht auch diskurskonstituierend wäre. Wir können jetzt jede Menge Beispiele durchspielen.

Wolf-Andreas Liebert
Das sind ja zwei Ebenen. Das eine ist, denke ich, wenn man sich unter forschungspraktischen Gesichtspunkten darüber unterhält. Da ist es überhaupt kein Problem zu sagen, wir lassen mal die Mobilität des Zugfahrens hier weg, um das zu betrachten. Das ist hier egal. Das ist forschungspraktisch immer gerechtfertigt …

Jürgen Spitzmüller
… oder umgekehrt: Wir sagen, wir sehen uns jetzt mal das Zugfahren unter dieser Perspektive an …

Wolf-Andreas Liebert
… genau! Da hängt es von der Zielsetzung ab, und es ist wirklich eine forschungspraktische Sache. Wenn ich sage: »Das beziehe ich ein, das beziehe ich nicht ein.« Hier ist es aber gerade wichtig den Mobilitätsdiskurs einzubeziehen, wenn es hier eine bestimmte Rolle spielt, in dem, was mich interessiert. Von der theoretischen Seite her gesehen, da sieht es schon wieder anders aus. Es sind einfach disziplinäre Voraussetzungen, die hier verschieden sind. Ich kann es hier für die Linguistik nur noch einmal sagen: Die Linguistik hat sich schon immer mit Soziologie und Sozialwissenschaften auseinander gesetzt, sie hat aber letztendlich kein eigenes Konzept gehabt, was von der Sprache auf soziale Verhältnisse gegriffen hat. Und der Diskurs ist nun im Prinzip eine Art, ich will jetzt nicht sagen universalistisches Prinzip, aber ein sehr weitreichendes Konzept, in dem soziale Verhältnisse, Kommunikationsereignisse und »Diskursereignisse« quasi mit einem Konzept erfasst werden können.

Jürgen Spitzmüller
Damit bringst du die Perspektive ins Spiel, die u.a. Busse und Teubert (1994) stark gemacht haben: dass der Diskurs ein analytisches Konstrukt ist, ein Konstrukt der Analysierenden. Als Analysierende legen wir ja immer, und meistens thematisch, fest: »So, das ist jetzt der Diskurs, den *ich* untersuche.« Letztendlich wäre der Diskurs – so gesehen – immer eine kontigente Setzung. Vielleicht kann man aus *dieser* Perspektive sagen: Wenn das jetzt für mich diskurstheoretisch nicht relevant ist, ist es nicht diskursiv. So würde ich das unterschreiben. Es gibt aber meinem Verständnis nach keine Handlungen, die *per se* nicht diskursiv sind.

Reiner Keller
Auch wenn man gerade in diese symbolisch-interaktionistische Tradition zurückgeht, bei Pragmatisten, bei George Herbert Mead (1973) etwa, die sprechen von »universe of discourse«. Das Diskursuniversum ist sozusagen die Idee einer von Kollektiven permanent erzeugten, stabilisierten und auch veränderten Symbolordnung, einer symbolisch strukturierten Wirklichkeit bzw. einem Sinnhorizont, innerhalb dessen wir denken und handeln, der sozusagen allem menschlichen Weltverhältnis zugrunde liegt. Alfred Schütz bspw. spricht vom Diskursuniversum der Mathematik: Wer Mathematik betreiben will, muss sich in das bestehende Diskursuniversum einbinden bzw. dessen bestehende Regeln und Vorgaben zunächst akzeptieren (Schütz 1973). »Diskursuniversum« ist in der Soziologie aber kein Begriff, der sich irgendwie etabliert oder durchgesetzt hätte. Wir haben da in Teilen der Soziologie einfach andere Kategorien, eben denjenigen der Sinnwelt oder Subsinnwelt, der alltäglichen Lebenswelt, der Sonderwelten, Sinnprovinzen usw.

Werner Schneider
Zu behaupten, dass es irgendetwas außerhalb solcher Sinnwelten gibt, das sagen ja schon die ganzen soziologischen Klassiker wie Simmel, wäre unsinnig, weil soziologisch irrelevant. Für mich ist eigentlich bei dieser Begrifflichkeit »diskursive Praxis« und »nicht-diskursive Praxis« bzw. Praktiken entscheidend, dass ich diese Unterscheidung nur als analytische Heuristik verstanden wissen will. Und ich bin mir noch ziemlich unsicher, ob sie, wenn man sie als analytische Heuristik einsetzt, tatsächlich so viel an empirischem Ertrag bringt – aber ich denke schon. Auf jeden Fall ist aus meiner Sicht diese empirische Prüfung viel spannender als die ewige diskurstheoretische Diskussion, die eigentlich immer nur auf dieses Grundmissverständnis abstellt.

Achim Landwehr
Vielleicht noch ein Punkt dazu, weil wir gerade bei Grundmissverständnissen sind. Ich plädiere auch deshalb immer dafür, diesen Unterschied einzureißen, weil man sehr häufig in ein Fahrwasser kommt, bei dem es dann heißt: »Diskurse, das sind die Angelegenheiten zwischen intellektuellen Wissenschaftlern oder öffentliche Debatten zu einem Thema, und das andere sind nicht-diskursive Praktiken, also das, was im Alltag passiert.« Also Arbeitsdiskurs spielt sich zwischen Sozialtheoretikern, Gewerkschaften und Politikern ab, die reden über die Arbeit, und die Arbeiter arbeiten. Das eine hat also mit dem anderen nichts zu tun, es sind zwei getrennte Welten. Und genau das würde ich ehrlich gesagt einreißen wollen, weil es nicht sein kann, dass Arbeit nicht-diskursiv für den Arbeitsdiskurs ist. Leuchtet mir überhaupt nicht ein. Und das halte ich für gefährlich – gerade für die Diskursforschung, wenn wir von vornherein reduziert werden auf mehr oder minder öffentliche Debatten. Das ist nämlich sehr problematisch. Dann dürfte man das Baumfällen eigentlich gar nicht mehr angucken.

Jürgen Spitzmüller
Für mich wäre es hilfreich, dieses Missverständnis zu klären. Wäre es demzufolge nicht besser, nicht von *diskursiven* und *nicht-diskursiven* Praktiken zu sprechen, sondern von – beispielsweise – *diskursrelevanten* und *nicht-diskursrelevanten* Praktiken?

Achim Landwehr
Dann müsste man schon vorher wissen, was relevant war!

Jürgen Spitzmüller
Ja, aber ich spreche ja nicht davon, dass die Praktiken nicht diskursiv sind, sondern dass sie für den Diskurs, den ich mir gerade anschaue, nicht relevant sind.

Reiner Keller
Ja, ich habe gerade versucht, das in diese Richtung zu formulieren.

Werner Schneider
Ja! Das ist ja eigentlich gerade in die Richtung gedacht, in die Reiners Begriffsvorschlag zielt.

Reiner Keller
Auch gerade zu sagen: »Welchen Stellenwert haben die eigentlich?« Also zu sagen, so etwas wie dieses »Kreuz-machen«, das ist eine Modellpraktik, die aus dem Diskurs generiert worden ist und die trägt natürlich irgendwie dazu bei, diesen Diskurs aufrecht zu erhalten. Also sie bestätigt ihn gewissermaßen und inkorporiert ihn auch, aber man kann sie jetzt nicht vorschnell mit dem gleichsetzen, was jetzt der Papst in seiner Predigt sagt. Da muss ich Unterschiede einziehen, denn sonst habe ich einen großen Brei.

Achim Landwehr
Da würde ich jetzt eher mit Fragen oder Aspekten sozialer Stratifikation, asymmetrischen Machtverhältnissen usw. operieren. Natürlich gibt es unterschiedliche Wirkmächtigkeiten, die die jeweiligen Praktiken haben – das ist ja gar keine Frage. Dass der Arbeitstheoretiker für den Arbeitsdiskurs möglicherweise wirkmächtiger ist, als der Mensch am Fließband, das versteht sich von selbst. Genau das halte ich von vornherein für problematisch, denn sonst ist man sehr schnell bei solchen Arbeiten – wie du, Werner, schon vorhin gesagt hast –, ich schau mir drei Zeitungen an und dann habe ich den Diskurs über X.[7]

Reiner Keller
Ich wollte noch etwas ergänzen, was ich wichtig finde: also dennoch nicht *per se* alles gleichzusetzen. Also man kann es Lebenswelt des Alltags nennen, oder einfach das, was wir tun. Menschen sind gewissermaßen in ihrem Tun sozusagen in einem Schnittpunkt von zahlreichen Diskursen. Nehmen wir das Gender-Beispiel. Wir haben familienpolitische, genderpolitische Diskurse, die dich adressieren, dies und das zu machen, während gleichzeitig die wissenschaftlichen Arbeitsmarktdiskurse und deren Vermittler dich dazu anhalten wollen, eben jenes zu tun. Wir können nicht, wenn wir uns in einem Diskurs bewegen – bspw. Arbeitserfordernisse in der Wissenschaft –, dann reicht es noch nicht, um daraus zu schließen, was die Leute tatsächlich machen, sondern die sind, und da kommt bei mir der Akteur nochmal in so einer Art Eigensinnigkeit zum tragen,

---

[7] Vgl. dazu weiter oben Kapitel 2, S 32.

nur als eine Instanz, die im Grunde alles gewissermaßen performativ vermittelt. Ich weiß nicht, wie man das sonst beschreiben soll, aber zu sagen, der macht in seinem Tun, der versucht ganz viele solche *Anrufungen* miteinander zu vermitteln, der organisiert die Arbeit nicht unbedingt so, wie es sein Managementdiskurs erfordert, sondern der versucht dann einen Kompromiss zu schließen oder versucht das vorzutäuschen und gleichzeitig dem Genderdiskurs gerecht zu werden. Und da muss man sehen, dass man diese Ebene hat, als eine Instanz, wo sich noch einmal eine ganz eigene Dynamik entwickelt.

Achim Landwehr
Deswegen finde ich es auch so wichtig zu versuchen, soweit es geht (und das ist natürlich unglaublich schwierig), das in der ganzen Breite zu machen. Aber zu versuchen, genau diese unterschiedlichen Perspektiven zusammenzubinden, ist wichtig. Ein ganz banales Beispiel, weil ich mich damit beschäftigt habe: Venedig, 17. Jahrhundert, Bevölkerungszählung. Da werden wunderbare politische Statistiken eingefordert, Formulare gedruckt, alles Mögliche, was man braucht, um eine hübsche, geographische Statistik des 17. Jahrhunderts irgendwie hinzubekommen. Natürlich kann man sich dann diese Zahlen angucken und daraus kann man auch eine demographische Linie entwickeln. Und man kann sich auch die Formulare angucken und dann sehen, was für Gesellschaftsmodelle dahinter stecken, was sich diskursiv damit auch immer verbindet. Je weiter man das zieht, desto interessanter wird es. Was passiert allerdings, wenn eine Gruppe von Leuten herumrennt und tatsächlich von Haus zu Haus geht und diese Zahlen überhaupt abfragt. Wer geht da herum? Wer macht das konkret? Wie wird darauf reagiert? Was passiert an der Haustür? Und da sieht man eben, dass selbst dieses alltägliche Handeln in ein Sich-Verweigern oder Lügen oder was sonst ausarten kann. Da haben wir tatsächlich solche Vermittlerinstanzen, Menschen die irgendwie Zahlen liefern müssen, diese Zahlen aber auch abfragen müssen und auch tatsächlich versuchen müssen, verschiedene Aspekte miteinander zu verbinden. Und deswegen würde ich denken, dass man das möglichst weit fassen sollte.

Jürgen Spitzmüller
Es gibt dann Stratifizierungen im Diskurs, es gibt also verschiedene Akteure mit verschiedenen Rollen – in der sprachwissenschaftlichen Ideologieforschung (Blommaert 1999, S. 9) wird von *ideology brokers* gesprochen –, das sind dann Akteure, die an Schnittstellen bestimmte Ideologien zu pushen versuchen. Wir haben aber auch eine Stratifizierung und eine Hierarchisierung von verschiedenen Diskursen.

Achim Landwehr
Da sind wir schon wieder fast beim Bahnfahren, weil Mobilität ja ein Wert an sich geworden ist. Man muss mobil sein auf dem Arbeitsmarkt, daher ist Bahnfahren nicht einfach nur Bahnfahren. Vielmehr zeigt man damit, ich nehme es auf mich und fahre von München nach Koblenz, stundenlang hin und zurück, weil man das eben zu tun hat.

Reiner Keller

Ja manchmal möchte man gerne fahren und manchmal nicht. [Allgemeines Lachen] Aber: Was wir jetzt noch nicht gemacht haben, ist die Landkarte, also den jeweiligen Überblick über die Felder und Positionen der Diskursforschung in den einzelnen Disziplinen. Wollen wir das noch versuchen? Es wäre vielleicht geschickt, dies so disziplinär zu machen. Vielleicht fängst Du an, Achim?

4 Positionen der Diskursforschung in den einzelnen Disziplinen

Achim Landwehr

Also beginnen wir mit den Geschichtswissenschaften: Ich glaube, ich habe ja die aktuelle Lage vorhin schon einmal angedeutet, nach meiner Beobachtung, die sich empirisch auch einigermaßen absichern lässt. Demnach hat sich inzwischen, spätestens seit der Jahrtausendwende, alles was mit Diskurs, Diskurstheorie, Diskursforschung, Diskursanalyse zu tun hat, relativ weitgehend etabliert. Zumindest soweit etabliert, dass es zu keinen allergischen Reaktionen mehr kommt, wenn man bestimmte Namen oder Begrifflichkeiten aufwirft. Auch wenn man in Qualifikationsarbeiten reinguckt, also in historische Arbeiten von jüngeren Menschen, die machen zwar nicht alle explizit Diskursanalyse, aber das ist immer etwas, woran sie sich andocken können. Was sie als Inspiration aufnehmen, auch wenn da nicht das gesamte theoretisch-methodische Instrumentarium aufgefahren wird, aber das wird durchaus als eine Inspirationsquelle gesehen. Auch aus meiner eigenen Beobachtung hat man vielleicht inzwischen eher zum Teil den umgekehrten Effekt, dass man mit dem Vorwurf konfrontiert wird, dass eben alle Diskursanalyse machen würden und das sei ja schon dominant. Ob das denn tatsächlich so ist, sei mal dahin gestellt. Es hat sich zumindest weitestgehend etabliert, wenn auch mit den Schwierigkeiten, die ich vorhin schon genannt habe. Das wäre auch etwas, das mir am Herzen liegt, nämlich die Schwierigkeit, dass zuweilen bestimmte Kernbestandteile dessen, was für mich dieses Diskursfeld ausmacht, zu verschwimmen drohen. Man hat es zum Teil mit einem sehr laxen und zum Teil mit einem sehr unreflektierten Umgang mit Diskursbegriffen und Diskurstheorien zu tun. Man macht zum Teil standardisierte und zum Teil auch sozialhistorische Arbeiten, wogegen überhaupt nichts zu sagen ist, aber weil es eben irgendwie modisch klingen muss oder soll, wird versucht, da noch ein bisschen Diskurs drüber zu gießen, als Theoriesauce sozusagen. Da wird es dann für mich problematisch. Das ist für mich dann der Punkt, den ich vorhin schon genannt habe, dass der Erfolg eben auch gleichzeitig negative Konsequenzen gehabt haben könnte. Aber die harschen Diskussionen, die in den 1980ern und auch den 1990ern geführt wurden, die sind eigentlich vorbei. Der letzte ist immer noch Hans-Ulrich Wehler (1998), aber der schießt gegen alles, deswegen ist das egal. Von dem gibt es aber noch aus dem Jahr 1998 das Buch »Die Herausforderung der Kulturgeschichte«. Das war der letzte große Vulkanausbruch, da hat er ganz scharf und explizit gegen Foucault geschossen. Unter Historikern sind die Zitate schon Legion, aber da hat er ihn auch persönlich angegriffen, da geht es auch gar nicht mehr um die Theorie, sondern »so ein schwuler Sadomasochist«, so heißt es wirklich explizit: Er war schwul und hat in Kalifornien sadomasochistische Praktiken betrieben und sich freiwillig dem AIDS-Risiko ausgesetzt. Und so einem könnte man doch nicht vertrauen. Also richtig unter die Gürtellinie wurde da gezielt, und er hat dann wohl auch versucht, ihn theoretisch auseinanderzunehmen, aber das hat nicht so richtig funktioniert. Das wird inzwischen eher parodistisch zitiert, man kann sich dann darüber belustigen, wie sich H.U. Wehler da aufregt. Bourdieu wird interessanterweise viel gelobt, weil der angeblich Max Weber gelesen hat, und weil Bourdieu eigentlich auch Max Weber in Fortsetzung ist. Deswegen darf man Bourdieu lesen, Foucault aber nicht. Aber wie gesagt, das war die letzte große Eruption und seitdem ist es eher selbstverständlich geworden, Diskurse zu analysieren, und es ist inzwischen nicht mehr karrierehemmend, wenn man sich mit solchen Dingen auseinandersetzt. Von Dietrich Busse gab es vor zwei Jahren auf einer Tagung den schönen Satz: Ich bin Professor geworden nicht weil, sondern obwohl ich Diskursforschung gemacht habe. Das galt bis zur Jahrtausendwende für die Geschichtswissenschaft auch noch, aber inzwischen hat sich das weitestgehend etabliert. Man müsste jetzt eher die Probleme diskutieren, die mit dieser »Selbstverständlichung« einhergehen.

Reiner Keller
Wenn ich nochmal etwas nachfragen dürfte. Eigentlich habe ich sogar zwei Fragen. Erstens, es gibt ja, wenn ich das richtig beobachte, die eher – wie soll ich sagen – »orthodoxen Foucaultianer« oder diejenigen, die sozusagen sehr streng oder weniger streng sich an Foucault als Leitfigur und Vorgeber der richtigen Art und Weise orientieren. Und es gibt andere, da würde ich eher dich auch dazu zählen, die gucken, was kann man eigentlich eher weiter machen und wie kommen wir da eigentlich mit anderen Sachen zu Rande. Also wäre die erste Frage: Gibt es da noch Unterschiede in den Lagern? Und die zweite Frage, die ich da noch habe, wie ist eigentlich auf dein Buch reagiert worden? Deine Einführung (Landwehr 2001) ist in ihrer ersten Variante methodisch sehr stark bei Teun van Dijk (1997) angelehnt und jetzt (Landwehr 2008) hast du das ja deutlich umgearbeitet. Was steckt dahinter?

Achim Landwehr
Also, ich will die Fragen miteinander verbinden. Ich meine, erstens fühle ich mich richtig verstanden, wenn ich nicht als »orthodoxer Foucaultianer« gesehen werde. Ich finde ihn noch immer sehr inspirierend und sehr anregend, und ich lese darin auch sehr viel, das gilt aber gerade auch für Laclau und Mouffe (ist ja vorhin schon gefallen). Ich finde auch, dass man mit Foucault dann auch wieder über Foucault hinaus lesen muss und hinaus lesen darf, und man soll ihn auch weiterentwickeln. Und so ähnlich ist auch diese Überarbeitung zu verstehen. Ich fand, dass in der ersten Variante diese »Einführung in die historische Diskursanalyse« noch zu sehr auf Sprache konzentriert war. Und gerade vor dem Hintergrund der Diskussion, die wir gerade führen, bezüglich der Unterscheidung zwischen diskursiven und nicht-diskursiven Praktiken und anderen Lektüreeindrücken, fand ich es wichtig, das aufzumachen und deutlich zu machen, dass man mit Diskursforschung nicht *per se* auf die Analyse von Texten reduziert bleiben muss. In der Geschichtswissenschaft läuft das offensichtlich diametral zur Linguistik. Da hat man noch lange versucht, das historische Subjekt und das historische Individuum, ob jetzt nun als große Männer, die Geschichte machen, oder als kleine Leute, die Geschichte erleiden, zu retten und davor zu bewahren, dass wir jetzt nur noch Texte lesen. Und die anderen, die halt sa-

gen: »Na gut, wir haben aber nun einmal nichts anderes als Texte. Und die Leute sind nun einmal tot. Also wir haben nur noch Texte und vor dieser ganz banalen Erkenntnis können wir uns ja nicht verschließen.« Was damit einherging, war dann häufig folgendes: Na gut, dann macht ihr eben Diskursanalysen und lest Texte, und wir beschäftigen uns weiterhin mit den historischen Menschen. Weil auch diese Differenzierung mir weder theoretisch noch praktisch einleuchtet, habe ich eben versucht, das ein bisschen von dieser stärker linguistisch inspirierten Position weg zu bewegen und andere Elemente mit einzuarbeiten.

Nochmal zur Situation der Geschichtswissenschaften überhaupt: Ich würde die Differenzierung sogar noch ein bisschen weitertreiben. Es gibt »orthodoxe Foucaultianer«, sicherlich. Es gibt diejenigen, die versuchen, das weiter zu entwickeln, und es gibt diejenigen, die dann einen so etwas laschen und zum Teil, wie ich finde, auch fahrlässigen Theorieimport praktizieren und dann eben noch so eine kleine Spritze von Diskurs mit einbringen wollen. Ich würde jetzt noch nicht einmal nur von »orthodoxen Foucaultianern« sprechen, aber zumindest von denjenigen, die sich so im Fahrwasser von Foucault oder auf Pfaden bewegen, die Foucault vorgetrampelt hat. Da sehe ich das Problem gerade bei den historischen Arbeiten, dass es sich sehr oft um Themen handelt und auch bei Themen bleibt, die Foucault auch schon vorgeprägt hat. Sprich, da findet man dann das Thema Gefängnis, dann sind da die Themen Sexualität, Wissenschaft, Subjektivität und Gouvernementalität. Das sind vielleicht die vier oder fünf größeren Blöcke, und daneben gibt es sicherlich noch etwas, aber deutlich weniger, und das halte ich für problematisch, auch weil das wieder so eine Inselsituation ist. Wieder nach dem Motto: Diskursgeschichte macht nur Texte oder Diskursgeschichte, die machen nur Sex, Crime, Gefängnis und ein bisschen Herrschaft, aber den Rest können die nicht. Genau das halte ich für höchst problematisch. Wenn man das ernst nimmt, was sich für mich als Versprechen mit Diskursanalyse und Diskurstheorie verbindet, dann sollte das auf ein wesentlich größeres Themenspektrum anwendbar sein, und es ist auch anwendbar. Dann sollte es sich eben nicht nur in diesen Foucault-Fahrwassern bewegen. Daher halte ich eben diese Weiterentwicklung für sehr wichtig, aber da gibt es noch eine ganze Menge zu tun. Und das ist eben auch ein Problem des Erfolgs, dass eben alle sehen: Aha! Sex, Crime und Foucaults Themen, die kommen an. Und es gibt da auch noch viel zu tun, und dann machen wir das mal. Aber das es daneben auch noch eine ganze Menge anderer Dinge gibt, die man machen könnte, das ist noch nicht überall durchgedrungen.

Jürgen Spitzmüller
Wir haben in der Linguistik außerdem das Problem der Fixierung auf öffentliche Debatten, also auf Themen wie Bioethik, Stammzellen, Sprachpolitik usw. Dadurch entsteht die Gefahr, dass man die Diskurslinguistik bloß als Form der Polito-Linguistik missversteht, und diese Gefahr ist sehr groß. Deshalb würde auch ich mir eine Öffnung wünschen, im Sinn einer Erweiterung des Fokus.

Zur sprachwissenschaftlichen »Landschaft«: Entstanden ist sie in den späten 1980er-Jahren in verschiedenen Ecken des Fachs mehr oder weniger unabhängig und gleichzeitig. Verschiedene Gruppierungen haben Diskurskonzepte in unterschiedlicher Form aufgegriffen, wobei es zwischen einzelnen dieser Gruppierungen kaum Austausch und wenig gegenseitiges Verständnis gab. Ganz wichtig ist natürlich einerseits die Critical Discourse Analysis (CDA), die auch heute noch international mächtigste, größte und bekannteste Form der linguistischen Diskursanalyse. Auch sie ist an verschiedenen Orten entstanden: in England, wo die CDA ab Mitte der 1980er-Jahre als Weiterentwicklung der *Critical Linguistics* durch Arbeiten von Norman Fairclough (1985; 1989) und anderen propagiert wurde; in den Niederlanden um van Dijk (1991; 1993; 1997) und van Leeuwen (1993; 1995); und im deutschsprachigen Raum um Ruth Wodak (Wodak et al. 1990; Wodak et al. 1994; Wodak et al. 1998) und ihre Mitarbeiter in Wien einerseits und um Siegfried Jäger (1987; 1988) und seine DISS-MitstreiterInnen andererseits. Dadurch, dass diese Leute sehr früh intensiv kooperiert haben, hat sich schnell ein internationales Netzwerk etabliert, wodurch die CDA sehr schnell sehr stark wurde. Unabhängig davon hat Dietrich Busse (1987) etwa zur gleichen Zeit sein Programm der Historischen Semantik entwickelt, aus der Tradition der Begriffsgeschichte heraus kommend. Das sind die zwei prägenden Pole. Andere Forschergruppen haben sich zumeist einem dieser Pole angenähert. Die Düsseldorfer Gruppe um Georg Stötzels Schülerinnen und Schüler (Böke/Jung/Wengeler 1996; Jung/Wengeler/Böke 1997) hat versucht, Busses epistemologisches Konzept forschungspraktisch zu operationalisieren, die CDA spielte dabei keine Rolle.

Vor allem bis etwa zur Jahrtausendwende gab es zumindest in der Germanistik wohl einen großen Entscheidungszwang zwischen CDA und Diskurssemantik. Die Landschaft war geprägt von dem Graben zwischen CDA und Diskurssemantik, der vor allem auch ein Graben war zwischen »Kritik« oder »Deskription«. Dass dieser Graben in der Germanistik besonders prägend war, hat meiner Meinung nach damit zu tun, dass die germanistische Linguistik sich stark als deskriptives – und nicht präskriptives – Fach definiert bzw. definiert hat. Alles was nicht »deskriptiv« gewesen ist – was immer das sein soll –, wurde dieser Logik zufolge eben auch nicht als »Wissenschaft« betrachtet. Die historische Semantik folgt im Wesentlichen dieser Sichtweise, weswegen jeder Ansatz von Kritik in den Verdacht gerät, »unwissenschaftlich« und damit »nicht linguistisch« zu sein. Inzwischen hat sich die Situation durch die zweite und dritte Generation der Diskurslinguisten – darüber haben wir ja bereits gesprochen[8] –, die sich aus dieser Schulenbildung zu lösen versuchen, deutlich entspannt. Wenn ich jetzt mit Leuten rede, die ihre Dissertation schreiben, sagen sie mir häufig: »Mir ist das völlig egal; ich lese den Jäger genauso gerne wie den Busse und kann mir von jedem was rausnehmen.« Ich finde das sehr gut, denn es war zu großen Teilen keine inhaltlich begründbare Trennung. Insgesamt ist Diskursanalyse inzwischen gerade bei Qualifikationsschriften einer der beliebtesten linguistischen Zugänge. Aber sehr viele Arbeiten behandeln vor allem die oben genannten politischen Debatten. Da wünscht man sich schon die eine oder andere Erweiterung.

Werner Schneider
Da möchte ich nochmal nachfragen. Wenn das so ist, gibt es dann nicht Bestrebungen, dass sich bspw. mal jemand bei der nächsten Dissertation hinsetzt und diese Stammzellendiskurs-Dissertationen mal kritisch durchackert und mal sieht, was darüber hinaus noch herausgekommen ist.

---

8   Vgl. Kapitel 1.

Jürgen Spitzmüller
Könnte man machen. Andreas Gardt (2007) hat einen Aufsatz geschrieben, wo er die Landschaft auf Diskurskonzepte hin vergleicht, weniger aber mit Blick auf die Themenpräferenzen. Ich weiß allerdings nicht, ob ich diese Arbeit schreiben wollen würde. Ich will das auch nicht grundsätzlich verdammen, zumal ich selber durchaus auch in dieser Tradition stehe. Aber die Gefahr besteht doch, dass man Diskursanalyse von innen und vielleicht von außen einfach zu eng betrachtet.

Wolf-Andreas Liebert
Also ich denke auch, dass es wichtig ist. Man kann heute die Landschaft halt nur verstehen, wenn man auch so ein bisschen die Geschichte kennt. Ich würde sie aber doch noch ein wenig früher ansiedeln, nämlich bei der pragmatischen Wende, also als durch die Rezeption Wittgensteins oder Austins ein bestimmtes pragmatisches Konzept in die Linguistik eingeführt wurde, was sich in vielfacher Weise später fortgesetzt hat, eben diese Konzentration auf einen Sprecher und die Ausbildung von sozialen Faktoren. Parallel würde ich dazu die Rezeption der Ethnomethodologie sehen, die zu der *conversational analysis* (Drew/Heritage 2006) geführt hat, die in der Linguistik auch teilweise parallel und auch unabhängig von der Textlinguistik lebt und sich entwickelt. Und das würde ich so als Parallelentwicklungen sehen. Was Siegfried Jäger (1999) eingebracht hat, war natürlich ein ganz bestimmtes Konzept von Diskursanalyse und da muss man schon sagen, dass es zum einen diese ablehnenden Reaktionen zeitigte, die du beschrieben hast, wo man sagte: das kann man nicht machen, wir wollen nicht kritisieren. Doch es gab auch schon eine andere Art von Kritik, die schon aus den *cultural studies* (Hepp/Krotz/Thomas 2009) hervorgegangen ist und die einen ganz spezifischen politischen Ansatz haben. Den kann man zwar schon respektieren, aber man muss ihn ja nicht unbedingt für sich selbst teilen. Insofern gab es schon immer verschiedene Ebenen der Kritik. Das eine ist die heftige Abwehrreaktion: Wir wollen ja nur beschreiben. Das andere aber auch abhängig von Personen, wozu ich jetzt auch Busse und andere zählen würde, die ganz klar sagen, es gehe um spezifische und politische Ausrichtungen, die ich als Axiom einfach nicht teile. Dann würde ich es aber genauso sagen, wie du es eben auch gesagt hast. Es gab halt diese zwei Richtungen und es gab aber auch immer wieder Verbindungen zwischen diesen. Ich weiß noch, dass Rainer Wimmer sehr viel mit Siegfried Jäger publiziert hat und umgekehrt – es gab halt schon immer diese Querverbindungen. Aber der Diskursbegriff an sich war in der Zeit schon exotisch. Ende der 1980er Jahre war er noch exotisch. Und Dietrich Busse ist trotz seiner Diskursspezifizierung auf diese Professur gekommen. Er ist ja der Nachfolger von Georg Stötzel geworden und Georg Stötzel war eigentlich derjenige, der diese Düsseldorfer Schule geprägt hat. Diese Schule kam sehr stark von der Begriffsgeschichte her, genauso wie Busse. Sie haben ja auch die bekannten Wörterbücher zu kontroversen Begriffen (Stötzel/Wengeler 1995) gemacht usw. und haben anhand dieser Schlüsselwörter versucht die diesbezüglichen Diskurse aufzudröseln. Ansonsten könnte ich jetzt zur Gegenwart eigentlich nichts hinzufügen, denn ich würde das auch so sehen, dass es eine Diversifizierung gibt, eine Konzentration auf bestimmte Themen (Liebert 2015). Nicht *sex and crime*, sondern Bioethik und alles was zur Zeit öffentlich debattiert wird, also zur *hot debate* gehört, wird sozusagen in den Fokus genom-

men und all das, was dagegen alltäglich ist, fällt so ein bisschen unter den Tisch. Wie gesagt, was bei unserem Netzwerk »Sprache und Wissen«[9] versucht wird, aber nicht so richtig funktioniert, ist die Verbindung von Gesprächsanalyse und Diskurs, aber das ist gar nicht so einfach. Eigentlich würde man ja sagen: Also toll, da sind Leute, die haben ein ethnomethodologisches Herangehen und die können Gespräche analysieren, da gibt es Leute, die können große Medientexte analysieren, die könnten ja jetzt versuchen die Verbindung herzustellen. Da gab es auch schon verschiedene Ansätze von Tagungen, aber irgendwo ist da noch so ein Abschottungsmechanismus vorhanden, der gar nicht so einfach aufzuheben ist. Also ich weiß nicht wie du das siehst, aber die Verbindung Diskurs- und Gesprächsanalyse liegt irgendwo auf der Hand, aber konkrete praktische Umsetzung findet im Moment aus meiner Sicht noch nicht statt.

Jürgen Spitzmüller
Wobei man da auch sagen muss, dass gerade die Kritische Diskursanalyse das zum Teil schon sehr lange macht. Man kann vielen Proponenten der CDA zwar zu Recht vorwerfen, dass die Arbeiten häufig nicht viel mehr tun, als ein bestimmtes Weltverständnis selbst zu bestätigen, und dass sie damit gerade ihren eigenen Anspruch, sich über ihre eigenen diskursiven Voraussetzungen Rechenschaft zu geben, nicht einlösen. Aber die CDA, sowohl die englische als auch die Wiener und Duisburger, hat sich immer schon sehr viel weniger auf Textdaten beschränkt, die haben als Datenmaterial beispielsweise immer schon auch Interviews mit einbezogen, Gesprächstranskriptionen und so weiter. Davon hätte man lernen können. Die CDA hat kein Abgrenzungsproblem mit der *discourse analysis*.

Wolf-Andreas Liebert
Aber du würdest es doch auch so sehen, dass es neben der Diskursanalyse noch eine Gesprächsanalyse gibt, oder?

Jürgen Spitzmüller
Ja schon! Nur hat sich die CDA nicht, wie es die Diskurssemantik gemacht hat, als reine Textlinguistik konstituiert und von jeder Form der Analyse gesprochener Sprache (besonders der, die sich auch *Diskursanalyse* nennt) radikal abzugrenzen versucht.

Reiner Keller
Also – insoweit ich das verstanden habe – gibt es ja schon einen Konflikt oder eine Diskussion zwischen den Hardlinern der Konversationsanalyse auf der einen Seite und denen, die sozusagen ein erweitertes Diskursverständnis haben und Kontexte mit einbeziehen. Die werfen sich also dann wechselseitig vor, den falschen Ansatz zu verfolgen: zu wenig präzise zu sein oder Kontexte zu ignorieren.

Jürgen Spitzmüller
Ja, Konflikte gibt es schon.

---

9   Siehe dazu www.sprache-und-wissen.de, Koordination des Netzwerks: Ekkehard Felder.

Wolf-Andreas Liebert
Also die Öffnung findet jetzt statt. Du hast es ja vorhin schon eingebracht. Also das Stichwort »Multi-Modalität« bedeutet ja genau, dass ich von der konkreten Situation ausgehend Kontexte mit einbeziehe. Andere Dinge, was eben noch nicht passiert, sind, dass ein Konversationsanalytiker und ein Textanalytiker der korpusorientiert vorgeht, etwas zusammen machen. Das ist eigentlich immer noch kaum möglich.

Reiner Keller
Darf ich dazu noch einmal etwas nachfragen? Etwas was ich jetzt beobachtet habe, ist, dass die Jägersche Kritische Diskursanalyse sich seit den 1990ern Jahren in der methodischen Umsetzung ziemlich verändert; das merkt man ganz deutlich, wenn man die verschiedenen Ausgaben des Buches (z. B. Jäger 1993; Jäger 1999; Jäger 2015) miteinander vergleicht. Mein Eindruck war, die Entwicklung ging immer stärker weg vom klassischen linguistischen Vokabular, auch in der ganzen Analysepraxis gab es aus meiner Sicht eine immer stärkere Tendenz zu einer Versozialwissenschaftlichung, bis hin zur »Neuerfindung« der qualitativen Sozialforschung. Jetzt geht man hin und befragt die Leute in Köln und fragt nach »Diesem und Jenem«. Und so rekonstruiert man dann und entwickelt eigentlich vorhandene Methoden neu, die nun aber eben nicht mehr so stark sprachorientiert sind. Ein anderer Eindruck, da würde ich noch gerne wissen, wie ihr das seht. Ich hatte vorhin schon das Thema Sprache und Wissen angesprochen. So ein Stück weit ist es in der linguistischen Diskursforschung so, dass die linguistischen Fachbegriffe eine gewisse Rolle spielen, aber es gibt jetzt auch dort die Entwicklung mit dem Frame-Ansatz (Ziem 2008b; Busse 2012). Ist das eigentlich ein Versuch, stärker in die Wissensebene einzudringen und sich von den linguistischen Fachbegriffen zu lösen? Was bedeutet das eigentlich, oder sehe ich das falsch?

Jürgen Spitzmüller
Der Wissensansatz ist, zumindest bei Busse, schon von Anfang an wichtig. Die aktuelle Entwicklung steht in der Tradition der kognitiven Wende, die für die Linguistik insgesamt sehr wichtig war. An Lakoffs und Johnsons (1980) Metaphernkonzept hat die Diskurslinguistik schon sehr früh angedockt. Wissen ist in der Linguistik ab den 1980er-Jahren grundsätzlich ganz wichtig geworden. Allerdings primär im Sinne eines individuellen, kognitiven Wissens. Die Diskursforschung, die sich ja primär für kollektives Wissen interessiert, hat sich früh daran angeschlossen. Von daher markiert der *Frame-Ansatz* nicht unbedingt eine wirklich neue Entwicklung.

Wolf-Andreas Liebert
Doch!

Jürgen Spitzmüller
Das *Frame*-Konzept als solches rückt aktuell stark in den Vordergrund, kein Zweifel, aber die kognitive Orientierung ist zumindest in der Diskurssemantik immer schon vorhanden. Dass *Frames* zum Hauptgegenstand diskurstheoretischer Arbeiten werden – wie bei Alexander Ziem (2008b) –, das ist neu. Die Denkrichtung jedoch, aus der dieses *Frame-*

Konzept kommt, die kognitive Linguistik, hat aber schon lange eine Rolle in der Diskurssemantik gespielt.

Wolf-Andreas Liebert
Also bei Busse ist ganz klar, der hat ja den Begriff in der Epistemologie eingeführt und das ist nach wie vor ein gut brauchbarer Begriff. Ich denke aber, dass der noch weiter ausgearbeitet werden müsste. Das andere, was meiner Meinung nach neu ist, ist dieser *Frame*-Begriff, der momentan in der jetzigen Diskussion in den Vordergrund gerückt wird. Vor allem von Dietrich Busse selber auf der IDS-Tagung[10] vor zwei oder drei Jahren, wo er den Vortrag über Kultur und Mentalität gemacht hat. Und von Alexander Ziem, der in Düsseldorf promoviert hat und auch vom Wissensnetzwerk, wo dieser *Frame*-Begriff eine ganz wichtige Rolle spielt. Da sind wir in einer Debatte – die finde ich eigentlich recht kritisch, weil ich glaube, dass man sich mit diesem *Frame*-Begriff unheimlich viel an Voraussetzungen einkauft, die man nicht so ganz überschauen kann. Wir hatten genau ab den 1980er Jahren diese kognitive, ich will nicht immer gleich Wende sagen, aber diesen Einfluss dieser kognitiven Linguistik im Umfeld von Lakoff, die sich von Chomsky abgrenzend formiert hat. Mit Schulbildung, eigener Gesellschaft, eigenen Tagungen, international alles vernetzt, ein riesiger Laden ist das. Mittlerweile hat die kognitive Linguistik im Prinzip ein mehr oder weniger realistisches Wirklichkeitsmodell unter den Vorzeichen der Kognition eingebracht. Das heißt, du hast die Welt jetzt nicht mehr direkt wahrgenommen, sondern du hast bestimmte kognitive Modelle, die du sozusagen im Kopf hast und bis heute versucht Lakoff eine »neurale Theorie« dafür zu schreiben, die bis jetzt »noch nicht vollständig« vorliegt. Und das ist eine bestimmte Grundannahme, die da mit einfließt und die läuft dem Diskursgedanken eigentlich zuwider, weil alle Formen der Einschreibung, Umschreibung usw. nicht vorgesehen sind. Deshalb finde ich es momentan ein bisschen problematisch, wenn man diesen *Frame*-Begriff so in den Vordergrund rückt, ohne dass man die ganzen mitgebrachten Voraussetzungen mit bedenkt.

Also ich denke schon, dass es interessant ist, bestimmte Begriffe für Formationen zu finden, aber sie müssten letztendlich diskursive Begriffe sein, um Wissensbestände ausformulieren zu können. Das muss zum Beispiel das sein, was du vorhin gesagt hast, Achim, dass wenn man vom »Selbst« spricht, die Anderen im Diskurs schon eingeschrieben sind. So einen Wissensbegriff bräuchte man auch und, wenn man die *Frame*-Analysen liest, dann sind das einfach bestimmte Kategorien, Slot, *Filler*, ganz einfache Sachen, die dann verwendet werden, die ich momentan noch etwas problematisch finde. Selbst bei dem Metaphernbegriff, den ich ja selber schon bis zum Umfallen benutzt habe, ist es gar nicht so einfach zu sagen, wenn ich eine Metapher habe, einen Herkunftsbereich, einen Zielbereich, also diese ganz einfachen Sachen, dass das auch Analysekategorien sind, die ich ja auch erst einmal anlege. Dass ich als Interpret eines Diskurses im Prinzip diese Metaphern auch unterstelle, also auch ein bestimmtes System unterstelle, demnach auch eine ganz einfache rhetorische Analyse mache. Also das ist eigentlich noch nicht ausformuliert, im Sinne von Sprache und Wissen, und ist meines Erachtens momentan noch eine offene Diskussion. Hier gibt es eine Position, die sozusagen unterstreicht: dieser

---

10 Tagung des Instituts für Deutsche Sprache, Mannheim.

Frame-Begriff ist ein Weg, den wir gehen können und den viele gehen, und den wir als Diskursanalytiker auch gehen können, weil es nachvollziehbar und auch praktisch ist. Du kannst *frames* analysieren und Metaphern und zack zack zack! Und du kannst wirklich viel damit machen! Aber vom Foucaultschen Diskursbegriff her gesehen, und das wäre die andere Position, kann das noch nicht das Ende sein.

Reiner Keller
Ich finde es ganz interessant, weil es in der Soziologie Ende der 1980er Jahre eine kleine Diskussion über diesen kognitiven *Frame*-Ansatz gab, der aus dieser Tradition kommt, wo wir diese Slots und kleinen Scripts und diese ganzen Sachen haben, die ist aber in Deutschland nicht weiter angekommen. Ich habe auch den Eindruck, dass die sich in eine Richtung weiter entwickelt haben, die interpretativer wurde oder immer offener, bspw. in der kognitiven Anthropologie (D'Andrade 1995; Holland/Quinn 1987). Aber was gleichzeitig in der Diskursforschung stattfand, diese symbolisch-interaktionistischen Autoren, wo ich gleich zu Anfang sagte, dass die öffentliche Debatten untersucht haben, die hatten auch von frames gesprochen (z. B. Gamson/Modigliani 1988). Sie haben sich auf den Frame-Begriff bei Goffman (1980), also die Rahmen-Analyse bezogen, aber im Grunde haben sie den Framebegriff benutzt und gesagt: Es gibt bestimmte Deutungen, die sind so und so strukturiert, beispielsweise die Natur ist ein Uhrwerk. Immer wenn dann die beiden Begriffe Natur und Mechanik auftauchten, dann hieß es, da ist dieser *frame* im Text vorhanden und der evoziert beim Leser dieses Wissen und diesen *frame* und im Diskurs rekonstruiert man immer solche *frames* und zählt dann aus, wie oft die in Texten vorkommen. Ich weiß auch gar nicht wie das weitergegangen ist. Jürgen Gerhards und Kollegen (Gerhards/Neidhart/Rucht 1998) sowie daran anschließende Arbeiten machen noch hin und wieder solche Sachen, aber die haben diesen *Frame*-Begriff nicht mehr so sehr im Vordergrund. Das wäre interessant, wenn da jetzt was anderes passieren würde oder, das wäre die Alternative, dass sich die Diskussion da in ähnlicher Weise wiederholt.

Willy Viehöver
Wenn ich daran anschließen darf. Bei der letzten Tagung des Methodennetzwerks von Angermüller, Ziem und anderen in Wuppertal hat Alexander Ziem es auch noch mal in diese Richtung gehend erläutert. Da haben beide genau diesen *Frame*-Ansatz nochmal stark gemacht und sind aber nachher wieder zurückgerudert, weil dann sagten sie immer, sie meinten keine mentalen kognitiven *frames*, sondern sozio-kognitive. Ich hab mich dann gefragt, was dann daran neu ist. Ich sehe da auch eine gewisse Gefahr, denn der Begriff des Kognitiven läuft auf eine Engführung des Diskurskonzepts hinaus. Nimmt man Metaphern zum Beispiel: Wenn ich in politischen Diskursen etwa den Begriff »Ratten« verwende, dann hat dieser Begriff nicht nur die eben benannte kognitive Dimension, sondern sehr emotionale Wirkungen beim Rezipienten, und da würde ich dann schon eher einen Rückschritt sehen, und mir ist dann auch die Begrifflichkeit des frames nicht mehr ganz klar, wenn unklar wird, wo diese Formkategorien genau zu verorten sind: in Texten, mental oder sonst wo. Wenn ich dann sofort wieder höre, ja wir meinen sozio-kognitive frames, gehen also wieder weg vom Individuum und dessen Kognitio-

nen, hin zu einer übersubjektiven sozialen Dimension, wo der *Frame*-Begriff dann doch eher vielleicht besser wieder im Diskursbegriff aufgehoben ist. Das ist dann auch wieder eine der vielen Situationen, wo ich dann wieder eher den Eindruck hätte, dass das, was im Moment in Deutschland passiert, eher wieder ein Rückschritt ist, oder auf jeden Fall nicht viel Neues gegenüber dem, was du, Reiner, da eben gesagt hast, was in den 1970er und 1980er Jahren produziert worden ist. Aber kann auch sein, dass ich da von gewissen Debatten etwas nicht mitbekommen habe.

Achim Landwehr
Nur weil es gerade noch dazu passt. Mehr als ein Bedenken kann das jetzt nicht sein, weil ich in den Diskussionen nicht tief genug drin stecke, aber als Düsseldorfer kommt man natürlich nicht mehr an *frame analysis* und allem möglichem vorbei. Weil die ja auch gerade in einem SFB an diesem Thema arbeiten, denke ich, hat das ja auch wieder eine ganz ordentliche wissenschaftspolitische Komponente. Aber eben auch weil ich mich mal mit Alexander Ziem darüber unterhalten habe. Was ich immer so ein bisschen problematisch dabei fand – und ich weiß nicht, ob der Eindruck stimmt –, dass damit auch immer wieder so eine gewisse *Enthistorisierung* einhergeht. Diese *frames*, die sind einfach da. Gerade das, was ja auch Diskursbegriffe leisten sollen, das wird darin eben nicht mehr gemacht. Nämlich die Frage zu beantworten: Wo sind die Daten, und wo kommen die Daten her, und wo lässt sich das zumindest in einer kurzfristigen historischen Perspektive einigermaßen verorten? Gerade Alexander Ziem (2008a) hat sich mit Heuschrecken-Debatten rumgeschlagen. Er hat dann geschaut, wo das vorkommt und wo es in der Geschichte auftaucht, und genau das hätte er dann natürlich nicht mehr gemacht.

Jürgen Spitzmüller
Andreas hat das zentrale Problem vorhin angesprochen. Das Konzept kommt aus einer kognitiven Tradition, die zunächst einmal erklären wollte, wie wir überhaupt verstehen können, unabhängig von diskursiven Konstellationen: Wie kommt es, dass wir unterspezifizierte Informationen verstehen können. Natürlich ist es heikel, wenn man versucht, ein Konzept, das in einer subjektivistischen, individualistischen Tradition steht, die die kognitiven Fähigkeiten des Einzelsprechers in den Mittelpunkt stellt, auf die Diskurslinguistik zu übertragen versucht. Ich glaube, man kann das schon machen, aber dann ist es nicht mehr das gleiche Konzept, und ob man die Methoden mitimportieren kann, wäre zu prüfen. Auf der anderen Seite liegt immer noch ein Feld brach, das die Konversationsanalyse schon lange bearbeitet, nämlich die interpretativ-soziolinguistischen Theorien, die zu erklären versuchen, wie Bedeutung aktiv konstituiert wird, die Kontextualisierungstheorie zum Beispiel. Auch diese Theorien sind in einem anderen Zusammenhang entwickelt worden, sie ermöglichen aber vielleicht eine Perspektive auf den Diskurs, die noch unterbelichtet ist. Vor allem betonen sie die Prozesshaftigkeit und zwingen uns, Diskurse als interaktive, dynamische Phänomene zu betrachten. Da können wir meines Erachtens von der Gesprächsanalyse am meisten lernen.

Wolf-Andreas Liebert

Das trifft meines Erachtens auf die Germanistik zu. Das würde ich auch so sagen. Wenn man die Gespräche mit einbezieht, dann wird man sicher diese Verfahren, die da entwickelt worden sind, hinzuziehen müssen. Ich denke, das wäre unheimlich gut anschlussfähig bei der Textlinguistik, von der Hermeneutik und der wissenssoziologischen Diskursanalyse her, das wäre ein Punkt, wo ich sagen würde, das würde sich da ganz gut zusammen entwickeln. Vielleicht kurz, weil du das angesprochen hast, Achim. Also das ist genau das Problem, dass ich das quasi mit importiere. Und ich sozusagen zu schnell den *frame* sehe und nicht mehr die Erscheinung sehe oder die *Äußerung*, deshalb würde ich beim Holzfällen sagen: »Kein Holzfällen ist gleich«. Dass muss der erste Schritt sein. Im zweiten Schritt kann ich generalisieren und Typen bilden und sagen: Okay, unter dem Gesichtspunkt hab ich einen Typ, da sind die alle gleich und in einem anderen Fall bringt mir das nichts. Aber ich sehe niemals den Typ oder die Aussage. Ich sehe nur die Äußerung und ich sehe auch niemals den *frame*. Ich kann den *frame* von mir aus auch als Ordnungsbegriff nehmen, um irgendetwas zu ordnen. Aber die Gefahr ist doch, dass der *frame* der »Heuschrecke« auf den *frame* »Wirtschaftsunternehmen« oder sonstiges »übertragen« wird. Das sehe ich gar nicht! Da sind irgendwelche Leute, ich habe Texte, und nur in bestimmten Situationen wird das gemacht. Und dieser Schritt muss eben vorher kommen. Und dann gibt es immer noch einen komplexen Kontext, der berücksichtigt werden muss.

Werner Schneider

Wir haben in der Soziologie – und ich skizziere hier jetzt eigentlich nicht das Feld insgesamt, sondern nur das, was mich interessieren würde – immer noch Bereiche, wo ich sehe, dass da eigentlich noch nicht wirklich was gemacht worden ist. Was meines Erachtens immer noch aussteht, ist eine systematische Aufarbeitung von Goffman hier und Diskursperspektive dort – also anders als in dem genannten »Frame-Ansatz«, und zwar mit Fokus auf der Ebene der Praktiken. D.h. ich fände es im Hinblick auf Goffman (1980) und die *frame analysis* spannend, genauer hinzugucken, ob man das eine – Diskurs – mit dem anderen – Wissen (Rahmen), Darstellungspraxis und Identität, Selbst bei Goffman – in Bezug setzen kann. Was diese ganzen Debatten über die Häufigkeit der Verwendung des *Frame*-Begriffs anbelangt, kann ich das so richtig nicht sehen, dass da eine umfassende Auseinandersetzung der Denktraditionen bis hin zu Goffman stattgefunden hat. Das ist für mich ein Desiderat und das gleiche würde auch, wenn ich jetzt bei Goffman bleibe, die ganzen Debatten über das unternehmerische Selbst, Gouvermentalität, Subjektivierung etc. (vgl. etwa Bröckling 2007), so in diesem Diskursfeld, betreffen. Wir haben in der Soziologie Klassiker, die sich mit der Frage von Subjektivität und Identität und Praxis umfassend auseinandergesetzt haben, ohne eine Meadsche Engführung auf dieses I und Me zu reproduzieren (Mead 1973), und gerade Goffman würde aus meiner Sicht für eine mikroanalytisch ausgerichtete Analyse von Subjektivierung unter Diskursperspektive einiges leisten können an Hinweisen, theoretisch wie methodologisch. Insgesamt gilt meines Erachtens für die Soziologie vieles von dem, was schon gesagt wurde, z. B. dass sich das Diskurskonzept auf der Ebene von Qualifikationsschriften mittlerweile etabliert hat. Aber Diskursanalyse zu betreiben ist auch immer noch eine Position, die noch in der Gefahr steht, *noch* nicht richtig ernst genommen zu werden oder eben schon wieder als modisch diskreditiert zu werden. Jo Reichertz hat im Sommer 2009 beim Berliner Methodentreffen im gesamten Angebotsstrauß der qualitativen Forschungsansätze die Diskursanalyse als auf dem absteigenden Ast eingeordnet, ganz nach dem Motto: deren Zeit ist vorbei, und man muss ihr nicht nachweinen. Das hat er zwar so nicht wörtlich gesagt, aber so habe ich es zumindest herausgehört!

Reiner Keller
Ich würde für einen Überblick sagen, es gibt so ein paar Grundprobleme. Zum einen, dass Diskursanalyse eher, wenn überhaupt, nur im Methodenbuch auftaucht. »Einführung in die Methode« heißt es und dann taucht da irgendwo Diskursanalyse auf und dann denken die Leute, es sei eine Methode. Diese Idee einer Forschungsperspektive, die unterschiedlich methodisch umgesetzt werden kann, das ist nach wie vor eine wichtige Arbeit, das zu vermitteln. Doch das wird leider nach wie vor nicht richtig rezipiert. Dann würde ich sagen, es gibt ein paar unterschiedliche Ansätze, die aber insgesamt keinen breiten Raum einnehmen. Relativ breit etabliert ist sicher die wissenssoziologische Diskursanalyse. Es gab diese Gruppe um Hannelore Bublitz (Bublitz/Bührmann/Hanke/Seier 1999), die sich stärker an Foucault orientiert haben. Rainer Diaz-Bone (2009) hat eine »Foucault und Bourdieu« (oder umgekehrt) Kombination gemacht. Dann gibt es Jürgen Gerhards und seine Leute (Gerhards/Neidhardt/Rucht 1998), mit ihren eher inhaltsanalytischen Untersuchungen öffentlicher Debatten, wie Abtreibung oder über Nanotechnologie usw., ganz in dieser Tradition einer quantifizierten *Frame*-Analyse. Einige in den 1990er Jahren entstandene soziologische Ansätze, die wir in unseren Handbüchern Anfang der 2000er Jahre aufgenommen haben, sind in der Folge nicht weitergeführt worden (vgl. Keller/Hirseland/Schneider/Viehöver 2010; Keller/Hirseland/Schneider/Viehöver 2011). Bspw. hatte Michael Schwab-Trapp (2011) mit systematischeren Ausarbeitungen begonnen, aber das wurde durch seinen frühen Tod einfach gestoppt. Es gibt dann im Nachwuchsnetzwerk also eine jüngere Generation, die zum Teil ähnliche Diskussionen führt, wie wir sie schon auf den Augsburger Tagungen Ende 1999/Anfang 2000 geführt haben, die damals schon interdisziplinär angelegt waren.[11] Johannes Angermüller ist zwar von der Disziplinherkunft auch Soziologe, orientiert sich aber primär an der Aussagelinguistik von Dominique Maingenau (2012) und vertritt dessen Ansatz oder eine irgendwie mehr oder weniger eigene Position. Auch gibt es nach wie vor eine gewisse Foucault-Orthodoxie sowie ein paar Positionen, die Diskussionen über Methodologie ablehnen.

Werner Schneider
In wie weit würdest du das als schon verfestigte Schulen begreifen?

---

11 Vgl. dazu die Tagungsprogramme unter www.uni-augsburg.de/tagungendiskurs

Reiner Keller
Nein, das nicht, es sind eher einzelne Positionen. Es gibt dann eine Diskussion zwischen rekonstruktiv versus dekonstruktiv, post-strukturalistisch »inspiriert«. Die neigen also viel stärker dazu zu sagen: »Es darf nicht darum gehen einen Diskurs zu rekonstruieren, du musst ihn dekonstruieren.« Es gibt die Wissenssoziologische Diskursanalyse, das ist mein Vorschlag der schon vielfach aufgegriffen wird. Das sind jetzt Arbeiten, das geht von Analysen des Satanismus über städtische Images und Gesundheitswesen und Gesundheitssemantiken bis zu Familiendebatten in den USA, das ist also relativ breit, und auch Fernsehanalysen und von Textanalyse bis hin zur Analyse auf der Ebene von Gesprächen, von Diskussionen. [12]

Ein anderer Punkt, es gibt das Phänomen, wie du, Willy, es mit den Stammzellen benannt hattest, Klima zum Beispiel. Deine Analyse (Viehöver 1997) war eine der ersten über Klimadiskurse, aber seitdem sind zahlreiche weitere Arbeiten zur Klimadebatte herausgekommen. Es werden immer aus einer etwas anderen Diskursperspektive wieder Klimauntersuchungen gemacht. Und wieder Klima. Und wieder. Es gibt eigentlich wenige Versuche, das schon Gewusste zu rekapitulieren, wie auf der Tagung bei dir, Achim, mit dem Wandel (Landwehr 2010), da könnte man doch fragen, was wären denn allgemeinere Effekte, kann man nicht mal etwas zusammentragen? Und auch mal versuchen, dort etwas mehr zu gewinnen, als nur eine Analyse eines Wissensgebietes oder einer öffentlichen Themendebatte. Das findet leider bislang nicht statt: jede Untersuchung geht mehr oder weniger zurück auf null. Es wäre aber, wie ich finde, inzwischen ziemlich notwendig, auch zu bilanzieren, etwa all das, was über Umwelt- und Risikodiskurse schon bekannt ist. Aber anscheinend wird lieber frisch und frei aufs Neue geforscht.

Wolf-Andreas Liebert
Ich habe da noch eine Frage, vielleicht auch an dich Achim. Und zwar Philipp Sarasin, wie würdet ihr denn den positionieren?

Achim Landwehr
Also ihn zu positionieren finde ich ein bisschen schwierig. Wichtig finde ich ihn alleine jedoch schon deswegen, weil er an prominenten Orten publiziert und auch einfach deswegen, weil er wirklich sehr gute Sachen macht, weil er sich sehr gut liest und auch weil er beides macht. Er versucht es theoretisch zu fundieren und empirisch umzusetzen und beides mit recht durchschlagendem publizistischem Erfolg. Ich würde denken, so ähnlich wie du das beschrieben hast, es gibt ein paar Leute, die sich recht explizit zu Diskurs, zur Diskursgeschichte, historischen Diskursanalyse äußern. Und da ist er sicherlich einer von denen, wenn nicht sogar der Wichtigste. Inzwischen macht er auch sehr viel Foucault-Exegese, also tatsächlich eher wieder zurück: Foucaults Anfänge und der Frage nachgehend, was wir damit noch machen und was wir damit wieder anfangen können. Aber er ist vor allem jemand, jetzt mal ganz unabhängig von inhaltlichen Schwerpunkten, der ganz erheblich dafür gesorgt hat, dass alles was mit Diskurs und Foucault zusam-

---

12 Vgl. etwa die Fallstudien in Keller/Truschkat (2012), Keller/Hornidge/Schünemann (2018), sowie Bosančić/Keller (2016; 2019).

menhängt, geschichtswissenschaftlich salonfähig wurde. Sagen wir mal so, wenn er das zehn Jahre früher gemacht hätte, wäre es für ihn karrieretechnisch sicherlich nicht gut ausgegangen. Es gibt auch andere. Dinges (1994; 1996; 2005) zum Beispiel, der hat das in den späten 1980ern auch gemacht. Der hat allerdings auch in Frankreich studiert und sich mit französischen Themen beschäftigt und viel Foucault gelesen und auch viel zum Gefängnis gearbeitet. Bei ihm muss man sagen, ist das karrieretechnisch in die Hose gegangen. Also nicht, dass er jetzt aus dem System rausgekickt worden wäre, aber er ist jetzt in einem kleinen Forschungsinstitut in Stuttgart und ist dort wohl auch ganz zufrieden, aber das hat sich für ihn nicht bezahlt gemacht. Er hat sich nämlich mit den Großen angelegt und ist auch regelmäßig eingeladen worden zum »Vorsingen«, aber hat den Sprung dann nicht mehr geschafft.

Werner Schneider
Was ich noch gerne ergänzen würde, mit Blick auf die Soziologie, ob es bei anderen Disziplinen ähnlich ist. Ich glaube es ist nicht ähnlich, so habe ich das jedenfalls vorhin verstanden. Wir haben, aus meiner Sicht, zwei Probleme. Das erste ist meiner Meinung nach das geringere Problem. Du hast schon angesprochen, Reiner, dass wir immer noch Diskursanalyse tatsächlich als stehenden Begriff vor allem im Vordergrund haben und der dann im schlimmsten Fall im Bereich der Methodenbücher seinen Platz findet. Das ist sicherlich ein ernstes Problem, aber ich glaube dennoch, dass es sich um ein kleineres Problem im Gegensatz zum zweiten handelt. Wenn mein Eindruck stimmt, dann würde ich jetzt mal behaupten, dass wir in der Soziologielandschaft eigentlich keine wirklich umfassende Theoriedebatte zur Diskursforschung haben, und zwar auch auf personell hohem Level. Ich will damit sagen, wir haben diese vielen Qualifikationsarbeiten und auch da ist nicht nur Empirie drin, sondern zum Teil auch Theorie. Da wird dann versucht, Foucault mit Bourdieu zusammen zu bringen, oder mal im Rahmen eines Forschungsprojekts, dann wird auch ein bisschen Goffman gemacht und solche Geschichten. Aber es gibt eigentlich keine dezidierten Theoriedebatten, die dann irgendwo Grundsatzdebatten werden würden, die gibt es in der Soziologie sowieso nicht mehr, aber auch nicht irgendwo in der soziologischen Diskursforschung. Es läuft dann nämlich, ich weiß gar nicht wieso, auf der Ebene von diesen Qualifikationsschriften, und dann bringt man bspw. eben mal schnell Foucault und Bourdieu zusammen, wenn es denn grade opportun ist und vielleicht der Betreuer das haben will. Doch daraus geht nicht wirklich eine theoretische Weiterentwicklung hervor. Insofern würde ich jetzt für die Soziologie sagen, stagniert eigentlich die Theoriedebatte insgesamt sowieso, aber sie stagniert für mich erkennbar und deutlich auch im Bereich von Diskursforschung. Ich weiß nicht, ob ihr das auch so sehen würdet, aber das ist doch eigentlich fast das größere Defizit.

Willy Viehöver
Also so wie du das jetzt gesagt hast, klingt das jetzt so, dass auf der einen Seite Diskursforschung noch nicht angekommen ist, auf der anderen Seite wird sie aber von Einigen – und Reichertz ist da durchaus ein prominenter Vertreter dieser Position – schon wieder verabschiedet. Insbesondere auch in Bereichen wie dem der Körpersoziologie, wo man erwarten würde, dass die Diskursanalyse etwas zu sagen hätte, kommen jetzt Au-

torinnen wie Gesa Lindemann (2005, S. 114f) etwa, die würde jetzt sagen, mit dem was Diskursanalyse macht, müsse man denken, die Welt sei von Engeln und nicht von verkörperten Menschen bevölkert. Sie hat jetzt, aus der Plessner Tradition kommend, versucht das Ganze auf eine sozialtheoretische Ebene zu heben, aber indem sie die Diskursanalyse/-forschung kritisiert. Darauf haben Diskursanalytiker nicht wirklich geantwortet.[13]

Dazu jetzt meine Frage: Wo wollen wir eigentlich mit der Diskursforschung ankommen? Das geht so ein bisschen in die Richtung, wie du, Werner, dann sagst: Trauen wir der Diskursanalyse, damit will ich jetzt nicht wieder auf die methodologische oder methodische Ebene heruntersteigen, ein sozialtheoretisches Potenzial zu? Du, Reiner, hast das Ziel in deiner Habilitation ein bisschen *anvisiert oder benannt*. Aber das scheint mir noch nicht angekommen zu sein. Auf der anderen Seite gibt es aber auch wieder Bewegungen wo gesagt wird, was du, Reiner, eben schon erwähntest, ich weiß ja nicht was Jo Reichertz dir damals geantwortet hat, du wolltest ihn doch zu mindestens fragen, was er damit meint und woran er das genau festmacht. Aber es gibt ja verschiedene Bewegungen, wo dann noch gesagt wird, Diskursanalyse, das kann höchstens die Hälfte der Sache sein. Die Körpersoziologie, die Robert Gugutzer (2004) oder Gesa Lindemann (2005) und viele andere vertreten, die sagen dann, Diskurse, das sind Perspektiven, wo beschrieben wird, wie die Gesellschaft irgendwelche Subjekte formiert, aber umgekehrt, vom aktiven Subjekt ausgehend hat sie (die Diskursanalyse) dann wenig zu sagen, als lägen die Aktivitäten verkörperter Subjekte jenseits des Diskurses und das sind wieder Sachen, die mich dann auch beunruhigen und wo wir aber auch noch nicht hinreichend auf die Kritiken reagiert haben. Andreas hat vorhin irgendwann gesagt: Ich muss mir das, jetzt übertrieben gesagt, nicht antun, dass wir uns als Sprachwissenschaftler und meinetwegen auch als Historiker ein paar Probleme einkaufen, die ihr Soziologen habt, aber wir haben diese Probleme nun einmal tatsächlich. Ich sehe das jedenfalls als virulente Probleme und wir müssen uns damit auseinandersetzen und ein bisschen erwarte ich mir heute Nachtmittag, nochmal in der Debatte wo es um Subjekte usw. geht, dass es vielleicht nochmal deutlicher aufscheint. Es ist für mich jedenfalls jetzt die Frage noch recht offen geblieben, wo wir das mit den nichtdiskursiven Praktiken haben ein bisschen einschlafen lassen, denn so hundertprozentig bin ich davon noch nicht überzeugt und wir reden da auch ein bisschen aneinander vorbei.

Reiner Keller
Ja, ich stimme euch zu, diese Theoriediskussion findet eigentlich nicht wirklich statt. Es gibt auch die Schulentraditionen, die machen so ihr Ding und man bezieht sich nicht unbedingt auf andere Autoren und das hat auch oft einfache Gründe, damit man überhaupt vorankommt, etwas zu schreiben usw. Das muss man auch sehen. Es ist aber auch so, dass in der Soziologie wir jetzt die Generation sind, die versucht hat so etwas wie eine gewisse Präsenz zu zeigen und eine Struktur in diese Diskursdebatten hereinzubringen, etwa über die erwähnten Tagungen und die Handbücher. Bei der ersten Auflagen dieser Hand-

---

13 In ihren aktuellen Arbeiten zur »Strukturnotwendige[n] Kritik« räumt Lindemann (2018) allerdings Diskursen einen wichtigen Stellenwert insbesondere für die Prozessierung von Legitimationen ein .

bücher hieß es noch Ende der 1990er Jahre beim damaligen Westdeutschen Verlagslektor: nein, dafür besteht überhaupt kein Bedarf. Glücklicherweise haben das die Leute von Leske & Budrich anders gesehen. Es gibt jetzt nicht welche die, sagen wir mal 10 oder 15 Jahre länger im Betrieb sind, die sich dazu positionieren können. Aus unserer Wissenschaftlergeneration besteht die Gruppe aus den Leuten, die ich genannt habe und noch ein paar anderen, die sind auch relativ eng zusammen. Dann gibt es Leute, die jetzt promovieren und für die sieht das schon ganz anders aus. Die beziehen sich da relativ leicht drauf, aber es gibt keine starke diskurstheoretische Debatte in der Soziologie.

Werner Schneider
Ja, aber wenn man jetzt z. B. bei den Älteren schaut, da ist das Thema bzw. diese ganze Diskursperspektive nicht wirklich angekommen. Das haben wir ja im SFB 536 »Reflexive Modernisierung«[14] rauf und runter erfahren müssen. Das haben wir bei unserer abgelehnten Forschergruppe[15] auch wieder gesehen, die ja wesentlich auf den Diskursbegriff ausgerichtet war. Vielleicht darf man da auch gar nicht zu viel erwarten und vielleicht muss man auch sagen, dass das dann eben zwei Generationen dauert, bis es so weit ist.

Jürgen Spitzmüller
Vielleicht ist es sogar besser für die Entwicklung. Wenn es gleich überhitzte Debatten gibt, ist das auch nicht immer hilfreich.

---

14 Laufzeit von Juni 1999 bis Juni 2009; http://gepris.dfg.de/gepris/projekt/5483766
15 »Optimierung und Technisierung der menschlichen »Natur««, Antrag an die DFG, November 2008

5 Methodologie und Methoden

Achim Landwehr
Die Methodenfrage ist ja schon häufiger angeklungen, für mich ist das aber noch nicht abschließend diskutiert, und das ist auch disziplinübergreifend durchaus relevant. So wie ihr das eben beschrieben habt – also du, Werner (Schneider) und auch du Reiner (Keller) – dass die Diskursanalyse in der Soziologie in die Methodenbücher abwandert und es keine theoretische Diskussion mehr gibt… Für die Historischen Wissenschaften sieht die Situation grundsätzlich deswegen auch anders aus, weil es solche Methodenhandbücher wie in der Soziologie nicht wirklich gibt. Methodisch halten sich die Historiker ohnehin zurück. Zumindest im Sinne expliziter Methoden; die gibt's, aber die spielen nicht so eine dominante Rolle wie in der Soziologie. Von daher ist die Diskussion, was den Diskurs angeht, sowieso eine andere. Das wird eher als eine Theoriediskussion angesehen und man muss, glaube ich, immer noch und immer wieder deutlich machen, dass das auch ein konkretes empirisches Vorgehen ist, und nicht ein mehr oder weniger abstraktes Wortgeklingel, das für die alltägliche Arbeit keine Relevanz hat. Aber ich glaube, der Niveauunterschied ist nicht mehr ganz so groß wie er einmal war. Das wurde eine ganze Zeit lang nur theoretisch diskutiert, und nach den Worten des zuvor schon zitierten Professors: »Ja, ja, ist ja ganz schön, lese ich auch gerne, aber ansonsten lese ich ja eigentlich Quellen, das hat also mit dem Rest meines Lebens und Arbeitens nichts zu tun.« Das waren häufig die Schwierigkeiten. Aber das wäre nur ein Aspekt, der andere ist dann ja tatsächlich die Frage, die wir vorhin schon angeschnitten haben: Gibt es Methoden, die für Diskursforschung relevant sind, oder ist im Prinzip alles möglich, man muss es nur passfähig machen?

Werner Schneider
Auch wieder die Fragen »Methoden und Methodologie« – du hast das ja vorhin auch angesprochen –, auch Hermeneutik als großes Thema; die Unhintergehbarkeit, dass immer Deutungsakte zu vollbringen sind, ob man will oder nicht. Da muss ich offen gestehen: Ich bin mir nicht sicher, ob es etwas bringt, diese ganze Grundsatzdebatte über Interpretative Analytik (z. B. Keller/Schneider/Viehöver 2015) immer wieder zu führen. Was will man dazu noch groß Neues sagen? Ich würde mir vielmehr wünschen, jedenfalls in der Soziologie, vor dem Hintergrund dieser Öffnung von Diskursanalyse, auch mit Blick auf den Dispositivbegriff, dass wir konkrete Methodenadaptionen diskutieren. So etwas wie biographische Interviews oder teilnehmende Beobachtung und viele weitere qualitative Verfahren sind mittlerweile methodisch machbar, einsetzbar in Projekten, in Qualifikationsarbeiten, ohne dass man ausgelacht wird, ohne dass man umfassende Begründungsarbeit leisten müsste, sofern die Methodik zur Fragestellung passt. Was aber, wenn man das Ganze unter einer Diskursperspektive machen will? Eine richtig konkrete Methodendiskussion sehe ich dazu nicht. Wenn man, um mal bei dem Beispiel zu bleiben, diskurstheoretisch fundierte Fragestellungen hat und sagt, dazu mache ich jetzt biographische In-

terviews oder teilnehmende Beobachtung im Feld. Was macht man dann ganz konkret? z. B. die Interview-Führung selbst? Da kann ich mich dann aus der entsprechenden Literatur zu biographischen Interviews noch kundig machen. Die »diskursorientierte« Anpassung muss dann gleichsam »freihändig« geleistet werden. Bei der Auswertung wird es dann auf jeden Fall kritisch, ich weiß jetzt nicht, wie präsent euch hier die Diskussion ist, aber wenn ich jetzt bei Fischer-Rosenthal und Rosenthal (1997) nachlese, kann ich das nicht eins zu eins an meine Daten anlegen und gleichzeitig sagen, was am Ende bei raus kommt, ist dann ein Ergebnis einer Diskursanalyse. Ähnliches könnte man für teilnehmende Beobachtungen und andere Verfahren formulieren. Eine solche »Methoden-Diskussion« sehe ich, wenn überhaupt, nur in ganz kleinen Ecken (z. B. zum Verhältnis von Diskursanalyse und Biographieforschug; vgl. Spies/Tuider 2017), die aber nicht sehr umfassend geführt wird.

Reiner Keller

Ich stimme dem zu. Also aus meiner Sicht gibt es einerseits Versuche, die sagen: es muss strenger kanonisiert werden. Man muss Kriterien wie klassisch »Validität« oder »Reliabilität« im Grunde übertragen, und wir brauchen eine enge Bestimmung dessen, was Diskursforschung ist und was keine ist. Das ist eine Diskussion, die auch ein Stück weit beim DiskursNetz mitschwingt, ein Handbuch und sogar ein Lexikon zu machen und sozusagen das ganze stärker zu festigen, im Sinne einer oder mehrerer etablierter »richtiger« Theorie- und Begriffsverwendungen sowie Vorgehensweisen, die von »falschen« Ansätzen zu reinigen sind (DiskursNetz 2014) – zumindest kann das so verstanden werden. Das würde ich sagen, ist die eine, strenge Position. Die vertritt, so wie ich das wahrnehme, vielleicht auch missverstehe, irgendwie auch Rainer Diaz-Bone, wenn auch ganz anders ausgerichtet. Auf der anderen Seite gibt es dann die ganz weichen Positionen, die stärker mit Foucault sagen, »na ja so wie das so konkret geht, na ja, man muss eben nach Uneindeutigkeiten und Brüchen usw. gucken«, also die mit ein paar Stichworten versuchen, das zu konzeptualisieren. Und es gibt eine mittlere Position, die würde ich jetzt vertreten, die sagt, man kann es nicht vollkommen intransparent lassen, aber es muss auch einen Raum für kreative Offenheit geben. Man kann es nicht in einer Weise konventionalisieren oder standardisieren, wie das die quantitative empirische Sozialforschung im Sinne eines Standardprogramms entwickelt. Dazu kommt es zu sehr auf Fragestellung und Gegenstand an, wie ich eben konkret vorgehe. Ich würde dann sagen, in der Soziologie hat man ein paar etablierte Strategien in der deutschsprachigen qualitativen und interpretativen Forschung, wie ich Texte analysieren kann, wenn ich Textdokumente nehme, und da sind manche eher und manche weniger geeignet. Die dokumentarische Methode der Interpretation von Ralf Bohnsack (Bohnsack 2008; Nohl 2006) z. B. bezieht Texte immer sehr stark auf den Aussagestandpunkt oder die soziale Situation der Sprechenden. Ich würde sagen, die ist nicht, bzw. weniger geeignet. Denn was hat man davon, wenn man bei einer Textanalyse dadurch herausbekommt, dass ein Journalist, der so und so schreibt, dem »linken Lager« zugehört. Das ist meiner Meinung nach eine unergiebige Sache. Deswegen denke ich, was geeignet ist, sind Strategien, wenn man im qualitativen Bereich bleibt, die Hilfestellungen geben, wie ich diese typischen Aussagen heraus bekomme, oder wie ich eine Behauptung darüber begründen kann. Da gibt es ein paar Vorgehensweisen, konkret etwa die Sequenzanalyse als Technik, die allerdings auch unterschiedlich benutzt wird. Das ist eine der Quali-Schienen, und ich mache dazu ein paar Vorschläge (Keller/Truschkat 2014). Und dann gibt es andere, die an Texte quantifiziert herangehen, also über Inhaltsanalysen, Kodierungen und Standardisierungen. Nach meinem Dafürhalten ist das natürlich alles insgesamt nicht eine spezifische Methode der Diskursanalyse, sondern es handelt sich um allgemeine Verfahren bei Textanalysen, als Teil von Diskursforschung. Ich kann, wenn ich soziologische Diskursforschung mache und damit mehr will, als nur etwas über Medientexte auszusagen, natürlich auf sehr viel zurückgreifen. Ich kann auf biographische Interviews, Experteninterviews etc. zurückgreifen, Beobachtungen machen, Sekundäranalysen oder Kontextanalysen heranziehen. Da gibt es ein sehr breites verfügbares Methodenspektrum in der Soziologie, was nicht diskursspezifisch ist. Es gibt allerdings eine andere Grundposition, die eher dekonstruktiv orientiert ist, und die versucht eigentlich nicht, so etwas wie Sinnkohärenz herauszuarbeiten, sondern Bruchlinien. Die setzt anders an und macht das zum Teil auch mit großen Datenmengen, dass man versucht, Verschiebungen nachzuvollziehen, oder man nimmt sich einen Text und sagt: »Der Autor fängt vorne so an und endet hinten so – das ist inkohärent.«

Werner Schneider
Ich hab eine direkte Nachfrage dazu, Reiner. Bei deinen vorhin skizzierten Positionen hast du meiner Meinung nach eine vergessen, die wir aber auch nicht weiter vertiefen müssen. Nämlich die Position, die sich dezidiert gegen jede Form von Methodendiskussion und Methodologisierung bei Diskursanalyse aktiv verwehrt, nach dem Motto: macht Empirie – jedenfalls das, was auch immer man unter Empirie verstehen mag. Und man könne dann erst hinterher sagen, was man gemacht hat, wenn man das überhaupt sagen kann. Aber ich glaube, das können wir vergessen, und darüber brauchen wir nicht zu reden. Aber wenn du jetzt so diese Herangehensweisen an den Text skizzierst, würde mich interessieren, was wir an gängigen Operationen, an Sequenzanalyse oder Kodieren oder Inhaltsanalyse insgesamt zur Hand haben. Es ist ja so, dass man anhand einer konkreten, exemplarischen Überlegung in der Diskursperspektive auf die Idee kommt: Ich suche nicht nach typischen Figuren oder nach Kohärenzfiguren, sondern ich könnte ja auch sagen, für mich *aus der* Diskursperspektive ist wichtig, im Text herauszufinden, jetzt eng an unserer bisherigen Diskussion angelehnt, was die Regeln sind, die das Gesagte hervorbringen. Die es überhaupt möglich machen, das, was gesagt wird oder gesagt werden soll, zu sagen – oder eben genau das Gegenteil: das, was bspw. nicht gesagt werden darf, zum Ausdruck kommen soll. Von diesem schlichten Gedanken aus kommt sofort eine Reihe von weiteren Aufgaben. Dass ich nämlich dann die Antwort auf diese Frage gebe, indem ich zum Beispiel auch diskutiere: Was ist das Ungesagte? Das Gesagte gibt immer Auskunft über das Ungesagte, und dann überlege ich, wieso ist das eine hier vorhanden, und was sagt es darüber aus, was hier wiederum nicht vorhanden ist. Dann kann ich sofort weiter gehen und mit Blick auf die Regeln fragen: Was meinen wir überhaupt mit Regeln? Soziologisch vereinfacht würde ich sagen, Regeln könnte man im Bezug auf die situativ gegebene normative Aussagenstruktur präzisieren, d. h.: was ist denn in dieser gegebenen Situation, in diesem Kontext das zu Sagende? Was ist das, was nicht zu sagen ist, und was sind dann die Sagbarkeitsräume, im Vergleich zu dem was offensichtlich nicht sagbar ist.

In welchen anderen Diskursen wäre das Nicht-Sagbare etwas, was sagbar wäre? Wenn ich mir diese Überlegungen vor Augen halte, dann bin ich mir nicht wirklich sicher, ob man weiter kommt, wenn man fordert, man solle nach dem Typischen suchen, und dazu kann man Kodieren oder Sequenzanalyse machen. Da denke ich eher an diese einfache diskursanalytische Heuristik: Nach was kann ich, warum und wozu in Texten jeweils suchen? Ich glaube, da tut man sich schwer, einfach jemandem zu sagen: »Wenn du weißt, wie man Sequenzanalyse macht, dann kommst du schon zu Ergebnissen.« Du müsstest dir eine völlig andere Technik der Sequenzanalyse anlegen, um zu solchen Sagbarkeitsräumen zu kommen.

Reiner Keller
Die Frage ist, ob man mit dem Begriff der Sagbarkeitsräume sehr viel anfangen kann. Wenn ich versuche, Regeln und Ressourcen der Diskursstrukturierung zu haben, also für mich liegt das immer auf mehreren Ebenen. Ich habe beispielsweise ein wissenschaftliches Buch, als ein Dokument eines Diskurses, da kann ich das im Hinblick auf unterschiedliche darin manifeste Regeln hin untersuchen. Die Gattung Buch, wissenschaftliches Buch *per se*, ist ein Genre, das in unterschiedlichsten wissenschaftlichen Diskursen etabliert ist. Ich kann es im Hinblick auf den Aufbau eines Buches untersuchen, ich kann Regeln der argumentativen Schlussfolgerung rekonstruieren. Nehmen wir ein anderes Beispiel, Medientexte. Mich interessiert beispielsweise nicht, wie ist ein journalistischer Text in der BILD-Zeitung aufgebaut ist. Das interessiert vielleicht die Journalistik oder die Publizistik und Kommunikationswissenschaft und darauf kann ich zurückgreifen. Ich weiß, die haben Begriffe wie Nachrichtenwerte, Marker und Signale, das kann ich nutzen, muss es aber nicht selbst herausarbeiten. Und dann ist für mich die Frage, was ist denn, wenn ein Diskurs so etwas ist wie eine Strukturierung, ein Versuch der Konventionalisierung, eine Verfestigung von Wissen in der Zeit? Wie funktioniert dann diese Verfestigung: durch Wiederholung? Durch Herstellung von Kohärenz, allerdings von sozialer Kohärenz, nicht unbedingt von inhaltlicher, zwischen unterschiedlichen Wissenselementen. Etwa wenn man das Müllbeispiel (Keller 2009) nimmt, bestimmte Deutungsmuster oder eine spezifische Phänomenstruktur, die das Phänomen in der und der Weise konfiguriert. Die Frage nach den Sagbarkeitsräumen, die ergibt sich für mich eher aus dem ganzen Feld, das ich in den Blick nehme, und aus den unterschiedlichen Konsistenzbildungen, die ich da habe.

Werner Schneider
Warum willst du das aus der konkreten Textanalyse so weit nach hinten oder so weit nach oben ziehen? Du brauchst dafür doch auch empirische Referenzen, sonst kann ich ja auch sagen »Jetzt hast du den Text schön analysiert, und jetzt kommst du mit irgendwelchen Sagbarkeitsräumen.« Die Kritik würde dann ja wohl lauten: »Wo bitte kannst du das an dem Text lesen?«

Reiner Keller
Nein, da muss ich wohl konkreter werden. Nimmt man als Beispiel Frankreich, ich kann, wenn ich diese Mülldebatten untersucht habe, aufgrund von vielen Texten rekonstruie-

ren, dass es bestimmte kohärente oder konsistente Deutungen dieses Problems in den Massenmedien gibt. Es gibt aber auch welche außerhalb, parallel dazu, und ich kann sehen, ob die dann da auftauchen oder nicht. Ich kann darüber Hypothesen aufstellen, wie die sich zueinander verhalten, und wie das mit dem Institutionengefüge, den Diskursakteuren und den Diskursstrukturen zusammenhängt – in so einer Weise. Ansonsten finde ich die Frage nach den Sagbarkeitsformen – wenn man sie als eine Makrofrage wie in der »Ordnung der Dinge« betrachtet, in dem Sinne: »Was ist sagbar in den und den Jahrhunderten«... Also ich weiß gar nicht, wie das empirisch gehen soll, das ist eine sehr aufgeladene Sache. Natürlich kann man feststellen, dass so etwas wie Kapitalismuskritik nicht auftaucht. Aber es taucht so viel nicht auf. Die ganze Welt taucht nicht auf, außer das, was auftaucht. Ich finde das Problem hat man immer, wenn man nach dem fragen will, was nicht gesagt wird, und versucht, das positiv zu beantworten – denn genau das ist eine unendliche Liste.[16]

Achim Landwehr
Also für mich hätte das auch eher einen heuristischen Wert, die Frage nach dem Unsagbaren oder dem Nicht-Gesagten, um das genauer einzugrenzen, was dann tatsächlich auch auftaucht. In den Geschichtswissenschaften gibt es ja mittlerweile zumindest eine halbmethodische Diskussion um kontrafaktische Geschichte, also »Was-wäre-gewesen-wenn«, und das wird dann entweder in Science-Fiction enden, oder man muss sich heuristisch überlegen, wie man mit diesem Hintergrund beschreiben kann, was dann tatsächlich passiert ist.

Wolf-Andreas Liebert
Also es muss aber nicht so sein, dass wir sozusagen das Unsagbare aussagen – vielleicht müssten wir genauer sagen: das was nicht gesagt wird oder nicht mehr gesagt wird, oder das, was versucht wird zu sagen und abgewürgt wird, dann ist es viel konkreter. Ein Beispiel dazu: Es gibt ja bei Stötzel/Wengeler (1995) den Eintrag »Leistung«, und sie stellen zum Beispiel fest: Ja, irgendwann in den 1970er Jahren sackt der Begriff quasi ab und dann wird er eigentlich gar nicht mehr debattiert oder seziert. Jetzt könnte man sagen »ja gut, das hat sich jetzt irgendwie erledigt«, aber wir haben mal einen Sammelband auf der Basis einer Studie von Tilla Siegel gemacht, einer Industriesoziologin aus Frankfurt, die die These vertritt – die mir absolut plausibel ist: Dass etwas nicht thematisiert wird, bedeutet überhaupt nicht, dass es nicht wirksam ist. Gerade an diesem Beispiel, wo nicht mehr darüber gesprochen wird, da ist der Leistungsgedanke unheimlich wirksam gewesen, weil alle danach agiert haben, aber er wurde nicht mehr reflektiert (Geideck/Liebert 2003).

Werner Schneider
Moment, ich würde unterscheiden wollen zwischen dem Sagbaren und dem Zusagenden, oder dem Ungesagten und dem Nicht-Sagbaren (Schneider 2015). Das ist ja ein Unterschied. Das, was nicht gesagt ist in so einer Situation, kann dann daran liegen, dass es

---

16 Zur Idee einer kontrollierten Analyse des Nicht-Gesagten hat Adele Clarke (2012) den Vorschlag der Positions-Maps formuliert.

nicht gesagt werden darf, gesagt werden kann oder nicht gesagt werden braucht. Es gibt Situationen, in denen es z. B. nichts Schlimmeres gibt als wenn man sagt: »Ich liebe dich«. Und zwar etwa dann, wenn man es sagen und damit genau das Gegenteil von dem Beabsichtigten (ein Liebesbekenntnis zum Ausdruck zu bringen) bewirken würde. Wir müssen jetzt nicht weiter in die Tiefe gehen, aber mich überzeugt jetzt noch nicht so ganz, was bisher vorgebracht wurde. Ich nehme das folgende Beispiel, das ihr vielleicht aus dem Einführungsbuch von Andreas Wernet (2000, S. 40) zur Objektiven Hermeneutik bzw. zur Sequenzanalyse kennt. Da gibt es diese Frühstücksszene, in der das Kind sagt: »Ich hab' Hunger, wann krieg ich was?«, und die Mutter antwortet: »Möchst dein Brot selbst machen oder soll ich dir's schmieren?« Mir geht es um Folgendes: Wenn man das Beispiel objektiv-hermeneutisch bzw. sequenzanalytisch durchgeht, kommt – entlang der Identifikation von Normalitätsfolien – eine Analyse zum Vorschein, die danach fragt: Wann könnte man diese Frage und die Antwort als sinnvolle Aussagen sehen? Es kommt als Pointe, als Interpretation heraus: Das Kind formuliert »eigentlich« den Wunsch – indem es genau das so nicht sagt – »Bitte behandele mich wie ein Kind.« Die Mutter unterläuft das, indem sie ebenfalls genau das nicht ablehnt, sondern quasi eine Entscheidungssituation herstellt. Man erkennt hier also bei der Frage das, was gesagt und subjektiv gemeint wird, aber etwas anderes bedeutet. Und es wird in der Antwort wiederum etwas anderes zum Ausdruck gebracht, was nicht gesagt wird, aber das erste unterläuft. Das ist Sequenzanalyse, und das kann man jetzt überzeugend finden oder nicht, aber es ist jedenfalls – wenn man das im Detail nachliest – eine Illustration, wie die Methode Sequenzanalyse im Kontext von Objektiver Hermeneutik erstens angewendet wird an dem konkreten Textbeispiel; und zweitens zu welchem Ergebnis sie führt.

Auf so einer konkreten Ebene frage ich mich, ob es nicht sinnvoll wäre, eine Methodendiskussion zu führen im Kontext von Diskursanalyse, um anhand von solchen konkreten Beispielen – jetzt nicht unbedingt den gleichen – zu zeigen, wie man Sequenzanalyse diskursanalytisch anwenden kann als konkrete Analyseoperation. Dieses Verfahren müsste man dann mit einem anderen theoretischen Fundament unterfüttern und entsprechend adaptieren, weil ich dann womöglich nicht nach Normalitätsfolien suche, sondern zum Beispiel nach Dominanzverhältnissen von Zusagendem und Nicht-Zusagendem, von Sagbarem oder Nicht-Sagbarem in dieser Situation. Das hat aus meiner Sicht mit kontrafaktischen Dingen nichts zu tun. Man müsste am Ende sagen können, wenn du Sequenzanalyse im Kontext von Diskursanalyse so anwendest, dann kommst du tatsächlich zu einem Befund, zu einem ganz konkreten Ergebnis bezogen auf eine Textpassage, welches diskurstheoretisch gedeutet und ausbuchstabiert werden kann. Auf eine solche Methodendiskussion wollte ich vorhin raus. Nicht auf diese großen Sagbarkeitsräume, die mögen auch spannend sein. Aber die sind – wie ihr ja argumentiert habt – so abstrakt, dass es eine Illusion wäre, wenn man dann sagt, da musst du halt nur genau genug in den Text hineingucken und dann findest du das schon. Solche Sagbarkeitsräume in eurem Sinn wären immer eine Syntheseleistung, die man gleichsam im Überflug bringen muss. Ich meinte gerade deswegen, ob man nicht mindestens zwei, drei Schritte in der Methodendiskussion konkret weitergehen müsste – so wie ich es jetzt auf die Schnelle versucht habe anzudeuten. Darüber müsste man meines Erachtens ein Methodenbuch schreiben.

Reiner Keller
Ja klar, sollten wir machen. Ich würde sagen, gerade jetzt wo man so eine Orientierung hat – und das gilt ja jetzt für alle – mit Diskurs so etwas wie eine Regelmäßigkeit, Strukturierung und Stabilisierung zu verbinden, dann ist ja dann die Frage, auf welcher Ebene solch eine Strukturierung überhaupt stattfindet und auf welcher Ebene ich sie rekonstruieren kann. Für mich gibt es da nur sehr begrenzte Möglichkeiten der Untersuchung von etwas, was die vorfindlichen Regelmäßigkeiten instruiert. Also sozusagen in Bezug auf eine Aussagepraxis. Wir haben diese Sozialisation durchlaufen in der Soziologie und wir sind in die Regeln eines soziologischen Diskurses eingeübt und die reproduzieren wir ja auf verschiedenen Ebenen, tragen dazu bei, verändern oder verschieben das ein bisschen. Es ist mir klar, dass ich in der soziologischen Diskussion bestimmte Deutungsmuster nicht bringen kann. Astrologie zum Beispiel. Wer das mal macht, wird exkludiert aus der Disziplin, das lief so tatsächlich in Frankreich vor einigen Jahren (vgl. Rotman 2001). »Die Gestirne sagen mir voraus, dass die Ungleichheit im nächsten Jahr deutlich zunehmen wird.« Das sind Aussagekonstruktionen, die sind nicht möglich. Ich kann natürlich eine Vielfalt von Argumenten oder Deutungsmustern verbinden, die bereits in dem Diskurs etabliert sind, also solche, die dazugehörig sind, und die anderen sind exkludiert. Wenn ich rekonstruieren will, was ein soziologischer Diskurs heute ist, dann kann ich versuchen, diese Regeln – da gibt es halt unterschiedliche Teildiskurse, die sich unterscheiden – ich kann versuchen, Regeln und Ressourcen oder Regelmäßigkeiten herauszubekommen. Im Sinne von Instruktionen für Sprecher. Und wenn die sich daran orientieren, dann können sie in diesem Diskurs sprechen. Was du jetzt ansprichst, Werner, da hab ich den Eindruck, dass es eigentlich nochmal etwas anderes ist. Das ist halt nochmal ein Unterschied, was im Text gesagt wird, zu dem, was ein Text tut. Aber wie man das mit dieser Frage von seriellen diskursiven Prozessen insgesamt in Verbindung bringt, das ist mir eigentlich unklar. Im einzelnen Detail oder am Beispiel kann ich das nachvollziehen, da gibt es ja sozusagen unterschiedliche Ebenen eines Textes. Ich meine, ein Text über AKWs kann Vertrauen erzeugen, oder er kann Ablehnung hervorrufen. Aber ich weiß nicht genau, was man eigentlich dann macht. Also warum man die Rezeption aus der Diskursperspektive angeht.

Werner Schneider
Da sind wir dann letztlich wieder bei den Beispielen von oben. Man könnte daran die Frage untersuchen, welche Diskurse wie in einer konkreten Alltagspraxis überhaupt wirksam werden. Man könnte also fragen, nach welchen diskursiven Mustern sich das, was da am Essenstisch geschieht, jetzt ausrichtet: Kindheit, Mutter-Kind-Beziehung, die Frage nach Essen?; wer versorgt eigentlich wen?; etc. Klar ist, dass man an diesem Beispiel jetzt nicht auch noch aus einer historischen Perspektive die letzten 300 Jahre Kindheitsdiskurs hochziehen kann. Aber aus dem konkreten Beispiel selber heraus, denke ich, könnte man durchaus mehr und anderes herausfiltern als jetzt in der objektiv-hermeneutischen Herangehensweise. Aber mir geht es ja jetzt nicht um Objektive Hermeneutik, sondern um die Frage nach der konkreten Methodik, nach der diskursanalytischen Adaption von konkreten qualitativen Verfahren. Ich denke einfach, das Problem ist nach wie vor, wenn man jetzt mit Studierenden oder KollegInnen, die selbst aktiv diskursanalytisch forschen wol-

len, zusammensitzt und überlegt, was jetzt eigentlich das konkrete analytische Vorgehen sein soll – und es kommt ja unweigerlich der Moment, wo man vor seinem Text sitzt und irgendwas mit dem Text machen muss. Wenn man dann sagt, kodieren wir oder machen wir Sequenzanalyse, und der oder die anschließend in den gängigen Methodenbüchern das »how to do« nachliest, sitzt man eine Woche später wieder zusammen und unter dem Motto: »Ich weiß noch immer nicht, was ich konkret machen soll.«

Reiner Keller
Ich würde das auch an dem Beispiel so sehen, dass man über Sequenzanalyse auch eine Heterogenität oder Elemente aus unterschiedlichen Diskursen bekommt, ich behaupte auch nie, dass, wenn man einen Text oder ein Buch hat, dass das dann *ein* Diskurs ist. Das kann und muss man ja gerade auseinanderklamüsern. Es ist natürlich andererseits unbefriedigend, wenn man ein Buch nimmt und sagt »da ist ökonomischer Diskurs, da ist neoliberaler Diskurs, da ist Ungleichheitsdiskurs und da ist Naturdiskurs.« Das Spezifische ist ja oft gerade die Art und Weise, wie das verknüpft wird und das will ich ja auch nicht verlieren.

Werner Schneider:
Genau und wo findest du das jetzt? Selber im großen Überblick, indem du Verknüpfungen benennst? Oder versuchst du das anhand von einem konkreten empirischen Beispiel, wo das tatsächlich in der Praxis, im Prozessieren, von den Akteuren so verknüpft wird?

Achim Landwehr
Und das hängt doch alles sehr stark immer wieder von der Perspektivierung ab. Ich meine, das ist jetzt zwar eine banale Feststellung, aber für mich ist der Ausgangspunkt von solchen methodischen Fragen immer zu sagen oder sich zu wundern, dass bestimmte Dinge an einer bestimmten Stelle auftauchen, dass die einfach da sind, und die nicht einfach für selbstverständlich zu nehmen. Ich habe den Eindruck, dass das in historischer oder auch in ethnologischer Perspektive verhältnismäßig einfacher ist, als beispielsweise in soziologischer, weil der Verfremdungseffekt häufig schon durch den zeitlichen Abstand entsteht. Das gelingt nicht immer, auch da ist man schnell dabei, etwas zu domestizieren, was eigentlich verfremdet gehört. Aber grundsätzlich fällt in historischer Perspektive sowas dann eher auf und man stolpert drüber und sagt »Warum sagen die das überhaupt und was heißt das?« Das ist dann natürlich immer die Nahtstelle, an der man entscheiden muss, was will ich überhaupt herausfinden? Geht es mir um die Verschränkungen möglicherweise unterschiedlicher Diskurse an einem bestimmten Ort, Medium, Personengruppe usw. oder interessiert mich dieser eine Strang. Von da ausgehend, muss man sich doch wieder mit Foucault – Entschuldigung – seinen eigenen Werkzeugkasten zusammenbasteln und sehen, wo sind tatsächlich Ansatzpunkte, dass ich diese Aspekte herausziehen kann. Da hilft dann unter Umständen wirklich Sequenzanalyse.

Werner Schneider
Da muss ich mich dann doch vielleicht nochmal etwas deutlicher ausdrücken. Soweit unterschreibe ich das bisher Gesagte sofort, denn ich halte alle diese Kanonisierungsbestrebungen für katastrophal. Da muss man sich eben für seine eigene Forschungsfrage, für seine eigenen Datenqualitäten, die man zur Verfügung hat, seine eigenen Analysewerkzeuge bereit legen. Doch die Frage, die sich mir stellt, ist, ob wir für das Bereitstellen dieses Werkzeugkastens, ich meine, ihr habt dazu ja schon einiges geschrieben und vorgelegt, ob man da nicht noch ein paar Schritte weiter gehen kann, ein paar Schritte konkreter werden kann. Wir sollten nicht nur sagen: »Ok, du kannst Sequenzanalyse machen, du kannst kodieren oder Metaphernanalyse machen usw.; bau dir selbst etwas zusammen.« Das versuchen dann die Leute, kommen später aber wieder und fragen: »Wie wird daraus jetzt Diskursanalyse?« Diese Frage muss aber bereits beim Basteln des Werkzeugkastens bearbeitet und beantwortet werden. Ich habe versucht, an einem Beispiel anzudeuten, dass man die Differenz ausweisen müsste zwischen: »Ich exerziere Sequenzanalyse anhand von Objektiver Hermeneutik durch, wie sie von dort kommt«; und »jetzt exerziere ich sie durch, so wie sie im Kontext von Diskursanalyse, wenn man diese oder jene Fragestellung oder Perspektivierung hätte, angewendet werden könnte.« Mir geht es jetzt nicht darum, nur ein Plädoyer zu halten, dass dazu ein Methoden-Büchlein geschrieben werden sollte. Mir geht es vielmehr um die Frage »Was glauben wir, welche Art von Methodendiskussion es überhaupt braucht?« Denn das ist aus meiner Sicht immer noch nicht geklärt. Es ist zwar immer schnell gesagt »Wir müssen über Methoden diskutieren.« Aber welche Diskussionen darüber brauchen wir denn?

Achim Landwehr
Das ist ein Punkt, den könnte ich gar nicht beantworten, welche Art von Methodendiskussion wir bräuchten. Was mir einfiel, als du das angesprochen hast, wäre tatsächlich eine konkretere Umsetzung, damit gehe ich schon eine ganze Zeit lang umher, dass man das mal machen müsste, nicht in Form eines Methodenhandbuches, sondern in Form eines Buches, in dem man vielleicht ein Exempel in den Mittelpunkt stellt und versucht, von unterschiedlichen Autoren aus unterschiedlichen Perspektiven den gleichen Gegenstand mit unterschiedlichen diskursanalytischen Herangehensweisen auseinanderzupflücken, und einfach mal vorzuführen, was man konkret damit machen kann, ohne zu sagen »Das ist jetzt alles.« Aber da hat man mindestens mal fünf, sieben, acht Beispiele, und da kann man mal sehen, das geht und daneben geht sicherlich noch einiges anderes. Das wäre mal ein Versuch, das etwas aufzublättern und etwas zu konkretisieren, weil die ganz konkrete Betreuung oder die konkrete Arbeit am Material – da tauchen dann meistens die höchsten Hürden auf, wenn man sich zwar durch die ganze Theorie gegraben hat und vielleicht auch Hinweise hat, wie man das methodisch macht, doch wenn man dann tatsächlich am Tisch sitzt, muss man es selber machen und da wird es dann diffizil.

Willy Viehöver
Nun, das ist genau das, was im Rahmen des DiskursNetzes vor einiger Zeit während eines Treffens beschlossen wurde. Es wurde damals der Bolognaprozess als gemeinsamer Untersuchungsgegenstand ausgewählt. Im Rahmen des inzwischen erschienenen zweibändigen

Werkes werden in circa zwanzig Analysen die konkreten methodischen Zugriffe vorgestellt, wobei die Analysen auf eine gemeinsame Thematik ausgerichtet sind, nämlich den Diskurs über die Reform der Hochschulen in Deutschland und Europa (Angermüller et al. 2014b). Also, es sind trotz anfänglicher Bedenken, doch eine Reihen von Leuten, die sich am Ende auf das Experiment eingelassen haben. Soweit ich weiß, lag den Analysen im vierten Teil des Handbuches ein Sample über den Hochschulreformprozess zugrunde, über den Jens Maeße für seine Dissertation schon ein paar Jahre gearbeitet hatte, und daher kam wohl ein wesentlicher Teil der verwendeten Daten. Doch was macht man jetzt, wenn man auf einmal eine große Textmenge vorgesetzt bekommt und es heißt: »Nun zeig mal, was du mit dem Datenmaterial diskursanalytisch gesehen machst!« Sich ein Jahr freinehmen und loslegen? In der Tat haben einige Teilnehmer bei dem damaligen Treffen gesagt, dass sie sich schon aus Zeitgründen nicht auf ein solches Unternehmen einlassen. Ein weiteres großes Problem dabei sehe ich darin – deswegen hab ich mich auf diese Idee, ein vorgegebenes Korpus aus verschiedenen Perspektiven zu analysieren, nur unter großen Vorbehalten eingelassen – dass, wenn man sich für einen Themenbereich wie den Hochschulreformprozess interessieren soll und dabei dann geradezu nebenbei einen Artikel schreibt, in dem man seine methodische Vorgehensweise als Diskursanalytiker an einem Thema exemplifiziert, bei dem man sich nicht gut auskennt, dann kann man sich ziemlich schnell lächerlich machen. Das war in der Gruppe auch eines der wesentlichen Gegenargumente gewesen, denn wenn man kaum oder kein systematisches Wissen von einem Phänomenbereich oder Thema hat und einfach nur ein wenig rumprobiert und das lesen nachher die »Kritiker« der Diskursforschung. Na ja. Das Argument der Herausgeber war aber gleichwohl, dass noch keiner den Versuch gemacht hat, auf der Basis eines gemeinsamen Samples unterschiedliche methodische Zugriffe auf den gleichen Phänomenbereich zu exemplifizieren. Es hieß also: das hier ist das Thema, jemand hat dann das Sample zusammengestellt. Die Idee, es wenigstens einmal zu probieren, hat sich dann auch durchgesetzt.

Reiner Keller
Nicht für ein so umfangreiches Korpus, sondern für einzelne Texte, zum Beispiel Interviews oder Bilder, gab und gibt es das immer wieder. Ende der 70er mit den interpretativen Verfahren (Heinze/Klusemann/Soeffner 1980), später zur Bildanalyse (Kauppert/Leser 2014; Przyborski/Haller 2014), und jetzt dieser Versuch mit spezifischen Zugängen zur Diskursthematik (Angermüller et al. 2014b). Die Schwierigkeit würde ich auch so sehen wie Willy (Viehöver). Das Problem, wenn man Diskursanalyse jetzt nicht versteht als eine Analyse eines einzelnen Textes, dann kann man dieses – also in den Diskurswerkstätten zum Beispiel versuche ich das schon an einzelnen Texte, da sagen wir: »Wir nehmen das jetzt und analysieren«, aber da kann man die Situation besser kommentieren, als in einem dann veröffentlichten Text, wo man versucht, trotz Unkenntnis des ganzen Kontexts, der Geschichte der weiteren diskursiven Prozesse und Situierungen, etwas zu rekonstruieren – da kann man eigentlich keine ernsthaften Behauptungen über die Typizität treffen.

Wolf-Andreas Liebert
Ich sehe auch, dass da unheimlich viel fehlt und, das du da mit kommentieren kannst, so dass das notwendig so etwas Fragmentarisches hat, das fehlt in dem Buch komplett. Wir könnten doch so etwas wie eine Diskurswerkstatt für Fortgeschrittene machen und mit *Film* praktisch arbeiten und dann könntest du diese Kommentierung *mit einarbeiten*. Das heißt, dann würden wir unseren Prozess auch ein Stück weit transparent machen. Das wäre zumindest mal ein Experiment, was man machen könnte. Man könnte mit Material arbeiten, ähnlich wie eine Diskurswerkstatt, nur auf einer anderen Ebene.

Reiner Keller
Wir können das gerne mal ausprobieren, doch ich bin insgesamt etwas skeptisch wie das funktioniert.

Jürgen Spitzmüller
Einen Versuch wäre es wert. Man muss aber bedenken, dass die Themenwahl einen Einfluss auf die Methoden und die Ergebnisse hat.

Wolf-Andreas Liebert
Ich meinte nicht, dass wir jetzt alle das gleiche Thema nehmen. Jeder kann von seinem Thema berichten, und man könnte eher eventuell spezifische Methoden fokussieren, beispielsweise eine Metaphernanalyse, oder Sequenzanalyse und das ein bisschen in den Vordergrund stellen, aber nicht komplett, sondern nur Aspekte davon. Jedoch bleibt jeder bei dem Expertendiskurs, bei dem er sich auskennt.

Jürgen Spitzmüller
Das leuchtet mir ein. Andererseits gibt es funktionierende Beispiele für die Entwicklung verschiedener, aber kompatibler Methoden aus der Bearbeitung eines Themenfelds. Für die Diskurslinguistik denke ich hier besonders an die Projekte, die in Georg Stötzels Umfeld entstanden sind (z. B. Böke/Jung/Wengeler 1996). Dort hat eine Reihe von Leuten ein Themenfeld bearbeitet, den sogenannten »Einwanderungsdiskurs«, und jede/r hat einen anderen Zugang probiert. Daraus sind nicht nur sehr gute Qualifikationsarbeiten entstanden, sondern es wurden auch systematisch Methoden ausgearbeitet, die die methodologische Entwicklung der Diskurslinguistik nachhaltig geprägt haben: das »Topos«-Konzept in der von Wengeler vorgeschlagenen Lesart (vgl. Wengeler 1997; Wengeler 2003), das Metaphernkonzept von Böke (1996) oder lexikographische Konzepte wie *Schlagwörter* und *kontroverse Begriffe* (vgl. z. B. Jung/Niehr/Böke 2000). Nicht zuletzt wurden dabei auch grundlegende methodologische Überlegungen zur korpuslinguistischen Operationalisierung von Diskursanalysen angestellt (bspw. Jung 1996). Das hat offenbar sehr gut funktioniert, wie man an der Bedeutung dieser »Düsseldorfer Schule« für die diskurslinguistische Fachgeschichte sieht (vgl. Spitzmüller/Warnke 2011, S. 87–91).
    Ich wollte aber, auch wenn uns das ganz woanders hinführt, auch zum Thema Regularitäten noch etwas sagen. Wir sagen: »Wir sind uns einig, dass es um Regularitäten

geht.« Ich glaube aber, es wäre spannend zu diskutieren, was wir jeweils unter Regularitäten verstehen. Ich glaube, dass wir hier extrem disziplinär vorgeprägt sind. In der Linguistik denkt offenbar jeder sofort an Grammatik. Es gibt ein viel beachtetes Buch aus dem Kontext der sogenannten *Social Semiotics* mit dem Titel *Reading Images: The Grammar of Visual Design* (Kress/van Leeuwen 1996). Die Autoren wenden die ersten zwanzig Seiten (in der zweiten Auflage) dafür auf, um zu erklären, dass sie mit Grammatik nicht Grammatik (im linguistischen Sinn) meinen, sondern diskursive Regularitäten. Dennoch verwenden sie diesen Ausdruck (und strategisch geschickt, wie ich meine). Das Wort »Regel« ist in der Linguistik also stark vorgeprägt – aber je nach Paradigma auch unterschiedlich. In Zeiten der Korpuslinguistik denken viele vermutlich zuerst an Musterhaftigkeiten (Rekurrenzen). Wenn wir über das »Nichtsagbare« sprechen, landen wir als Linguisten zumeist schnell bei Präsuppositionen und einer Vorstellung des propositionsanalytischen »Zwischen-den-Zeilen-Lesens« (von Polenz 1985). Die disziplinäre Einbindung ist also ausschlaggebend. Soziologen denken vielleicht eher an Symbolwelten oder Ähnliches. So kommt es zu unterschiedlichen Vorstellungen davon, was »Regularitäten« oder »Verfestigungen« sind. Und diese Vorstellungen legen dann auch bestimmte Methoden nahe. So drängen sich für einige *frame*s gewissermaßen »natürlich« auf, wenn es um die Analyse von »Wissen« geht. Ich glaube, diese Verflechtungen sind alles andere als trivial.

Wolf-Andreas Liebert
Es gibt in der Linguistik ja im Anschluss an Wittgenstein (1969) eine riesige Diskussion darüber, was es heißt, einer Regel zu folgen. Heißt das, dass eine Regel internalisiert ist in jedem einzelnen Individuum, ist sie ein Analysekonstrukt, was ich sozusagen als externer Beobachter, als Interpret ansetze? Das sind offene Fragen. Worüber man sich glaube ich einig ist, dass die Regel der Grammatik nicht real existiert, obwohl Regularitäten sicherlich wirksam sind, sonst funktioniert das Ganze ja nicht.

Reiner Keller
Vielleicht kann man da noch ein bisschen bleiben, denn ich finde das ist ein sehr wichtiger Punkt. Das ist wie bei Sprachen, du lernst als Kind Sprache sprechen und du folgst bestimmten Regeln, ohne die Grammatik explizit zu können, aber du machst Subjekt-Objekt-Konstruktionen usw., also Satzkonstruktionen. Und du kannst unendlich viele Sätze produzieren. Ist das nicht die Vorstellung, die im Grunde in einer anderen Weise dem Diskursbegriff zugrunde liegt? So würde ich das eigentlich schon sehen.

Jürgen Spitzmüller
Ja, im Grunde schon. Es gibt einen schönen kleinen Text von Foucault über Linguistik und Sozialwissenschaften (Foucault 1969/2001a), in dem er erstaunlicherweise erst einmal betont, wie stark er von der Linguistik inspiriert worden sei, nicht nur vom Genfer Strukturalismus, sondern auch von Chomskys Transformationsgrammatik, spezifisch von der Idee, ein überschaubares Set von Regeln ermögliche die Produktion unendlich vieler Aussagen (auch wenn Foucault dann letztlich das Verhältnis von Regel und Perfor-

manz umkehren wird[17]). Es gibt also zweifellos einen direkten Rezeptionsbezug (vgl. dazu Spitzmüller/Warnke 2011, S. 76 f.). Das ist aber natürlich auch nicht unproblematisch: Dadurch wird möglicherweise die Vorstellung untermauert, es gäbe eine Art diskursives Raster, das die Handlungsmöglichkeiten festlegt – wenn man einen entsprechenden Regelbegriff hat. In der Linguistik gibt es aber auch eine große Diskussion darüber, welchen Status Regeln haben: Sind sie ein Rahmen von Handlungen, ein Handlungsprodukt, eine heuristische Abstraktion oder eine Mischung aus verschiedenen dieser Dinge? Nach Chomsky sind sie kognitive Dispositionen, und das ist ja nun nicht unmittelbar kompatibel mit diskurstheoretischen Ideen.

Werner Schneider
Nochmal nachfragt: Was ist diese Grammatik? Ist es nicht das, was wir uns unter einem Diskurs vorstellen – so wurde das vorhin bestätigt? Würde man dann nicht genauer sagen müssen, dass es die Potenzialität ist, die in einem Diskurskonzept *a priori* drin steckt? Das, was wir als Diskursives empirisch in den Blick nehmen, ist ja nicht die beliebige, unendliche Anzahl von Aussagen. Es geht doch gerade um das Umgekehrte, um erkennbare Selektivitäten, dass man also das Eine findet und ggf. noch wenige Variationen aufscheinen, aber dass das Andere eben nicht aufscheint, zwar vielleicht aufscheinen könnte, aber dann als Regelverletzung wahrgenommen werden würde oder es eben gar nicht aufscheinen kann, nicht einmal als Regelverletzung, weil es den Akteuren gar nicht präsent ist. Ich erinnere noch einmal an das obige Beispiel. Könnte man sich die vorhin skizzierte Szene auch anders vorstellen? Also: Die Familie sitzt an einem gedeckten Tisch und alles ist da, man kann sofort essen. Jetzt ist es nicht das Kind, das sagt: »Ich hab Hunger, wann gibt es endlich was?« Und die Mutter antwortet: »Möchtest du dir selbst ein Brot schmieren oder soll ich dir etwas machen?« Sondern nun wäre es die Frau, die sagt: »Wann gibt es endlich was? Ich habe Hunger!« Ich denke, dass diese Szene ganz anders zu interpretieren wäre, ja sie wäre in gewisser Weise »unvorstellbar«. Denn es ist eben nicht alles x-beliebig möglich, sondern hier ist nur Bestimmtes möglich. Es wäre sinngemäß die gleiche Äußerung, aber eine völlig andere Aussage.

Wolf-Andreas Liebert
Das kommt ja letztlich von Humboldt her, die Tatsache, dass Sprache sich von allen anderen Symbolsystemen unterscheidet. Wenn du Bilder hast, oder sonst was, dann hast du eben nicht ein kleines, klares, wohl definierbares Inventar. Bei Bildern hast du eine ganz

---

17 »[Eine Sprache] ist eine endliche Menge von Regeln, die eine unendliche Zahl von Performanzen erlaubt. Der Diskurs dagegen ist die stets endliche und zeitlich begrenzte Menge allein der linguistischen Sequenzen, die formuliert worden sind; sie können durchaus zahllos sein, sie können durch ihre Masse jede Kapazität der Aufnahme-, Gedächtnis- oder der Lesekapazität überschreiten: Sie bilden dennoch eine endliche Menge. Die von der [generativen; Anm. J.S.] Sprachanalyse in Bezug auf eine beliebige diskursive Tatsache gestellte Frage lautet stets: gemäß welcher Regeln wurde eine bestimmte Aussage gebildet und gemäß welcher Regeln könnten folglich andere ähnliche Aussagen gebildet werden. Die Beschreibung des Diskurses stellt eine ganz andere Frage: Wie kommt es, dass eine bestimmte Aussage und keine andere an ihrer Stelle erschienen ist?« (Foucault 1968/2001b, S. 898 f.)

andere Art von Symbolsystem. Du hast bei Sprachen eine Menge von Phonemen oder Graphemen, die sind beschränkt, 20 oder 30, je nach Sprache mal mehr, mal weniger, und die sind sozusagen wie eine Art Atome zu begreifen, wo du das dann generieren kannst. Das gibt es bei anderen symbolisch ähnlichen Systemen einfach nicht. Der Punkt ist, du kannst es so beschreiben: aus wenigen Einheiten unendliche viele Sätze erzeugen, das ist die Potentialität. Aber in einer konkreten Situation das Angemessene zu sagen, das, was eben situativ passend ist, das ist in diesem Konzept überhaupt nicht enthalten. Da ist nur die Darstellung der Potentialität in der Besonderheit des Sprachsystems, des verbalen Sprachsystems, was sich unterscheidet von allen anderen Arten von Symbolsystemen.

Werner Schneider
Aber nach welchen Regeln suchen wir dann, wenn wir Diskursanalyse betreiben?

Jürgen Spitzmüller
Das ist eben die große Frage. Darüber muss man diskutieren. Für die Linguistik könnte man sagen, jedenfalls wenn man bei der korpusorientierten Diskurslinguistik bleibt: Es gibt zwei sich zunächst ausschließende Möglichkeiten. Eine lautet: Wir suchen im Korpus nach bekannten Regularitäten, die wir analytisch bloß rekonstruieren. Das nennt man »corpus-based«. Die andere hält dagegen: Die Regeln emergieren aus den Daten selbst; das, was am häufigsten (eben »musterhaft«) im Korpus vorkommt, ist die Regel. Das nennt man »corpus-driven«. Dahinter stehen zwei verschiedene Regelbegriffe. Einerseits: Regeln sind Muster, also sozusagen das, was die Leute halt (warum auch immer) am häufigsten tun. Andererseits: Sprecherinnen und Sprecher *folgen* Regeln, sie tun etwas in einer bestimmten Art und Weise, *weil* es bestimmte Regeln, Normen, Erwartungen oder Konventionen »gibt«, denen zufolge bestimmte Handlungen mehr kommunikativen Erfolg versprechen als andere.

Das sind zwei Positionen, die man mit Blick auf die Linguistik nennen könnte. Wie man sieht, führt uns das auch wieder zu der Frage: Ist Diskurs so etwas wie ein System, das uns anleitet, oder ist Diskurs das, was performativ produziert wird? Oder vielleicht doch etwas dazwischen? Also – und das wäre eher meine eigene Position – eine Produktion von Sinn auf der Grundlage von historisch verfestigten Handlungsweisen?

Reiner Keller
Dazu würde ich sagen, dass Institutionalisierung beispielweise ein soziologischer Begriff für diese historische Verfestigung ist. Und Institutionalisierung heißt ja nur »Regeln« oder Strukturmuster, oder auch: auf Dauer gestellter Zusammenhang im Sinne von Berger und Luckmann (1980). Die Institution existiert ja nicht innerhalb des Individuums und auch nicht außerhalb, sondern sie existiert im Zusammenhang. Das hat diese Aspekte einer Normkonvention und die Instruktion, etwas näher zu legen, und etwas anderes nicht. Daher denke ich, man kann zum Beispiel historisch verfolgen wir wie sich etwas verdichtet zu einem bestimmten Diskurs. Was kann ich machen? Ich kann die Entstehung der Soziologie verfolgen, also wie sich sozusagen etwas herausbildet wie Argumentationen, die sich später dann als eine Art Soziologie erkennen lassen. Wenn du

dich sozusagen einklinken willst oder musst, dann orientierst du dich daran. An ganz bestimmten Zusammenhangsmöglichkeiten. Das ist nicht die Welt insgesamt. Die Grammatik ist vorausgesetzt; und das interessiert da auch nicht, sondern: Was macht eine Aussage zu einer soziologischen Aussage. Das ist die Art und Weise – würde ich sagen, wie man mit dem Regelbegriff arbeiten kann. Also es ist schon eine Regel in dem Sinne, dass man unterstellen muss, dass es Wesen gibt, die sich an etwas orientieren, sonst hat man entweder ein Naturgesetz als Vorstellung, oder man hat eine statistische Regelmäßigkeit oder Häufung. Wenn man von Regel spricht, dann muss man eine Unterstellung machen von Anleitungs- und Orientierungsfunktion.

Wolf-Andreas Liebert
Ja, etwas Normatives muss es schon sein, denn es kann ja nicht eine Spielregel sein, aus der ich aussteigen kann, die Sanktionierung ist konstitutiv: du gehst vom Feld, wenn du dich nicht daran hältst.

Jürgen Spitzmüller
Ein möglicher Zugang hierzu – das wollte ich vorhin schon in Bezug auf das Nicht-Sagbare erwähnen – ist das, was die Linguistische Anthropologie »Metapragmatik« nennt: Reflexive Äußerungen auf einer Metaebene, die beispielsweise dann getätigt werden, wenn es darum geht, ob jemand eine Erwartung besonders gut erfüllt oder aber dabei ist, Erwartungen nicht zu erfüllen. Dann heißt es: »So etwas macht man nicht« oder »so verhält man sich am Tisch nicht« oder »so spricht man nicht«. Normative Debatten waren für die Linguistik immer ein fruchtbarer Zugang zu Diskursen. Man fokussiert die Metaebene, schaut sich an, wann die Akteure beispielsweise thematisieren, was sie für richtig, für wahr halten. Das ist ein spannender Zugang – der allerdings den Nachteil hat, dass nur das in den Blick gerät, was für thematisierungswürdig gehalten wird.

Achim Landwehr
Trotzdem ist dieses schöne Wörtchen »man« ja auch immer nur ein Platzhalter für diese Regel. »Man« tut das nicht. Wer ist »man«? Das sind die Regeln.

Willy Viehöver
Ich fand jetzt an dieser Diskussion interessant, dass sie weniger am Methodenbegriff ansetzte, sondern sich zunächst einmal ausgiebig mit dem Verständnis von geregelten Aussagepraktiken beschäftigte. Die dabei zum Vorschein kommende Bedeutungsvielfalt hat mich doch verunsichert. Wir haben jetzt während der Diskussion versucht, den Begriff der »Regeln«, bzw. unterschiedliche Regelverständnisse zu präzisieren, aber das bleibt für mich eine offene Frage, mit sehr ambivalenten Antworten. Heute Morgen hatte ich ja auch den Satz von Hannelore Bublitz, die sich dabei auf eine Interpretation Judith Butlers (1995) bezieht. »Der Körper ist die Norm, die sich durch Zitieren eines normativen, symbolischen Gesetzes materialisiert. In der symbolischen Unterwerfung materialisiert sich der Körper in seiner sozialen Existenz. Diese ist abhängig von den normativen Entwürfen, die ihm vorgängig sind. Der Körper ist in seiner Materialität ein Normeffekt.« (Bublitz 2002, S. 39) Schon in diesen wenigen Sätzen gibt es jetzt für

mich schon mal eine weichere und eine härtere Definition dessen was eine Regel (Gesetz oder Norm?) sein könnte, wobei von Bublitz unterstrichen werden sollte, dass auch der Körper selbst »ein Stück Gesellschaft ist« (ebd.). Sie sprach von »Gesetz« und von »Norm« des Körpers. Natürlich besteht doch auch die Möglichkeit, sich an »Normen« nicht zu halten, wissentlich oder unwissentlich. Beim »Gesetz« aktualisiert man schnell eine metaphorische Wirkung, aufgrund derer man denkt, es gibt da keine großartigen Wahlmöglichkeiten. Die Verwendung des Terminus »Gesetz« klingt jedenfalls für mich etwa deterministisch. Und dann gibt es eine ganze Reihe von weiteren Begriffen, die wiederum völlig andere Assoziationen hinsichtlich ihrer Bedeutung und Wirkweise auslösen. So etwa auch bei der Rede von Mustern, oder beim Konzept des »Tool-Kits«. Nehmen wir das Beispiel des Schachspiels: Beim Schachspiel gibt es »Regeln«, aber die determinieren keineswegs den Ausgang des Schachspiels. Oder auch die zuweilen sehr metaphorische Verwendung des Begriffes Grammatik.

Ich habe vor einiger Zeit einen Aufsatz über Klimawandel und dessen Folgen und über den Umgang mit diesbezüglichen Unsicherheiten gelesen, wo es konkret um diese IPCC[18]-Diskussionsprozesse und Berichte geht.[19] Die sind ja auch andauernd unter Beschuss gewesen. Dann hab ich mir nochmal diese Kurztexte, diese »Summary for policy-makers« genauer angesehen. Das sind ja genau die Texte, die von hoher Relevanz in den Verhandlungen sind – es werden ja nicht diese großen 1220-Seiten-Schinken, diese Backsteine gelesen, sondern diese relativ kurzen Zusammenfassungen für policy-maker. Auch in diesem Zusammenhang gibt es dann etwas, bei dem ich auf einen bestimmten Regelbegriff gestoßen bin. Die Klimaforscher des IPCC haben da etwas eingeführt, was von außen kam, also nicht aus dem Kreis der Klimaforscher im engeren Sinne. So etwas, das man als eine »Grammar of confidence« (dazu Viehöver 2010, S. 147 ff.) bezeichnen kann. Da wurden bestimmten Worten oder Wortkombinationen Wahrscheinlichkeitsintervalle zugeordnet, mit dem Ziel, für Nicht-Klimaforscher verständlicher und glaubwürdiger zu werden, weil die Experten in ihren Sachstandberichten vorher letztlich immer wieder hin und her schwankten, hinsichtlich dessen, was sie mit »sehr wahrscheinlich«, »hoch wahrscheinlich«, »extrem wahrscheinlich« usw. meinten. Dann haben sie hinterher eine »Grammatik des Vertrauens« entwickelt und vereinbart, und diese sollten sich alle Autorinnen und Autoren der IPCC Bände gleichsam hinter die Ohren schreiben, der zufolge

---

18 Das Intergovernmental Panel of Climate Change (IPCC) wurde 1988 von dem United Nations Environment Programme (UNEP) und der World Meteorological Organization (WMO) begründet. Es handelt sich um eine transnationale Organisation, die ihren Sitz in Genf hat. Ihre Aufgabe besteht darin, den aktuellen Sachstand des Klimawandels im Rahmen umfassender Berichte zu bestimmen. Zudem werden im Rahmen von Arbeitsgruppen dessen mögliche ökologische, soziale und ökonomische Folgen abgeschätzt und mögliche und angemessene Strategien des Umgangs mit dem Klimawandel entwickelt und diskutiert.

19 IPCC (2007): Procedure for the Preparation, Review, Acceptance, Adoption, Approval and Publication of IPCC Reports; Appendix to the principles Governing IPCC Work, Adopted at the Fifteenth Session (San Jose, 15-18 April 1999, amended at the Twentieth Session (Paris, 199-21 February 2003, Twenty-firsth Session (Vienna, 3 and 6-7 November 2003), and Twenty-Ninth Session (Geneva, 3 August-4 September 2008).

die Beitragenden, die eine bestimmte Wortkombination verwenden, diese dann systematisch immer mit bestimmten Wahrscheinlichkeitsintervallen verbinden sollten.

Wolf-Andreas Liebert
Wie auf so einem Beipackzettel, nicht wahr? Wenig = 0,5 Prozent der Fälle, häufige Nebenwirkungen ...

Willy Viehöver
Ja, wie dann Zahlen mit bestimmten Wortkombinationen verbunden werden, auch da ist dann nicht vorgeschrieben, dass sie das dann tatsächlich tun müssen, aber es gibt Kontrollinstanzen, die sich die Texte dann ansehen, bevor sie angenommen oder veröffentlicht werden. Und dann kann da sehr viel stärker auf die Wahl der Begrifflichkeiten zugegriffen werden. Aber ich fand schon ganz interessant, dass dann jetzt auch unter uns augenscheinlich sehr unterschiedliche Vorstellungen kursieren, die die Auslegung des Regelbegriffes betreffen. Vielleicht müsste man auch eine Typologie der diskursgenerierenden und strukturierenden »Regeln«, die wir hier meinen, aufstellen. Wobei unter Umständen auch ganz deutlich eine ethische Komponente bei der Verwendung des Begriff der Regeln vorkommt, und dann gibt es andere Fassungen, wo dies gar keine großartige Rolle spielt. Wie dem auch sei, hier besteht für mich weiterhin Klärungsbedarf.

Als wir eben mit der Sequenzanalyse eingestiegen sind, da hatte ich das Gefühl, dass ich gleich den Faden verlieren würde, weil ich das nicht mehr mit irgendeiner gemeinsamen Fragestellung verbinden konnte, die man in einer doch heterogenen Gruppe verfolgt. Da ist mir dann eben eingefallen; vielleicht wäre das so ein Experiment von dem wir eben sprachen, weil es wahrscheinlich ist, dass es doch jeder kennt. Du, Reiner, hast in dem Buch an einer Stelle – und ich würde das auch so sehen – mal vielleicht auch leichtfertig gesagt: »Nehmen wir mal Max Webers »Protestantische Ethik«. Diese könnte man ja als eine frühe Diskursanalyse lesen.« Da haben wir dann gleich auch eine sozialwissenschaftliche Aussage über die Wirkung von Diskursen mit dabei. Wenn ich dann sage: »Okay, man könnte ja so etwas einmal aus diskursanalytischer Perspektive beleuchten.« Also nachvollziehen, was Weber gemacht hat oder was er hätte machen müssen, damit er dann wirklich eine Diskursanalyse hätte machen können. Und da würde ich meinen – so was ich heute von euch allen gehört habe –, dass fast alle von euch sagen würden, dass sie an eine solche Aufgabe vermutlich »rekonstruktiv« herangehen würden. Und du Reiner hast dann auch noch den einen Satz geschrieben: »Was hat er gemacht? Er hat sich religiöse Ratgeberliteratur angeguckt!« Gibt es da nicht schon eine Intervention, die sagen könnte, er hat sich das falsche Material ausguckt? Ich weiß nicht. Also wenn ihr dann sagen würdet: »Religiöse Ratgeberliteratur, da hat er dann die verschiedenen protestantischen Sekten verglichen, hat sich aber über einige Religionen eher ausgeschwiegen...« Ist das dann ein weiterer Fehler? Aber lassen wir diese Frage einmal beiseite. Aber wenn ihr Sprachwissenschaftler jetzt an Webers Materialien rangehen würdet, was würdet ihr dann tun? Du Wolf-Andreas hättest jetzt beispielsweise die religiöse Ratgeberliteratur, die Max Weber untersucht hat. Dann könntest du sagen: Okay, ich wähle zur Analyse die Sequenzanalyse? Oder was würdest du tun?

Wolf-Andreas Liebert
Kommt ganz darauf an. Du kannst, wenn du die maschinenlesbar vorliegen hast, und du hast Kategorien wie Metaphern oder so etwas, dann kannst du die entweder kodieren und auswerten, oder du kannst Sequenzanalysen machen von den Texten und daraus bestimmte Untersuchungskriterien rausziehen und die Auswahleinheiten dann zusammenstellen und das dann nach und nach analysieren. Du kannst auch Genre-Analysen machen. Da gibt es vielfältige Formen was du damit machen kannst (Liebert 2002; Liebert 2004; Liebert 2016).

Willy Viehöver
Vielleicht habe ich das noch immer nicht richtig klar gemacht. Das Beispiel, was du Werner da jetzt mit diesem kleinen Tischgespräch gebracht hast, löst bei mir zunächst als Soziologe ein Desinteresse aus. So etwas würde mich einfach nicht interessieren, es sei denn, du könntest mir deine Fragestellung genauer erklären, sagen weshalb dich das umtreibt.

Werner Schneider
Jetzt hier bei dem Beispiel? Nein. Ich habe das Beispiel eigentlich nur genommen, weil das in der Literatur bekannt ist. Weil daran die Sequenzanalyse explizitert wird. Aber ich kann dir hier auch ein anderes Beispiel nennen. Zum Beispiel das mit der Lehrerin. Ich mache jetzt mal Schulforschung und beobachte in einem Klassenzimmer eine kleine Szene, wo ein Mädchen und ein Junge in Streit geraten und der Junge pöbelt das Mädchen an, und die Lehrerin versucht zu intervenieren, und in der Art und Weise wie sie es macht, hat sie keinen Erfolg. Der Junge pöbelt weiter. Das ist eine banale Szene und man könnte sagen, das interessiert mich nicht. Aber ich würde sagen, soziologisch wäre das für mich interessant unter einer Diskursfragestellung. Wie werden hier beispielsweise Akteursrollen ausgestaltet? Wie werden hier Subjekte positioniert und was steht ihnen an Aussagemöglichkeiten zur Verfügung bezüglich der Ausübung von Macht oder Beeinflussung des anderen? Was passiert hier, dass womöglich ein 10-jähriger Junge es schafft, vielleicht durch eine kurze Reaktion auf die Intervention der Lehrerin sogar die Lehrerin selbst in ihrer institutionell zugeschriebenen Autoritätsposition auszuhebeln? Dass sie vielleicht sogar plötzlich auf der gleichen Stufe steht wie das Mädchen, das er anpöbelt. Dazu gibt es ähnliche Beispiele in der Literatur. Und das finde ich diskurstheoretisch interessant. Weil man sagen kann, ich kann an so einer kleinen Szene im Kern wohlmöglich die Wirksamkeit von diskursiven Formationen (hier z. B. Geschlechter- und Erziehungsdiskurs) in ihren Verknüpfungen, in ihren Machtrelationen explizieren oder rekonstruieren. Das könnte ich jetzt nahtlos auf die Ess-Szene übertragen.

Willy Viehöver
Das hast du nur eben nicht gemacht. Dadurch hing das für mich dann doch sehr in der Luft.

Werner Schneider
Ich wollte daran jetzt auch nicht eine diskurstheoretische Fragestellung illustrieren, sondern: Inwieweit müsste man bei der Frage nach der methodischen Praxis in das Konkrete

gehen? Und ich wollte eigentlich nur die Quintessenz formulieren und in den Raum stellen: Ich denke, dass wir in der methodischen Explikation von Diskursanalyse noch lange nicht weit genug gegangen sind, wobei das Ziel eben nicht Kanonisierung sein sollte. Methodisches Vorgehen im Kontext von Diskursanalyse konkret zu explizieren anhand der verfügbaren methodischen Operationen, die wir kennen, die wir in Methoden-Workshops lehren und lernen können, und wie man sie konkret unter diskurstheoretischer Perspektive in diskursanalytischer Praxis einsetzt. Das meinte ich damit. Und da glaube ich, dass wir noch Nachholbedarf haben – ich kann das nur für die Soziologie beurteilen, das war so der Hintergrund der Frage.

Jürgen Spitzmüller
Ich weiß nicht, ob ich die Frage richtig verstehe. Ein Problem, das ich sehe, ist Folgendes: Wenn man mikroanalytisch einen Text oder Gespräch in den Blick nimmt und dort ganz konkret die kommunikativen Prozesse untersucht und versucht, diese im diskursiven Kontext zu erläutern, handelt man sich sofort den Vorwurf ein, dass man ja nur einen Text analysiert habe. Wenn man hingegen Korpora verwendet, also große Textmengen analysiert, handelt man sich den Vorwurf ein, dass man generalisiert. Und selbst wenn man beides verbindet, wenn man also sagt: »Ich zeige erst einmal die Muster auf und dann an einem Text ganz genau mikroanalytisch die Feinheiten«, selbst dann ist man dem Vorwurf ausgesetzt, dass man irgendetwas ausblendet.

Werner Schneider
Ja, das ist ein altes Problem – auch im Verhältnis von qualitativer und quantitativer Forschung. Das würde mich jetzt als Problem aber nicht so wirklich bewegen, weil ich da einfach sagen würde, ich muss halt so argumentieren, dass es möglichst plausibel und nachvollziehbar wird, dass ich tatsächlich an diesem einen Beispiel das Allgemeine, das Generalisierbare zeige und nicht beim Besonderen gleichsam hängenbleibe. Dann könnte ich ja bei meinem Schulbeispiel von eben sagen, dass es mir dabei wirklich um das Geschlechterverhältnis *per se* geht, das sich im Kern an diesem einen Beispiel explizieren lässt. Entweder das überzeugt, weil es am Einzelfall das Typische zeigen kann, oder es überzeugt weder in der Einzelfallrekonstruktion noch in der Generalisierung; einen Hardcore-Statistiker wird so etwas nie überzeugen.

Jürgen Spitzmüller
Ich erlebe einfach häufig genug, wie genau das Diskurslinguisten zum Vorwurf gemacht wird. Und das hat, glaube ich, mit dem diskutierten Regelbegriff zu tun. Wenn zum Beispiel jemand in seinem Vortrag nur einen Zeitungsbericht hernimmt, um an diesem diskursive Prozesse zu exemplifizieren, folgt gleich der Einwand: »Ja, aber das ist ja nur *ein* Zeitungsartikel«. Selbst Diskurslinguisten, die wissen, dass der Referent große Korpora untersucht hat, halten ihm das in diesem Vortrag vor. Die zugrunde liegende Vorstellung ist: »Das ist doch keine Regel, ich kann doch nicht aus einem Text eine Regel oder ein Muster ableiten«.

Das zeigt, wie stark die Art und Weise, wie wir an Dinge herangehen, von unseren disziplinären Hintergründen geprägt ist. So erklärt sich auch, warum die Gesprächsanalyse aus der Diskurslinguistik ausgegrenzt wurde.

Reiner Keller
In dieser Idee Wissenssoziologischer Diskursanalyse habe ich ja unter anderem so etwa seit dem Frühjahr 2003, vielleicht auch etwas früher, eine Ethnographie von Diskurspraxis vorgeschlagen (Keller 2011b; Keller 2019b). Also man kann konkrete Situationen in den Blick nehmen, und ich muss nicht die Makroebene betrachten. Ich kann natürlich auch bei irgendeiner dieser Akteursgruppen in die Binnenperspektive gehen und versuchen, genauer zu rekonstruieren, wie die das aufbauen. Und kann das trotzdem im Bezug auf den Diskurs oder auf einen Diskurskontext begreifen, und nicht nur – das wäre eben der Unterschied – zu sagen, ich mache eine Interaktionsanalyse von Männern und Frauen, oder ich mache eine Organisationsanalyse des Krankenhauses, sondern ich habe bei dem, was ich da analysiere, so eine Perspektive mit dabei zu sagen, das hängt mit einem Diskurskontext zusammen und wird von mehreren oder vielen Diskursen mit durchzogen und strukturiert. Deswegen würde ich sagen: legitim ist es. Inga Truschkat (2008) hat eine Promotion gemacht über Kompetenz, über Bewerbungsgespräche, wo sie stärker konversationsanalytisch orientiert 16 Einstellungsgespräche untersucht und vorher so ein bisschen aus Diskursperspektive Kompetenzdiskurse in den Blick nimmt – was sind in der Literatur die Vorstellungen von Kompetenz und Nachweis von Kompetenz –, und dann versucht zu zeigen, wie taucht das eigentlich da auf oder wie kann man das zueinander relationieren. Tatsächlich finden sich ganz ähnliche Muster. Von daher ist meine Vermutung, dass das noch öfters gemacht wird. Oft ist es sehr stark nach einem Baukastensystem: Die erste Hälfte des Buches ist das und die zweite Hälfte des Buches ist das. Wie man es zusammen kriegt, ist noch eher offen.

Jürgen Spitzmüller
Dass eine Kombination von mikro- und makroanalytischen Zugängen wichtig ist, ist unbestritten. Aber sie ist eben schwer plausibel umzusetzen. Im Zweifel heißt es: »Da hast du dir gerade das Beispiel rausgesucht, das schön dein Muster bestätigt«. Die Kluft zwischen dem Einzeltext und den Korpora ist ja schon rein arbeitspraktisch kaum zu füllen.

Wolf-Andreas Liebert
Es ist natürlich schon eine Erfahrung, die man selbst auch mal gemacht hat. Wenn man mit einem Einzeltext oder einem Einzelgespräch arbeitet, ist das natürlich ein Unterschied zum Arbeiten mit mehreren Texten. Es geht ja gar nicht mal darum, dass du das jetzt repräsentativ erfasst. Aber die Erfahrung, über den einzelnen Text hinauszukommen, haben wir ja alle schon gemacht. Ich denke gerade in der Gesprächsanalyse, dass da noch Aspekte reinkommen, die bei einem Einzeltext doch idiosynkratisch waren. Der Punkt ist, du brauchst nicht alle, du brauchst kein Riesenkorpus, aber du brauchst irgendwo eine kritische Masse an Texten, die schon erreicht werden muss. Diese Masse kann man nicht zu hundert Prozent bestimmen, wo die liegt, aber trotzdem ist dieser Zwischenbereich schon

ganz wichtig. Es ist schwer, mit so einer Kritik umzugehen, aber wenn man jetzt nur einen einzelnen Text hat, da würde ich schon auch sagen, woher weißt du, dass der zweite Text nicht ganz anders aussieht? Ein paar Texte muss man also schon haben, die kritische Masse muss da sein. Es ist ja eigentlich immer ganz einfach. Man kann dann statistisch argumentieren: Du hast ja niemals eine Grundgesamtheit vom »Diskurs«. Wo will man die auch herkriegen? Auch nicht von der Sprache oder von Kommunikationsereignissen. Von Anfang an war das ein Problem des Instituts für Deutsche Sprache in Mannheim: Wie baue ich das Korpus auf für bestimmte Sprachen? Wir wollen ein repräsentatives Korpus haben, und da gab es ja die Diskussion, was ist ein repräsentatives Korpus? Und da war dann irgendwann klar: Es gibt kein repräsentatives Korpus! Du kannst nur bspw. alle Ausgaben des SPIEGEL nehmen, die bisher erschienen sind. Dann kannst du über dieses Spiegel-Korpus eben repräsentative Aussagen machen – aber mehr auch nicht.

Jürgen Spitzmüller
Mehr brauchen wir auch nicht, wir brauchen ja keine statistische Repräsentativität.

Wolf-Andreas Liebert
Nein, nein, aber das ist ja auch die Konsequenz, wenn jemand sagt: »Musst du nicht irgendwo alles erfassen?« Aber alles kannst du ja gar nicht erfassen, allein aus theoretischen Gründen geht das gar nicht.

Achim Landwehr
In der Geschichte ist das ja das gleiche. Es lässt sich schlicht und ergreifend nicht erfassen, wann dieser Grad von Plausibilität erreicht ist. Irgendwann wird es dann banal. Man muss sich auch oft auf das Bauchgefühl verlassen, beziehungsweise nicht nur auf das Bauchgefühl. Aber für mich ist Wiederholung ein relativ wichtiges Moment. Wenn sich für mich vielleicht sogar auch statistisch nachweisen lässt, dass bestimmte Äußerungen sich tatsächlich immer wiederholen und sich dann auch bei mir persönlich Langeweile einstellt, dann denke ich mir häufig, dass doch jetzt eine gewisse kritische Masse erreicht sein dürfte. Doch wie gesagt: Das lässt sich methodisch einfach nicht kontrollieren, zumindest ich weiß nicht, wie man das methodisch kontrollierbar machen könnte.

Willy Viehöver
Jetzt nur noch einmal wieder mit der Wiederholung. Es ist natürlich so, dass, wenn man Felder untersucht, wo es um verschiedene narrative Deutungsmuster geht, dann hat man dieses Problem noch viel stärker, insbesondere dann, wenn man am Ende irgendwelche Hegemonialaussagen machen will. Dann wird das noch einmal ungleich komplizierter.

Achim Landwehr
Eben deswegen sage ich ja, dass ich nicht wüsste, wie man das einigermaßen generalisierend bestimmen sollte. Wie groß diese Masse sein sollte… Reiner weiß es?

Reiner Keller
Nein, natürlich nicht. Aber etwas mehr kann vielleicht schon gesagt werden. Ich finde gerade diese Strategie aus der »grounded-theory« – nicht DIE »grounded-theory« – sondern wirklich AUS der »grounded-theory« innerhalb der Soziologie hilfreich (vgl. Strauss 1994). Zu fragen: wie gehe ich durch ein Korpus hindurch, wie baue ich es auf? Hier habe ich sozusagen zwei Vorschläge: minimale und maximale Kontrastierung, das heißt: ich suche nach möglichst ähnlichen oder möglichst unterschiedlichen Texten. Das ist eigentlich der Weg, wie man zu diesem Sättigungsgefühl kommt. Und ein theoriegeleitetes Sampling, also zu versuchen, gezielt Kontrastfälle zu schaffen, oder auch Ergänzungsfälle zu schaffen. Das ist das, was man in dem Bereich an Reflexion oder an Plausibilisierung erreichen kann. Um den Weg zu diesem Gefühl ein bisschen kontrollieren oder systematisieren zu können.

Werner Schneider
Zwei Anmerkungen zu den bislang diskutierten Punkten. Erste Anmerkung: Das Problem ist aus meiner Sicht, dass das wiederum eine Daumenregel, eine Richtschnur ist; die liest man bei Strauss, die liest man in den grounded-theory-Einführungen und die gibt man in Methodenseminaren so weiter, und die Leute sind hoch erfreut und sagen: »Super! Hab ich ja noch gar nicht gewusst, dass man das mit dem Sampling so machen kann, dann probiere ich es jetzt mal.« Die kommen dann schnell wieder und haben immense Probleme. Und warum? Weil zum Beispiel die Vorgabe, so wie sie formuliert ist, voraussetzt, dass ich meinen ersten Fall habe und dann eigentlich schon weiß, nach welchen Kategorien ich jetzt im Weiteren zu suchen habe, um so etwas wie maximale und minimale Differenz überhaupt erst identifizieren zu können. Was macht den Unterschied aus? Das muss ich ja angeben können, sonst kann ich ja nicht minimal und maximal identifizieren. Jetzt könnte ich sagen: Okay, das kriege ich ja vielleicht noch hin, wenn ich sauber meinen ersten Fall analysiere, dann bekomme ich vielleicht eine Vorstellung davon, was man da als Kategorie(n) nehmen könnte. Ich produziere aber sofort das zweite Problem, dass ich sage: Jetzt habe ich hier aber weitere fünf Texte, und ich müsste die ja wohlmöglich auch erst einmal analysieren, um sagen zu können, ob das jetzt minimale oder maximale Differenz ist. Ist die Kategorie denn jetzt überhaupt in dem Text enthalten, wird die da adressiert oder finde ich die da? Worauf ich hinaus will: Ich will nicht die Sinnhaftigkeit dieser Strategie des theoretical sampling *per se* in Frage stellen, sondern ich will auf die praktischen Umsetzungsprobleme hinweisen. Auch da würde ich sagen: Bräuchte es nicht eine genauere Ausbuchstabierung von so einem Hinweis im Kontext von Diskursanalyse?

Dann komme ich gleich zu der zweiten Anmerkung, wo ich nämlich glaube, dass so etwas hilfreich wäre. Ich würde sagen: nicht einfach nur minimale und maximale Differenz, was natürlich sehr stark vom jeweiligen Themenfeld abhängig ist. Ich sage auch: »Schaut euch das Themenfeld genau an.« Gibt es hier zum Beispiel innerhalb des Feldes institutionelle Prozeduren, vom Feld selbst, die solche Selektionen treffen, die Differenzen markieren? Und sucht dann danach eure Texte zusammen. Also sozusagen die Selektionen des Feldes selber als Hinweis zu nehmen wie solche diskursiven Formierungen vollzogen werden. Ich illustriere es kurz, wie ich mir das bei meiner Arbeit über die deutsche Transplantationsgesetzgebung gedacht habe (1999). Dort habe ich mich gefragt, welche Texte ich für die Analyse der Hirntoddebatte nehmen sollte. Ich hätte eigentlich Medien rauf und runter nehmen können, von Bildzeitung bis was weiß ich in welchen Zeitungen waren z. B. die Berichte über jenen sogenannten »Erlanger Fall« und vieles mehr zu finden. Und da habe ich mich dann gefragt, wie ich hier minimale oder maximale Differenz erzielen sollte. Was aber hat sich im Feld ergeben? Das waren verschiedene politische Debatten zwischen Interessenvertretern und politischen Parteien, diverse Expertenanhörungen, und es gab eine abschließende Bundestagsdebatte zum Transplantationsgesetz und am Ende stand der Gesetzestext. Was ich hier also über einen Zeitraum von fünf Jahren habe, das ist sozusagen die Selektionsdynamik des Feldes selbst, das über institutionalisierte Selektionsprozesse einen Textkorpus produziert hat, mit Innen und Außen, mit minimaler und maximaler Differenz, mit Inklusion und Exklusion. Das wäre jetzt nur eine kurze Illustration, bei der ich denke, es stellt sich vielleicht nicht immer so simpel dar wie in meinem Beispiel, wo man sagen konnte: okay, dann mache ich den Textkorpus einfach so, dass ich jetzt von hinten, beim Gesetzestext anfange, dann nach oben bzw. auf dem Zeitstrahl zurückgehe und schaue, was an welcher Stelle, zu welchem Zeitprunkt noch drin ist, was rausfällt oder eben schon zu Beginn des Selektionsprozesses gar nicht reinkam. Kurz: Das sampling wäre als kein »theoretisches«, sondern ein systematisches Verfolgen der Selektionen im Feld. Das wären für mich solche Methodenfragen, die wir, glaube ich, noch nicht hinreichend ausgelotet haben. Und ich meine, dass dieses Beispiel auch zu prüfen wäre, inwieweit man sich über die Disziplinen hinweg austauschen und informieren könnte. Historiker oder Linguisten gehen in ihren Analysen mit anderen Strategien vor als Soziologen und umgekehrt – da könnte man viel darüber diskutieren, was man wechselseitig wie adaptieren kann.

Achim Landwehr
Wobei ich mir da gerade denke, für den speziellen Fall, den du jetzt beschrieben hast: Am Beginn einer solchen Arbeit und am Beginn der Auseinandersetzung mit einem bestimmten methodischen Setting – um diese Schwierigkeiten kommt man egal bei welchem methodischen Setting nicht herum, denn ich weiß nicht, bevor ich nicht anfange, was ich eigentlich wissen will und wo ich suchen muss, und da ist es egal, ob ich jetzt Diskursanalyse oder sonst etwas mache. Ich muss erst einmal kreuz und quer lesen, um mir zumindest einen groben Überblick zu verschaffen. Deswegen glaube ich, dass egal welche Methode sie jetzt machen würden, sie würden sowieso nach einer Woche wieder da stehen und sagen: Jetzt bin ich genauso schlau wie vorher.

Wolf-Andreas Liebert
Aber es zielt ja eigentlich schon auf die Struktur des Samplings ab, so wie du es sagst. Das ist noch eine Ebene vorher. Aber wenn ich jetzt mal das Sampling habe, dann nützt es mir nichts, wenn ich in ein Feld gucke, das ich vorher gar nicht berücksichtigt habe. Also hätte ich mir einfach Ratgeberliteratur aus der grounded theory zusammengesucht, dann wäre ich ja jetzt gar nicht darauf gekommen, was du hättest machen können.

Werner Schneider
Hätte Weber eine Diskursanalyse gemacht, dann hätte er vielleicht Ratgeberliteratur angeguckt, aber er hätte vielleicht auch noch anderes mit einbezogen, und hätte dann das Problem »minimale/maximale Differenz« auch auf ganz bestimmte Arten und Weisen lösen können. Mit dem was du sagst, hast du völlig Recht. Klar braucht man immer den Anfang und der ist auch immer offen bzw. gerade deswegen »festlegungsbedürftig«. Mir ging es jetzt aber auch nicht so sehr um den Anfang, sondern tatsächlich auch um das »wie-ackere-ich-mich-durch?«

Reiner Keller
Ich will nochmal kurz das Thema Sequenzanalyse aufgreifen. Das ist natürlich in der Soziologie in Deutschland sehr stark mit Ulrich Oevermann (z. B. Oevermann/Allert/Konau/Krambeck 1979) verbunden oder *per se* ist es ja eher aus der Konversationsanalyse mit verschiedenen Operationen und wird in ganz verschiedenen Zusammenhängen eingesetzt und in anderen Varianten von Deutungsmusterforschung, die es mal gab (vgl. Hitzler/Honer 1997). Oder auch bei der grounded-theory, die sagen auch zum Teil – ich denke hier an Strauss (1994) – machen sie Sequenzanalysen, in dem Vorgehen. Das ist wichtig, dies offen zu halten. Sequenzanalyse heißt nicht notwendigerweise Fallstrukturrekonstruktion im Sinne von Oevermann. Sondern Sequenzanalyse heißt nur eine starke Disziplinierung in der Vorgehensweise der Analyse. Dann kommt erst die Frage hinzu: Auf was ich den vorliegenden Text eigentlich befrage. Aber das wird, wie du schon sagst, inzwischen sehr stark assoziiert. Es gab letztens ein Seminar an der LMU über Objektive Hermeneutik als Diskursforschung, mit Sequenzanalyse und Fallstruktur.

Wolf-Andreas Liebert
Ganz klar, in der Textlinguistik ist das auch üblich. Da heißt das Textverlaufsanalyse. Aber da ist nicht damit gemeint, dass man nur einen Text analysiert, sondern es ist schon so gedacht, dass man mehrere Texte sequenziell analysiert oder mehrere Gespräche sequenziell analysiert. Sozusagen als emergentes Phänomen aus mehreren Interpretationen sich dann eben auch Strukturen erkennen lassen, das wäre das Verfahren. Das eignet sich bei sequenziellen Strukturen. Bei nicht-sequenziellen oder nicht-linearen Strukturen müssen natürlich entsprechend andere Interpretationsverfahren angewendet werden.

Werner Schneider
So viel zur Methodendebatte.

6 Beschreiben, Verstehen, Erklären

Reiner Keller
Sicherlich wären bei einem nächsten Treffen auch weitere Dinge zu besprechen, etwa das Verhältnis von Diskurstheorie und Differenzierungstheorie. Wir hatten für diese Runde noch vor, einen weiteren Punkt zu diskutieren, der mit den Begriffen »Verstehen und Erklären« wohl nur ungenau beschrieben ist. Ist Diskursforschung deskriptiv oder erklärend? Was wird hier durch was erklärt? Was meine ich damit? Die These in Willy Viehövers Dissertation (Viehöver 1997) war, per Diskursanalyse ein Stück weit die Dominanz oder den Erfolg eines bestimmten Narratives oder einer bestimmten Klimaerzählung aus der Vollständigkeit (oder »Gelungenheit«) der Erzählstruktur heraus zu erklären, wenn ich das richtig verstanden habe.

Willy Viehöver
Aus der Struktur ja, aber abhängig von Meta-Narrativen und historisch-institutionellen Kontexten, es kommt immer auch darauf an, wann und wo so eine (Problem-)Narration passt. Also bei mir war es damals so gewesen, dass ich u.a. bei dem Soziologen Klaus Eder in Florenz studierte und da auf den Politikwissenschaftler Giandomenico Majone gestoßen bin, der dann die Frage gestellt hat: »Does discourse matter?«. Wenn diese Frage mit ja beantwortet werden sollte, dann nur unter Klärung der Frage, unter welchen Bedingungen und warum dies der Fall sein sollte? Die Gegenthese lautete etwa: Ist es nicht ausreichend zu sagen, dass wenn die soziale und politische *opportunity-structure* günstig ist, das heißt etwa die oder die Partei gewählt wird, dann setzt sich bspw. der Diskurs der oder das Narrativ der Klimaskeptiker durch, und wenn nicht, dann prädominiert die anthropogene Global Warming Story. Dazu brauche ich dann im Grunde gar keine Diskursanalyse zu machen. Ich muss einfach nur genaueres über die politischen Machtverhältnisse und die entsprechenden Gelegenheitsstrukturen wissen, um zeigen zu können, welche Deutungen des Klimawandels sich im Feld der Politik durchsetzen. Den Deutungen selbst, oder wie ich zu sagen bevorzugte: den Narrativen, kam vielleicht eine deskriptive Bedeutung, aber keine erklärende Rolle zu. Ich habe demgegenüber immer gedacht, werden nicht die Art und Weise, wie wir handeln und wie wir denken, durch (narrative) Diskurse geprägt? Kann es nicht sein, dass es doch an der Logik, »Grammatik« oder Struktur von Deutungen oder der Narrationen liegt, dass sich Denk-, Wahrnehmungs- und Handlungsweisen durchsetzen oder nicht? Ich bin dann damals neben Paul Ricœur und seiner Narrationstheorie auf Literatur über Narrationen gestoßen, die gefragt hat: Wann akzeptieren Menschen etwas als eine Geschichte? Müssen Geschichten einen bestimmten episodischen Aufbau haben? Eine Antwort lautete, ja, sie müssen einen Anfang, eine Mitte und ein Ende haben; das ist im Grunde die einfache Aristotelische Variante (Titscher/Wodak/Meyer/Vetter 1998, S. 161). Das mit der Mitte war mir schon klar, schien mir aber unterkomplex. Wenn ich diachrone Entwicklungen einer Narration un-

tersuchen will, dann kann ich nicht hingehen, wie etwa Claude Lévi-Strauss (1975; 1977) hinsichtlich seiner Analysen von Mythen in sogenannten kalten Gesellschaften ohne Geschichte und sagen, gut, Narrationen sind in sich abgeschlossene Geschichten. Vielmehr sind diese immer ereignisoffen, wobei schon der Begriff des *Ereignisses* als solches wieder problematisch ist, weil es können physikalische Erscheinungen irgendeiner Außenwelt sein oder Ereignisse können eben auch von unterschiedlicher Dauer sein, wie das Paul Ricœur (2007) ja auch formuliert hat, es kommt darauf an, wie sehr ich die Linse aufmache. Meine ich damit ein Ereignis der Entzauberung, also eine Periode die zweihundert Jahre umgreift, oder meine ich eine einzelne Schlacht oder irgendwie ein anderes Vorkommnis, dem der Charakter eines besonderen Ereignisses zugeschrieben wird. Und genau dieser Akt der Zuschreibung ist schon wieder diskursabhängig. Da habe ich dann damals überlegt und mich gefragt, was musst du dir eigentlich genau angucken? Enthält eine Geschichte nicht relativ viele Episoden und nicht nur einen Anfang, eine Mitte und ein Ende, und ist diese Zahl zwar endlich, aber doch abhängig von dem, was ich untersuchen will?

Bei mir war es zum Beispiel die Geschichte vom globalen Klimawandel (Viehöver 1997; Viehöver 2010a; Viehöver 2010b). Da gibt es eine Episode zur Ursache des Klimawandels, und in dem Zusammenhang ist die Frage, wem oder was wird die Ursache für den globalen Klimawandel zugeschrieben? Gibt es da nicht, je nach Narrativ, typische Aussagen darüber, was die Konsequenzen des Klimawandels sind? Du (Reiner Keller) hast es ja in deiner Dissertation mit Bezug auf die Aspekt- oder Phänomenstruktur auch ähnlich beschrieben. Und dann versuchte ich eben zu sagen, dass ich versuche konkurrierende – (und da haben wir wieder das Problem mit dem Bilden möglichst kontrastiver und trennscharfer Fälle, hier also Narrationen) Fälle, wobei das nicht unbedingt synchron zu sehen ist, sondern diese Ausrichtung kann man auch in der Zeit anlegen. Dies indem ich möglichst weit auseinanderliegende Texte anschaute, die über zwanzig oder dreißig oder fünfzig Jahre zurückliegen und eben rezentere, je nachdem, was ich für einen Horizont ins Visier nehmen will, damit ich überhaupt zu Aussagen über den Wandel der Wahrnehmung des Klimawandels kommen kann. Das kann als solches aber noch nicht ausreichen. Dann bin ich halt über den Ricœur gestolpert, also seine Idee bezüglich der Rolle des Konfigurativen bei der Bildung eines narrativen Plots. Da habe ich dann gedacht: Muss man sich nicht auch die Dramaturgie der Geschichte genauer anschauen? Wie konfigurieren die Erzähler der Klimanarrative ihre Geschichten vom Klimawandel? Und kann es sein, dass zu bestimmten historischen Zeiten ein möglichst dramatischer Aufbau Konjunktur zum Beispiel in den Medien oder in der politischen Arena hat? Und wie steht es mit dem Personal des Narrativs? Geschichten sollten in der Regel einen Helden und einen Bösewicht und diesen dann zugeordnete andere Rollen haben, wie zum Beispiel den Helfer. Wer ist der Empfänger einer Botschaft und wer der Sender oder Auftraggeber? Ich konnte damals, meines Erachtens nach, sechs solcher Klimageschichten identifizieren. Dann habe ich mir bei meinen sechs Klimageschichten angeschaut, ob das ausreicht, ob nur eine, nämlich die »global-warming«-Geschichte einen dramaturgischen Aufbau hatte oder auch andere Narrative, die den Klimawandel beschrieben. Dann habe ich aber schnell gesehen, dass viele andere ebenso einen dramatischen Plot konfiguriert haben. Also auch die Akteurskoalitionen, die etwas über eine kommende und drohende Eiszeit erzählten, waren zu bestimmten Zeitpunkten in den 1970er Jahren auf besonders dramatische Weise organisiert. Das war nicht nur ein bedrohliches Szenario was dort im Narrativ entfaltet wurde, es wurde ebenso eine Zuschreibung auf menschliche Ursachen eines solchen Klimawandels vorgenommen. Ähnlich verhielt es sich dann auch bei dieser Geschichte mit dem nuklearen Winter, die eingangs der 1980er Jahre, zur Zeit des Nato-Nachrüstungsbeschlusses kursierte. Daraufhin habe ich versucht, Kriterien dafür zu finden, warum bestimmte Geschichten in den Massenmedien ankommen und andere, wie zum Beispiel die Sonnenfleckentheorie, überhaupt nicht. Um also dazu eine erste Idee zu geben, warum ich mit Diskurs- oder Narrationsanalyse mehr leisten wollte, als nur beschreiben. Kann es sein, fragte ich mich, dass es dann sozusagen auf der Ebene von einer im Diskurs erzählten Geschichte, oder besser: durch die narrativen Strukturen, die Diskurse organisierten, dann Vor- oder Nachteile gibt, wenn es darum geht, zum Beispiel die politisch-institutionelle Ebene zu erreichen? Müssen die Diskurse »Umwege« gehen, um politisches Gehör zu finden? Wenn ja, über welche Arena?

Zum Beispiel hat sich die Klimadiskussion in den USA zunächst viel schneller auf der politischen Agenda durchsetzen können als in Deutschland. Bei uns erreichte das Thema globaler Klimawandel die politische Agenda nur über den Umweg der medialen Diskussion und dies auch erst, nachdem mit Waldsterben und Tschernobyl bereits andere Umweltthemen medial etabliert waren. Aber reichte das aus, um die Genese und schließlich die Hegemonie der Global Warming Story in den Massenmedien oder auf der politischen Agenda zu erklären? Ich habe halt gedacht, mir reicht das nicht aus, eine Diskursanalyse zu machen, die einfach etwas beschreibt und sagt, gut, ich habe euch hier mehr oder weniger plausibel sechs Geschichten über den Klimawandel vorgestellt. Sie zeigen, dass die menschliche Wahrnehmung dessen, was Klima ist und wie und unter welchen Bedingungen es sich wandelt, historischen Veränderungen unterliegt. Sie zeigen auch, wie Ulrich Beck, ich glaube es war in der Risikogesellschaft, einmal sagte, Natur sei selbst historisch geworden. Vielmehr habe ich weiter danach gefragt, warum sich denn die eine Geschichte durchgesetzt hat. Wenn ich also meine, dass discourse matters, dann müssten sich über irgendwelche politischen Gelegenheitsstrukturen und Machtkonstellationen hinaus auch Kriterien auf der Ebene des Diskurses finden lassen, sodass ich dann am Ende in der Zusammenschau sagen kann: Aus den und den Gründen musste sich die eine oder andere Geschichte for the time being durchsetzen.

Wolf-Andreas Liebert
Und was war deine Antwort? Warum hat sich das eine durchgesetzt?

Willy Viehöver
Ich habe versucht, mich zum Teil ein bisschen aus der Affäre zu ziehen, indem ich mich, neben der strukturellen und inhaltlichen Dimension der Narrative selbst, für eine Reihe von Erklärungsfaktoren entschieden habe. Das schien mir aus strategischen Gründen geboten, weil Politikwissenschaftler mutmaßlich zum Kreis der Gutachter gehörten. Es gibt aber meines Erachtens ein paar Gründe, wo ich immer noch meine, die Kraft der Klimageschichten hat etwas mit der dramatischen Struktur und dem Plot des jeweiligen Narrativs zu tun und mit der Frage, ob es menschliche Ursachen sind, die für den globalen

Wandel des globalen Klimas verantwortlich gemacht werden. Dennoch konnten sich solche Narrative erst auf der medialen Agenda und auch der politischen Agenda institutionell festsetzen, als sich parallel auch schon die Umweltdiskurse entwickelt und institutionalisiert hatten. Sagen wir, mit Rachel Carsons (1962) *Silent Spring* von 1962 verbesserten sich die Möglichkeitsbedingungen, dass man in den Medien landete erstmals, einerseits weil wissenschaftliche epistemic communities sich formierten, die das Thema globaler anthropogener Klimawandel angingen und andererseits diese Narrative dann ihrerseits eingangs der 1970 Jahre, insbesondere in den USA, aber nicht nur dort, auch im Rahmen dramatisierender narrativer Plots an die mediale Öffentlichkeit brachten. Und danach sind aus meiner Sicht ein paar der konkurrierenden Narrative aus dem Kampf um Deutungsheit rausgefallen, so zum Beispiel eben diese Narration, die zyklisch zunehmende und abnehmende Sonnenaktivitäten zentral stellte. Aber neben der Global Warming Story wiesen auch eine Reihe anderer Erzählungen eine dramatische Struktur auf. Eine zweite Geschichte vom globalen Klimawandel, die letztlich trotz eines dramatischen Plots aus der medialen Berichterstattung und der politischen rausgefallen ist, ist das Narrativ vom nuklearen Winter, das, wie ich eben sagte, eingangs der achtziger Jahre und dann zur Zeit des Golfkriegs noch einmal Aufmerksamkeit erhielt. Diese Geschichte ist aber diskursanalytisch deshalb ganz interessant, weil sie zeigt, wie Diskurse »scheitern« können, wenn sie sich auf eine bestimmte Weise auf Ereignisse in der Welt beziehen. Beim Ersten Golfkrieg ist es ja so gewesen, dass sich da in diese Debatte prominente Klimaforscher eingeschaltet haben. Es wurde ja behauptet, dass durch dieses in Brand schießen der dortigen Ölquellen bestimmte klimatische Prozesse auf überregionaler Ebene, wenn nicht sogar auf globaler Ebene, ausgelöst werden könnten. In dem Fall – damals war der Red Adair, ein prominenter Feuerwehrmann, der auf das Löschen von Bränden in Ölquellen spezialisiert war, da – ist das ein »Ereignis« gewesen, was sozusagen kontraproduktiv für diese Diskurskoalition der vor einem Atomkrieg warnende Klimaforscher war, weil in wenigen Stunden oder Tagen waren diese Feuer gelöscht und damit trat in der Folge entsprechender medialer Resonanz ein Glaubwürdigkeitsverlust für diese Gruppe der Klimaforscher ein, die sich in diese Debatte eingeklinkt hatten. Das war die Konsequenz. Entsprechend war diese Geschichte vom nuklearen Winter ziemlich schnell vom Tisch und verschwand von der Agenda.

Am Ende der 1980er Jahre blieben eigentlich nur noch zwei Klimanarrationen in der öffentlichen und politischen Debatte. Nämlich diejenige, die behauptet, das ganze Gerede über den Klimawandel ist eine Medien- oder Wissenschaftserfindung, und diejenige, die sagt, es gibt einen globalen anthropogenen Treibhauseffekt und der ist negativ und daher zu vermeiden oder wenigsten durch nachhaltige Politik zu mildern. Eine weitere Geschichte, die besagte, der Klimawandel hat positive Wirkung (Klimaparadies), das waren insbesondere die Russen und Kanadier, da würde ich sagen, dass das einfach keine Erzähler und keine sie tragende aktive Diskurskoalition mehr gehabt hat und deshalb waren die bereits Mitte der 1980 Jahre im Wesentlichen aus der öffentlichen Debatte raus. Es gab überhaupt nur noch zwei, drei Leute, die diese Version erzählt haben. Da wäre zum Beispiel jetzt eine weitere Geschichte weg gewesen, auf die ich hier nicht weiter eingehe. Also ich würde jetzt nicht sagen, dass es da jetzt nur einen Grund gibt, weshalb sich eine Deutung oder ein Narrativ durchsetzt; neben der inhaltlichen Struktur der Erzählung selbst, ihres dramatischen Plots etwa, braucht es auch eine aktive epistemic community, die sich an die Öffentlichkeit richtet, und eine institutionelle Resonanz. Ein weiterer inhaltlicher Punkt war gewesen, dass ich gesagt habe, solche Risikogeschichten sollten in der Regel als »near future«-Szenarien organisiert sein. Der Faktor Zeit, im Sinne der erzählten Zeit, spielt hier meines Erachtens eine Rolle. Zum Beispiel, um das mal klarer zu machen – deshalb habe ich angefangen mich überhaupt für die Zeitstrukturen zu interessieren, die eine Geschichte entfaltet –, Svante Arrhenius hat 1896 schon ziemlich genau ausgerechnet, dass es unter bestimmten Umstände zu einer Verdopplung, Verdreifachung oder einer Vervierfachung der Treibhausgase kommen kann und er meinte, dass das unter Umständen Auswirkungen auf das globale Klima hat. Aber er hat im Rahmen seines Narrativs total andere Zeitstrukturen eingeführt, als dies die Klimawissenschaftler, die die Global Warming Story verfechten, heute machen. Der hat gesagt, wenn überhaupt etwas passiert, dann in tausend oder mehr Jahren. Er hat sozusagen überhaupt kein zeitnahes Gefahrenszenario entwickelt. Aber die späteren Geschichten, die es Ende der 60er Jahre des letzten Jahrhunderts gab, die hatten so ein »near future«-Szenario, dann hieß es in 50 bis 100 Jahren würde in Bezug auf den globalen Wandel des Klimas etwas Entscheidendes passieren. Es war auch nicht schon so, dass sie eingangs der 1970er und 1980er Jahre typischerweise gesagt haben, der Wandel sei schon eingetreten. Das ist hingegen das, was die Verfechter der »nuklearen Winter«-Story gemacht haben, und als der Golfkrieg ausgebrochen ist, dann hieß es so in der Art: »Hier wurden die Ölquellen trotz aller Warnungen in Brand geschossen und jetzt haben wir das Problem«. Dann hat es kaum vier Wochen gedauert und die Feuer waren gelöscht. Das kann auch ein Grund gewesen sein, weshalb wir heute immer noch häufig sagen: »die Katastrophe *droht, wenn wir nicht bald ...*«. Zwar wird heute darauf hingewiesen, dass es da starke Indikatoren gibt. Aber das ist immer noch sehr riskant, so etwas zu sagen, nicht nur, weil die Klimaskeptiker immer noch bemüht sind, die Glaubwürdigkeit der Klimawissenschaftler des Intergovernemental Panels for Climatic Change zu untergraben. Auch das »Laienverständnis«, das Wetter und Klima nicht auseinanderhält, um es einfach zu sagen, spielt eine Rolle, denn im nächsten Sommer haben wir dann zum Beispiel wieder einen regnerischen Sommer und das ist dann eher wieder »der Beweis« für das Gegenteil von Global Warming.

Wolf-Andreas Liebert
Genauso wie das Krebsmedikament, was in 30 Jahren auf dem Markt ist, oder das energiesparende Elektroauto, was es dann serienreif in zehn Jahren gibt.

Willy Viehöver
Das war damals, soweit ich es noch rekonstruieren kann, dass ich versucht habe, eine ganze Serie von Gründen zu finden, warum einige Deutungen zu bestimmten Zeitpunkten in Vorteil geraten und deshalb mehr rezipiert werden, und andere wiederum nicht.

Werner Schneider
Was ich jetzt nicht so ganz verstehe, oder auch an alle gefragt, du hast das jetzt eingeleitet mit der Frage: »Does discourse matter?«. Ich würde ja diese Frage nicht dadurch beantwortet sehen, dass ich empirisch zeigen kann, dass sich irgendwie von vier, fünf konkur-

rierenden Geschichten halt eine als die Geschichte, die dann weiter erzählt wird, durchsetzt, weil ich dann immer noch nicht die Frage beantwortet habe, »does discourse matter?«, im Sinne von: Wirkt diese Geschichte in irgendeiner Weise auf jemanden, auf etwas, in welchen Zeithorizonten? Oder habe ich da jetzt etwas missverstanden?

Willy Viehöver
Also ich würde jetzt erst einmal sagen, wir sind noch nicht am Ende angekommen. Das, was ich gerade erzählt habe, war ja eigentlich im Vorfeld der Institutionalisierung des internationalen Klimaregimes. Es kommt jetzt darauf an, was man als Gründungsereignis ansieht. Also ist das Gründungsereignis das Erzählen dieser Geschichte? Also, dass etwas wie der globale Wandel des Klimas überhaupt denkbar wird. Da sehe ich die Rolle von Diskursen oder, wie bei mir, von narrativen Diskursen. Dann muss man sicher auch danach fragen, wann was wo überhaupt denkbar wurde. Ich bin ja dann noch weiter historisch zurückgegangen, denn nicht einmal die Vorstellung eines globalen, sich wandelnden Klimas kann ja vorausgesetzt werden. Darum habe ich das dann metaphorisch im »sublunaren Raum« verortet, das ist ja ein Begriff, der glaube ich sogar von Weber stammt. Es geht um das Denkbarmachen eines Raumes, den wir heute wissenschaftlich gesehen »Atmosphäre« nennen. Das war im 16. Jahrhundert in diesem Sinne nicht denkbar. Das fing an mit der Vorstellung einer Atmosphäre, die bis in diese und jene Höhen geht, im 19. Jahrhundert an, so etwa systematisch bei Hann (1896). Im neunzehnten Jahrhundert entwickelten sich auch bereits verschiedene Geschichten über globalen Klimawandel, von denen ich eben sprach. Damals hatten etwa viele Angst vor einer neuen Eiszeit und den großen Gletschern, die wieder alles zerstören könnten, was die moderne Zivilisation ermöglichte. Du brauchst zunächst überhaupt mal diese Geschichte vom Wandel des globalen Klimas und die Vorstellung eines Raumes, in dem dies passiert, um in diesem Sinne Klimawandel überhaupt sozial gesehen denkbar zu machen. Da sind eben entsprechende Diskurse wichtig.

Dabei fand ich aber auch, was bei Foucault meines Erachtens immer zu kurz kommt, dass diese kontroverse Auseinandersetzung oder die Deutungskämpfe wichtig sind, die doch meist stattfinden, bevor sich dann eine (neue) Denkweise und Sichtweise durchsetzt, die dann wie die Global Warming Story in den 1990er Jahren aus meiner Sicht, hegemonial wurde. Sicher, da kommt dann wieder diese große sozialwissenschaftliche Debatte nach, wie man denn beweisen kann, ob etwas überhaupt hegemonial geworden ist. Muss man dann quantifizieren oder muss man es nicht? Du, Reiner (Keller), hast mir dann damals immer entgegnet, indem du sinngemäß gesagt hast: »Nur wenn du durch sechs, sieben Tageszeitungen gehst und Statistiken machst und zeigen kannst, dass die eine verschwindet, ist immer noch nicht gesagt, dass diese andere Deutung hegemonial ist«. In der Tat gibt es dann auch genügend Leute die sagen, dass manchmal ein Artikel im Spiegel reicht und die Welt ist eine andere. Oder damals als Nico Stehr, einer der Juroren bei meiner Thesis Defense, dann zu mir gesagt hat: Gut, Sie haben alle möglichen Tageszeitungen untersucht, aber nicht die Bildzeitung. Das hielt er für ein großes Manko, weil die rund eine Million Exemplare druckte. Aber ich glaube, dass sich die Klimadiskurse an Leute oder Institutionen gerichtet haben, für die die Bildzeitung zunächst einmal sekundär war. Die Bildzeitung war aus meiner Sicht kein zentraler Gatekeeper. Da gab es sicher auch einfach pragmatische Gründe, wo die anderen Zeitungen auch leichter verfügbar waren. Aber bei *discourse matters* habe ich einfach mal probiert zu zeigen, dass durch Narrative überhaupt erst einmal die symbolischen Voraussetzungen geschaffen wurden, so ein Phänomen wie den globalen anthropogenen Wandel des Klimas denkbar zu machen.

Wenn etwa Paul Ricœur sagt, Geschichten konfigurieren vermittels der narrativen Plots die Sicht der Welt auf eine bestimmte Weise, so war dies für mich Anlass zu sehen, wie sich die Konfiguration mit Blick auf das globale Klima und den atmosphärischen Raum historisch entwickelte. Das war ein Schritt der Analyse. Dann kann man aber doch fragen, wie die sich formierenden Diskurskoalitionen oder epistemic communities, die sich u.a. aus Klimaforschern zusammensetzten, das eigentlich auf der Ebene der Narrationen machen. Weiter habe ich dann genauer nach den Strukturen dieser Narrative geschaut und gefragt, ob es vielleicht wirklich so ist, dass alle Stories dramatisch aufgebaut sind. Wenn ja, woran könnte das liegen? Leben wir dann in einer Zeit, in der die mediale Berichterstattung scharf auf Dramatik ist? Damals fing eine intensive Phase mit der Medien- und Agenda-Settingforschung an. Und dann wurde immer gesagt, dass Mediennachrichten eine gewisse Dramatik aufweisen müssen. Aber Anfangs der 1970er Jahre waren es Klimaforscher selber, die gesagt haben, dass sich eine Geschichte dann besser durchsetzt, wenn die Autoren, die ein Narrativ über die Ursachen und Folgen des globalen Klimawandels – ob nun Eiszeit oder Treibhauseffekt ist erst einmal gleich – erzählen, die Art und Weise, wie sie über den Klimawandel erzählen, ändern. Stephen Schneider von der Stanford University war in Amerika dann einer der prominenten Wissenschaftler, die gesagt haben, dass wir uns auf den globalen Klimawandel einstellen müssen und dass wir unsere Ziele nur dann durchsetzen können, wenn wir aus diesem reinen Wissenschaftsdiskurs herausgehen und uns an die Politik und an die Medienöffentlichkeit richten. Und damit wir da überhaupt erfolgreich sein können, müssen wir die Geschichte auch verständlicher machen und entsprechend dramatisierend erzählen. Das haben er und andere dann auch getan, in der Absicht, die Öffentlichkeit und die Politik vor den Gefahren eines globalen anthropogenen Klimawandels zu warnen. Die Formierung von epistemic communities und deren Praktiken des Erzählens und die Einstellung zu Kommunikation mit der Öffentlichkeit waren demnach weitere Faktoren, die für mich eine erklärende Rolle spielten.

Werner Schneider
Aber ich muss gestehen, dass ich es nicht verstehe. Mir geht es vielleicht wie dir vorhin bei der Sequenzanalyse. Wo ist jetzt das Grundproblem?

Reiner Keller
Im Kern ist – soweit ich das verstanden habe – deine Frage eine, die die anderen auch betrifft. Also die Frage: Hast du sozusagen auf der Ebene von Textelementen – die »Heuschrecken«, das war so ein Beispiel von Metaphern – also welche Erklärungskraft haben eigentlich solche Konzepte? Kann ich die narrative Gestalt oder kann ich die gelungene Metapher als ein Erklärungselement dafür nehmen, dass ich sage: Da setzt sich eine bestimmte Diskursposition durch und wird die, die auf einmal überall benutzt wird. Oder

ist der Erfolg der Metapher oder der Geschichte – weil du dich jetzt stark auf die Wissenschaft bezogen hast – eigentlich an soziale Kontexte und Faktoren oder Kapitale und Ressourcen von Akteuren beispielsweise zurückgebunden, die genau das benutzen?

Werner Schneider
Also die Frage: Was nimmt man als Erklärungsmoment?

Reiner Keller
Ja. Welche Rolle spielt eigentlich die Ebene von der Narration oder der Erzählung oder des Inhalts einer Geschichte, und eben die formale Gestalt? So habe ich das immer verstanden.

Willy Viehöver
Ja, genau. Ich wollte zeigen, wie sich durch die Verwendung bestimmter Plots und bestimmter Metaphern eine neue Sichtweise auf den atmosphärischen Raum durchsetzte. In der Metapherntheorie gibt es das nicht nur von Ricœur (1991a; 1991b; Ricoeur/Greimas 1991), sondern auch von anderen, die gesagt haben, es kann etwas Neues gedacht werden, wenn man bestimmte Metaphern einführt, die etwas, was bisher noch nicht gedacht werden konnte, eben durch die metaphorische Rede plastisch macht. Zum Beispiel eben die Treibhaus-Metapher, die in das Narrativ vom Klimawandel eingebaut ist. Damit macht man etwas auf neue Weise denkbar. Ricœur hat dann auch gesagt, um das Ganze noch einmal komplexer machen, indem ich Metaphern, Gründe und alle möglichen Akteure und Ereignisse in eine komplexere Geschichte mit in den Plot hineinpacke, schaffe ich in Form lebendiger Geschichten eine neue Sicht auf die Welt und entsprechende Erfahrungsräume und Erwartungshorizonte. Auch Hayden White (1990) hat darauf hingewiesen, dass die Durchsetzung von Deutungen etwas mit der Bedeutung der Form von Narrationen zu tun hat. Damit bestimmte Diskurselemente *consequential* werden oder bestimmte institutionelle Wirkungen entfalten können. Nur, was ist denn dann die Form? Nur der Umstand, dass Geschichten eine bestimmte episodische Strukturierung haben, was der Levi-Strauss immer gesagt hat? Sind es also die einzelnen Sequenzen einer Geschichte, erst geschieht das, dann das und dann das und dann löst sich der Konflikt auf und die Geschichte ist zu Ende? Oder liegt es an der Art und Weise, wie Geschichten mehr oder weniger dramatisch konfiguriert werden, also am Plot? Das war Ricœurs Konzept, dem ich hier im Grunde folgte. Indem ich eine bestimmte Dramatik einbaue oder indem ich bestimmte Gegner im Rahmen des Plots gegeneinander spielen lasse, die dauernd irgendwelche Prüfungen, Widerstände und Abenteuer erleben. Diese Geschichten sind dann entsprechend ereignisoffen und man kann da immer wieder irgendwelche Ereignisse einbauen, bestimmte Klimakonferenzen oder ein Extremwetterverhältnis, und so weiter. Dann kommt es darauf an, was ich zeigen will. Will ich einfach nur zeigen, wie Klimaforscher etwas über die Ereignisse im atmosphärischen Raum erzählen oder will ich auch zeigen, wann sich etwas auf der Medienagenda durchgesetzt hat und wann und warum auf politischer Ebene mit welchen Konsequenzen? Das kommt auf die Fragestellung an. Also zum Beispiel der Aufbau eines internationalen Klimaregimes wäre dann schon die Konsequenz dieser seit den frühen siebziger Jahren erzählten Klimageschichte

über den anthropogenen Treibhauseffekt, ihrer medialen und ihrer politischen Resonanz. Wo ist das jetzt noch nicht klar?

Reiner Keller
Ich glaube, euch ist das auch nicht so ganz klar?

Wolf-Andreas Liebert
Sagen wir mal so, dass narrative Strukturen wichtige Elemente der Diskursanalyse sind, ist, glaube ich, klar! Das war ja dein Punkt: Ich kann das erklären. Die Erklärung war: Das IPCC bildet sich nur, weil vorher jemand eine Geschichte erzählt hat mit bestimmten dramaturgischen Elementen.

Willy Viehöver
Ich könnte ja sagen, ich gebe mich einfach damit zufrieden, dass ich sechs Geschichten beschreibe. Das hat einen ganz bestimmten Grund, weshalb ich das so getan habe, wie ich es gerade versucht habe zu erzählen. Die politikwissenschaftlichen Gutachter haben mir jedoch gesagt, sie möchten gerne von mir wissen, was meine unabhängige Variable (etwa Klimanarrative) und meine abhängige Variable sei. Darauf musste ich für mich eine Antwort finden und mich entsprechend an diesem Schema abarbeiten.

Wolf-Andreas Liebert
Das ist Diskurs wie er leibt und lebt.

Willy Viehöver
Und wenn du das nicht hinkriegst? Wenn ich sagen will, dass ich mit dem Narrativen irgendetwas erklären will, nämlich dass zum Beispiel so ein Klimaregime gebildet wird oder sich eine bestimmte Sicht auf den Klimawandel in den Medien zu einem bestimmten Zeitpunkt etabliert. Du hast dann beispielsweise die United Nations Framework Convention on Climate Change von 1992. Das ist sozusagen ein institutionelles Ergebnis eines Diskurses. Was war denn nötig, damit das passieren konnte? Wonach schaut man da? Reicht da der Blick auf bestimmte »Schlüsselwörter«, die mehr oder weniger häufig auf der Medienagenda oder der politischen Agenda auftauchen? Aber die Schlüsselwörter sind bei den ganzen Diskurskoalitionen, die sich da gebildet haben, in völlig andere Geschichten eingepackt. Deswegen habe ich dann gesagt: Okay, da gibt es nicht einfach nur eine Geschichte über die globale Erwärmung, sondern da gab es sechs konkurrierende Geschichten. Warum steht dann am Ende die Globale-Erwärmungs-Geschichte sozusagen als die Siegerin da? Heute würde ich die Sache auch noch differenzieren, aber damals hab ich mir gesagt: Liegt das in der Struktur der Geschichten, welche Deutung konsequenzenreicher ist als andere? Man kann da eigentlich an zwei Stellen ansetzen: an der Struktur der Geschichten und am Rezeptionsraum der Geschichten. Ich würde hierbei in beiden Bereichen suchen, weshalb etwas erfolgreich ist, oder nicht. Oder wenn du national oder kulturell vergleichen möchtest, dann geht es halt darum, zu zeigen, warum es in den USA so gewesen ist, dass sich die Science-Fiction Story, also die, die gesagt haben, dass sei eine reine Fiktion, sehr viel länger hat in der medialen und politischen Debatte

halten können. Da kommen dann häufig die Politikwissenschaftler, die dann einfach sagen, es liege daran, wer gerade an der Macht war. Da braucht man dann keine Diskursanalyse, um etwas zu erklären. Damit kann ich aber nicht zeigen, wie und in welcher Weise es dazu kam, überhaupt anthropogenen Klimawandel denkbar zu machen.

Jürgen Spitzmüller

Wenn ich es jetzt richtig verstehe, dann geht dieses »*matters*«, wie relevant Diskurse sind, der Frage nach, was sich am Ende durchsetzt. Setzen sich also Narrative gegen konkurrierende Narrative durch und gelangen dadurch ins Zentrum des allgemeinen Diskurses? Man kann die Frage auch anders beantworten, indem man sagt: »Discourse matters to the people«. Das heißt: Für die Diskursgesellschaften, die »im Diskurs« stehen, für die hat das Relevanz. Ob das jetzt ein »kleiner«, ein mini-subversiver Diskurs ist, oder der hegemoniale Diskurs, ist zunächst einmal nicht unbedingt von Bedeutung. Man kann die Frage der Hegemonialität ja auch zunächst einmal ausklammern und sagen: Diskurs ist – wie wir das im Lauf dieses Gesprächs schon einmal gesagt haben – deshalb relevant für die Leute, weil die Art und Weise, wie sie sprechen und handeln, für sie plausibel ist und die Welt plausibel macht.

Mich hat immer folgende Frage mehr interessiert: Warum verstehen sich Menschen *nicht*? Warum verstehen sich Kollektive nicht? Warum sagt zum Beispiel die Linguistik etwas, was sie hochgradig plausibel findet, was aber andere Leute (z. B. Sprachkritiker) für völligen Quatsch halten? Mein Ziel war immer zu verstehen, wie es zu solchen diskursiven Klüften kommen kann – warum also für verschiedene Diskursakteure verschiedene Diskurse »relevant« sind. Der Fokus liegt dann auf den Kollektiven und ihren jeweiligen diskursiven Voraussetzungen, ihren Narrativen, den Geschichten, die sie für plausibel halten, den Metaphern, Schlüsselwörtern und sonstigen Formen, mit denen sie die Welt erzählend gestalten.

Die Frage, warum sich Diskurse verändern, warum sich ein Narrativ durchsetzt und wichtig wird, ist meiner Meinung nach von der Relevanzfrage unabhängig. Außerdem ist sie schwer zu beantworten, weil sie mit der Frage zusammenhängt, wie (und ob) man Wirkung erklären kann. Welche Faktoren spielen hier eine Rolle: die Art des Narrativs, die soziale Position der Akteure, die eine Geschichte erzählen, der Zugang zu medialen Ressourcen? Das ist sehr schwer zu fassen. Aber ich glaube nicht, dass die Frage »does discourse matter?« hiervon abhängig ist.

Willy Viehöver

Das habe ich auch gar nicht behauptet. Reiner hatte ja gesagt, Willy erklär nochmal, was du damals warum gemacht hast. Es war ein wenig dadurch konditioniert, dass einer, nein mehrere, Klaus Eder und Giandomenico Majone als Supervisoren am European University Institute in Florenz, gesagt haben, jetzt argumentiere doch nicht immer so, was u.a. für Diskursanalysen typisch ist, als hinge alles mit allem zusammen. Gewünscht war, so verstand ich das, ein klareres Kausal- und Folgeschema. Wenn du sagst, ich will erklären, wie ist das globale Klimaregime oder wie sich eine bestimme Sichtweise auf das Klima nicht nur konstituieren konnte, sondern sich auch in den Massenmedien durchsetzte, und du willst das diskursanalytisch machen, dann versuche doch auch zu zeigen, wie und in welcher Weise das mit Diskursen zu tun hat. Wir haben darüber auch eben geredet. Dann musste man sich erst einmal gegen ein Diskursverständnis wehren, das zum Beispiel sagt, Diskurs ist à la Habermas die Verwendung von Argumenten, oder auch, Diskurse betreffen das Reden, aber nicht das Handeln. So hat ja auch Christoph Lau hier in Augsburg immer die Diskursebene von der Ebene der Praktiken und deren Konsequenzen unterschieden. Dies klang so, als seien Diskurse die eine Dimension und die Praktiken und Handlungen sind dann was völlig anderes. Man musste also erst einmal rechtfertigen, dass (narrative) Diskurse Modelle der Welt konstituieren. Relevanzen bezogen auf irgendwelche Kollektive, die würde ich, wie Du Jürgen, auch sehen. Aber ich würde das schon unterschreiben, dass wir zeigen müssen, inwiefern »Discourse« auch jenseits der Diskurskoalitionen oder epistemic communities, die eine Klimanarration generieren »*matters*«. Insofern liefern Diskurse immer auch Modelle *für* die Welt, wie Clifford Geertz sagte. Das war nun einmal so, weil das für mich ein Ausflug war in eine bestimmte Art der Politikwissenschaft, die in diesen Ursache- und Wirkungsschemata denkt. Dann habe ich gedacht, ok, der Ricœur macht das auch; die Frage von Ursache und Wirkung kann ich in Bezug auf das Erzählen von Geschichten rekonstruieren. Das sieht man heute (bezogen auf den Zeitpunkt, als dieses Gespräch stattfand) auch mal wieder. Die ganze Welt redet davon, ja, diese globale Erwärmungsgeschichte hat sich bislang durchgesetzt, was nicht heißt, dass es nicht wieder Versuche der Umdeutung gibt. Was machen die Italiener, namentlich Silvio Berlusconi und viele andere gerade? Sie sagen jetzt, die Energieverschwendung, die man betreibt, indem man Klimakonferenzen organisiert, das ist eine Variation und Aktualisierung dieser Science-Fiction-Geschichte, der zufolge der Klimawandel eigentlich gar nicht existiert. Wenn es überhaupt eine Art von Umweltverschmutzung gibt, dann dadurch, dass man solche Konferenzen organisiert und dadurch geistige und finanzielle Energien verschwendet. Das ist eine völlige Umkehrung der Geschichte, von Ursachen und Folgen und zwar im Rahmen des narrativen Plots. Das könnte ich so weiter treiben, aber ich habe nicht gesagt, das geht nur so. Ich wollte das damals probieren. Heute würde ich bestimmte Dinge modifizieren, aber nicht alles. Aber es bleibt für mich die Frage, wenn wir Diskursanalyse machen, leisten wir dann mehr als nur *beschreiben*? Vielleicht sind wir deswegen nicht aneinander geraten, aber mich hat dein Beispiel, Werner, irritiert und daher meine Idee, es dann doch mal mit Max Weber zu probieren, weil er hatte ein ähnliches Problem, auch er hat Ursache-Wirkungs-Zusammenhänge im Blick. Sicher, er nennt es dann *Wahlverwandtschaften*, aber er will doch nahelegen, dass seine von ihm untersuchte Ratgeberliteratur über längere Zeiträume einen gigantischen gesellschaftlichen strukturellen Wandel erzeugt haben, so lese ich ihn jedenfalls immer noch.

Jürgen Spitzmüller
Vielleicht muss man bestimmte Inkompatibilitäten aber auch akzeptieren. Wenn jemand aus einer anderen Disziplin auf mich zukommt und sagt: »Zeig doch mal, was relevant ist«, dann würde ich jedenfalls nicht gerne *deren Relevanzkriterien* heranziehen, wenn ich andere habe. Im Zweifel könnte man auch sagen, man hat eine andere Fragestellung oder Vorstellung davon, was relevant ist. Es muss nicht immer alles kompatibel sein.

Ich habe, als ich zum ersten Mal mit Diskurstheorien in Berührung kam, gemerkt, dass man bestimmte Fragen auch ganz anders stellen kann bzw. dass man zu neuen Fragen kommen und Perspektiven, derer man sich bislang sehr sicher war, auf den Kopf stellen kann. Aus dieser Erfahrung ist mein persönliches Interesse entstanden, aus dem heraus ich versuche, zu beschreiben, um zu erklären: Ich will *verstehen*, warum so eine kommunikative Gemeinschaft offenbar funktioniert, obwohl sie für mich zunächst fremd erscheint – die klassische Frage also, die sich viele Historiker und Ethnologen stellen: Warum funktioniert das? Das ist das erste Interesse: Verstehen wollen. Aus dem Verstehen heraus kommt dann ein *Erklären*.

Was *Kritik* angeht: Ich glaube, dass es sich nicht vermeiden lässt, Kritik zumindest dadurch anzuschließen, dass man durch Beschreibung und Erklärung einen Raum öffnet, an den Bewertungen anschließbar sind. Allein durch die spezifische Darbietung gibt man Rezipienten Optionen für Kritik an die Hand.

Willy Viehöver
Da hätte ich jetzt Schwierigkeiten, das zu verstehen, es ging mir doch auch u.a. darum zu zeigen, wann und wie der globale Klimawandel durch narrative Diskurse überhaupt denkbar gemacht wurde, aber sag du erst einmal, Reiner, was du denkst.

Reiner Keller
Der Hintergrund hier, und ich glaube, deswegen berührt das eigentlich alle Disziplinen mehr, als es am Anfang vielleicht klar geworden ist. Zu Beginn hatte ich erwähnt, ganz am Anfang gab es die Forschung über Mobilisierungsprozesse sozialer Bewegungen, die sogenannte Frame-Analyse von David Snow und Robert Benford (Benford/Snow 2000), bis hin zu William Gamson (vgl. Keller 2011b, S. 78f.) und da war immer die Frage, wie man große Resonanz schafft, wenn man bestimmte Problemerzählungen hat oder wo macht man auch Fehler. Die Idee war, dass diese sozialen Bewegungen, Umweltbewegung, Friedensbewegung etc., sehr strategisch ihre Deutungen und Metaphern wählen und sie haben umso größere Resonanz, je mehr sie, es gibt da diese Begriffe *frame bridging*, *frame alignment* usw., wenn sie einen Schulterschluss zwischen Umweltbewegung und Friedensbewegung schaffen, dann sind sie stärker, und das gelingt ihnen durch strategisches Framing, indem sie beispielsweise das Szenario von Kriegen über Ressourcen entwickeln. Das ist die Idee, und wenn wir von Seiten der Analyse herangehen, dann sehen wir, dass in den Texten bestimmte Deutungen, Elemente, Deutungsmuster und Metaphern auftauchen. Die Frage, wie es zu dieser Kombination kommt, sehe ich so eigentlich nur wenig beantwortet. Zum Beispiel in der Analyse über Müll (Keller 2009), es gab auf einmal dieses Phänomen, das man über Müll, Verbrennungsanlagen und Atomkraftwerke geredet hat. Es gab dazu Symbolisierungen und Bilder, die dieses alles aufgegriffen haben und auf einmal war diese Müllbewegung auf den Titelseiten des »Stern« und überall waren diese Poster. Das ist natürlich ein Prozess, der eine sehr starke Wirkung hat auf Mobilisierungen außerhalb von Demonstrationen, Besetzungen usw. Der hat ganz reale Effekte, und insoweit ist da die Frage, das führt jetzt ein bisschen in die andere Diskussion über Akteure und Strategien, welchen Anteil haben eigentlich Versuche, strategisch zu intervenieren, gerade wenn man Diskurse über Themen analysieren will. Das denke ich gilt für die gesamte Linguistik, genauso wie wenn man jetzt über Rassismus etc. forscht, welche Kombinationen von Begriffen und Strategien werden eigentlich

eingesetzt. Natürlich kann man die immer von außen feststellen und so gehe ich meistens auch ran und versuche das dann aufzuschlüsseln. Doch da kommt die Frage auf, wie wird sowas bewusst genutzt, um Resonanz und Durchsetzung und auch diskursive, politische Landschaften zu verändern, oder wo folgen die Akteure stattdessen – oder vielleicht auch gleichermaßen – dem verinnerlichten sanften Druck einer bereits etablierten Diskursstruktur (vgl. dazu Ulrich/Keller 2014).

Willy Viehöver
Da gibt es andere Fälle, wo das total schief gegangen ist. Bei der »No Blood for Oil«-Kampagne gegen den Irak-Krieg und auch bei den Diskursen des globalen Klimawandels. Ende der 50er Jahre kam diese Metaphorik auf, der zufolge man ein gigantisches globales Experiment in der Atmosphäre durchführte und da haben einige Wissenschaftler wohl auch gesagt, dass man ein ganz gefährliches Experiment mit dem Klima der Erde durchführe. Aber die meisten Atmosphärenwissenschaftler, die das damals gesagt hatten, meinten wirklich nur, da würde ein wissenschaftliches Experiment durchgeführt, um zu sehen, wie Atmosphärenströme usw. funktionieren und erst später, Ende der sechziger und eingangs der siebziger Jahre ist die Geschichte des globalen Experimentes mit dem Klima des Planeten systematisch so umgedeutet worden, dass es ein ganz gefährliches Experiment mit dem Planeten ist, dass die menschliche Lebensweise und ihre Grundlagen gefährdet. Das würde jetzt nicht dem widersprechen, dass man erst einmal versucht, Klimageschichten hermeneutisch auseinanderzunehmen. Was da passiert ist und wie das Phänomen des anthropogenen globalen Klimawandels »denkbar« geworden ist. Ich sage sogar auch, dass diese Problematik mit den Ursachen und Folgen mit in den Diskurs reingenommen werden muss, weil dies eben auch diskursiv organisiert wurde. Auch das Denken in Ursachen und Folgen ist diskursiv organisiert. Trotzdem bleibt am Ende …

Jürgen Spitzmüller
Ich glaube, dass Diskursanalysen das verkomplizieren. Die Frage, die bei anderen Disziplinen oft im Vordergrund steht, ist: Wie funktioniert etwas, wie können wir dieses und jenes machen? So einfach ist das bei Diskursanalysen nicht.

Nachdem meine Dissertation, in der es um Kommunikationsschwierigkeiten zwischen Sprachwissenschaft und der sog. »Öffentlichkeit« ging, publiziert war (Spitzmüller 2005), wurde ich von Linguisten immer wieder gefragt, wie sich die Linguistik denn nun besser »verkaufen« könnte. Ich musste Ihnen antworten: »Es tut mir leid, das weiß ich nicht. Im Gegenteil: Nachdem ich diesen Diskurs analysiert habe, bin ich pessimistischer denn je, was das Verhältnis Sprachwissenschaft – Öffentlichkeit angeht; das kann einfach nicht funktionieren«. Im Grunde war es so: Je genauer ich mir den Diskurs angesehen habe, desto weniger Lösungen hatte ich. Am Ende musste ich dann sagen: »Ich habe keine Lösungen, und das wird wahrscheinlich so bleiben. Ihr könnt zwar weiter versuchen, die »Öffentlichkeit« mit euren linguistischen Einschätzungen zu erreichen, aber macht euch lieber nicht zu viele Hoffnungen«.

Diskursanalyse ist für mich also eher immer etwas gewesen, was mich gelehrt hat, dass die Sachen so komplex sind, durch die jeweilige historische Verortung und durch die unterschiedlichen lebensweltlichen Verortungen, dass man einfache Schematiken, wie sie oft verlangt werden, aus der Diskursperspektive schlicht nicht »problemlösend« anbieten kann. Vielleicht ist das aber gerade die Stärke der Diskursperspektive, dass man immer wieder zu dem Schluss kommt: So einfach, wie ich gedacht habe, ist das nicht.

Wolf-Andreas Liebert
Das würde ich voll unterstreichen. Das war bei den »Wissenstransformationen« (Liebert 2002) genau das gleiche. Du hattest da diese großen Versprechungen der Wissensgesellschaft: Alles vermitteln, die Leute sollen Naturwissenschaften lernen. Aber wenn man sich das genauer anguckt, dann erkennt man, dass dies eigentlich gar nicht möglich ist. Man kann eher sagen, dass es nicht möglich ist, als dass es möglich ist. Einfach weil man ganz unterschiedliche Mechanismen hat und es ist ganz klar, dass du in der populären Kultur ganz bestimmte Verarbeitungsmechanismen hast. Da sind Medien als Akteure, die ganz bestimmte Produktionsschemata haben, praktisch als Basisdefinition ihres Geschäfts. Das ist strukturell nicht mit der wissenschaftlichen Wissensproduktion kompatibel. Das ist halt angelegt im System selber. Da müsste man das System der Nachrichtenproduktion komplett unterlaufen. Ich würde es hier nur unterstreichen, dass die Desillusionierung oft das Ergebnis einer Diskursanalyse ist, nur kann man das schlecht vermarkten. Da kann ich jetzt nicht als Politikberater auftreten.

Willy Viehöver
Vielleicht kann ich das in Bezug auf die eben angesprochene Desillusionierung auch noch sagen. Klar kann es sein, dass man sagen kann, man hielte besser jetzt den Mund, und sich entsprechend aus bestimmten (naturwissenschaftlichen) Debatten heraus. Aber man könnte, bleiben wir beim Beispiel Klimawandel, auch zum Beispiel sagen, selbst wenn sich die Geschichte von einem anthropogenen globalen Klimawandel heute gegenüber konkurrierenden Deutungen (etwas den Deutungen der Klimaskeptiker) durchgesetzt hat, und einige versprachen sich davon ja einen grundlegenden gesellschaftlichen Wandel, etwa in Bezug auf das gesellschaftliche Naturverhältnis und eine entsprechende nachhaltige Wirtschaftsweise. Auch wenn einmal festgestellt worden ist, dass das Narrativ der globalen Erwärmung das einzige in Deutschland ist, das heute von den Leuten noch als legitim akzeptiert wird, dann kann es trotzdem sein, dass diese Deutung von innen her okkupiert wird, etwa dadurch, dass der Schwerpunkt der Interpretation von Nachhaltigkeit nun nicht mehr auf den ökologischen und den sozialen Aspekt, sondern auf den ökonomischen Aspekt gelegt wird. Am Ende verändern sich dann die Vorstellungen davon, welche nachhaltige Lebens- und Wirtschaftsweise es sein soll, in einer Art und Weise, dass sie denjenigen wieder gleichen, die die Vertreter der Global Warming These ursprünglich einmal ändern wollten. Diskurskoalitionen können ein dominierendes Deutungsmuster oder ein Narrativ also von innen her okkupieren und so re-definieren, dass letztlich doch alles weitergeht wie bisher, was in der Klimadiskussion aktuell faktisch auch passiert. Da kann ich dann als Diskursanalytiker dann auch sagen: Ich kann euch diesbezüglich desillusionieren, dass sich tatsächlich etwas grundlegend geändert hat.

Jürgen Spitzmüller
Meine Antwort war dann immer – was aber vielleicht auch nur eine Ausflucht war: Ich kann euch zwar keine Lösung anbieten, aber was ich euch anbieten kann, sind Erklärungen dafür, warum ihr nicht verstanden werdet. Wichtig ist ja, dass man sich selbst überhaupt klar macht, weshalb eine Situation überhaupt so komplex ist, wie sie ist. Ich glaube, dass genau das der große Nutzen der Diskursanalyse ist: dass man zeigen kann, wie komplex die Welt ist und warum sie so komplex ist. Natürlich kann man versuchen, diesen Nutzen zu instrumentalisieren, aber das ist sehr viel schwerer als ein einfaches Handlungsrezept zu vermarkten und pressekompatibel aufzubereiten. Nach dem Schema wird es nicht laufen.

Reiner Keller
Das ist ja dann das Geschäft der Kommunikationsberatung, der PR usw.

Jürgen Spitzmüller
Ja, und die sind darin ja auch viel besser als wir!

Achim Landwehr
Genau deswegen würde ich die Idee der Beschreibung nicht allzu tief hängen. Also zwischendurch hatte ich den Eindruck, vor allem bei der einen oder anderen Bemerkung: Das ist ja wieder *nur* Beschreibung oder ich will ja wieder nur beschreiben oder reicht es, wenn wir *nur* beschreiben. Ich denke immer, eine wirklich gelungene Beschreibung ist immer schon wesentlich mehr als *nur* Beschreibung und sowieso eine hohe Kunst *per se*, die ich sehr hoch halten würde. Gerade der Desillusionierungseffekt, der ja tatsächlich damit einhergeht, der macht für mich deutlich, dass die Differenzierung, die wir jetzt eingeführt haben – und hier ja jetzt auch schon öfter diskutiert und problematisiert haben – von vorneherein nicht in der Schärfe gegeben ist: nämlich die Unterscheidung zwischen »deskriptiv« und »dekonstruktiv«. Desillusionierung ist vielleicht der erste, zweite oder auch dritte Schritt zur Dekonstruktion und noch nicht das Ende, aber auf jeden Fall schon ein sehr wichtiger Schritt in genau diese Richtung. Auch die Differenz zwischen »beschreibend« und »erklärend«: In dem Moment, in dem ich das hinkriege, durch Beschreibung zu desillusionieren, bin ich schon auf dem Weg zu erklären. Vielleicht nicht in der streng analytischen Trennung, wie man das methodologisch ansonsten festmacht, aber ich würde das – wie gesagt – sehr hoch hängen, wenn ich von mir sagen könnte, dass ich eine gelungene Beschreibung hingekriegt hätte.

Wolf-Andreas Liebert
Dann würden wir also sagen, dass wir Kunst machen und keine Wissenschaft?!

Achim Landwehr
Nein, nicht Kunst! Ich weiß aber auch nicht, ob Wissenschaft. Da kommen wir jetzt wirklich in wissenschaftstheoretische Gefilde. Also ich denke zum Beispiel nicht – und da kann ich jetzt auch nur für die Geschichte sprechen, oder für Geschichte als Wissenschaft, die sich selber auch Geschichtswissenschaft nennt –, dass es im streng wissen-

schaftstheoretischen Sinn keine Wissenschaften sind. Das sind gute Beschreibungen. Weswegen es aber noch lange keine Kunst ist, denn sie muss methodisch kontrolliert und nachvollziehbar sein und darf eine ganze Menge nicht tun, die Kunst tun dürfte. Aber wie gesagt, nach wissenschaftstheoretischen Maßstäben denke ich – und das sagen auch eine ganze Menge von Wissenschaftshistorikern –, kann das nicht als Wissenschaft durchgehen.

Willy Viehöver
Ich hatte schon das Gefühl, dass da jetzt wieder mehrere Dinge sind, die hier zusammenkommen. Also einmal könnte man ja fragen, ob wir uns darauf beschränken wollen, gute, d.h. dichte Beschreibungen im Sinne Clifford Geertz zu machen? Offen ist dabei, ob diese dann einen Desillusionierungseffekt haben oder nicht. Da könnte man jetzt sagen, das finde ich auch gut und da möchte ich mich jetzt als Diskursanalytiker auch darauf beschränken. Wenn ich jetzt aber danach frage, könnt ihr denn mit dem, was ihr da als Diskursanalytiker macht, auch irgendetwas *erklären*? Dann muss ich natürlich auch wieder danach fragen, was ich mit erklären meine. Vielleicht kann man das jetzt gar nicht hinreichend klären, aber diese Frage kann man dennoch offenhalten. Bei Weber in *Wirtschaft und Gesellschaft* gibt es im § 1 diese ambivalente Formulierung, wonach die Aufgabe der Soziologie darin bestünde soziales Handeln deutend zu verstehen »und dadurch in seinem Ablauf und seinen Wirkungen ursächlich zu erklären« (Weber 1972, S. 1). Was *er* damit genau meinte, wird man vermutlich nie abschließend klären können, gleichwohl stellt sich die Frage nach der Erklärungskraft von Diskursanalyse auch für Diskursanalyse, zumal in den Politikwissenschaften.

Ein anderer Punkt der hier hereinspielt, ist dabei die Frage nach den dekonstruktiven versus rekonstruktiven Vorgehensweisen. Ich würde mich immer so verstanden haben, dass ich erst einmal versuche, mit Blick auf Sinnverstehen und Bedeutungsrekonstruktion mit dichten Beschreibungen unterschiedliche Deutungsmuster und Narrative in Diskursen zu *rekonstruieren*. Ich kann mir aber auch gut vorstellen einen Schritt weiter zu gehen und zu sagen, ich schaue mir zwei Diskurskoalitionen an, die miteinander kollidierende Deutungen hinsichtlich eines Phänomenbereiches haben, unter dem Blickwinkel ihrer blinden Flecken. Dies ginge über eine Beschreibung in rekonstruktiver Absicht hinaus. Man könnte ja zum Beispiel auch als Diskursanalytiker hingehen und die Geschichte von den in den Deutungskämpfen verstrickten Leuten angucken, dann könnte man sagen, Diskurskoalition oder Gruppe 1 verstrickt sich in diese oder jene Widersprüche. Wenn ich mit Blick auf die konkurrierenden Deutungen Forderungen nach Konsistenz und Kohärenz erhebe, dann habt ihr da oder da Probleme und die Gruppe 2 hat andere Inkonsistenzen oder Inkohärenzen. Und wenn ich darauf hinweise, dann könnte ich Diskursanalyse in diesem Sinne auch zu dem Zweck betreiben, dass ich versuche, die beiden konkurrierenden Deutungen oder Narrative in irgendeiner Form zu dekonstruieren und auf Brüche hinweisen. Man könnte entsprechend die Brüche, Sollbruchstellen oder blinden Flecken der jeweiligen Diskurse aufzeigen. Das ist meines Erachtens ohne rekonstruktive Verfahren, die die konkurrierenden Positionen und Deutungen der beteiligten Akteure herausarbeiten und typisieren, nicht möglich. Es gibt ja auch genügend Fälle, wo man einfach mit Diskursanalyse Geld verdienen will oder muss, und dann muss ich auch so etwas machen und kann mich nicht auf die bloße Beschreibung beschränken.

Werner Schneider
Also ich muss ganz ehrlich sagen, ich habe jetzt schon Verständnisprobleme mit der Diskussion. Als erstes leuchtet mir Folgendes überhaupt nicht ein: Wenn ich eine Beschreibung liefere – das leuchtet mir schon ein – dann kann die gut oder schlecht sein. Aber dass eine Beschreibung *per se* desillusionierend ist, das verstehe ich überhaupt nicht.
[lauter Einwand verschiedener Teilnehmer: Das hat so auch keiner gesagt, nicht per se!]
Naja. Aber »eine gute Beschreibung hat wohl immer auch desillusionierende Effekte«. Vielleicht habe ich es auch falsch verstanden, das mag ja sein. Müssten wir mal zurückspulen. Also eine Beschreibung, die kann gut oder schlecht sein oder angemessen oder nicht angemessen, aber die Kriterien dafür, die müsste man ja erst einmal offenlegen. Die Desillusionierungskapazität, oder wie man es auch immer formulieren möchte, wäre dann doch überhaupt so zu verstehen, dass man sagt: In einer Beschreibung wird immer auch deutlich, dass die Wirklichkeit, so wie sie beschrieben wurde, auch anders hätte sein können. Nur so kriege ich auch überhaupt eine Richtung in die Desillusionierung. Das ist für mich in einer Beschreibung nicht per se inhärent. Man müsste also dann sagen: Wenn Diskursanalyse beschreiben will und da hinkommen will, dann muss es mehr als nur Beschreiben sein.

Zweiter Punkt: Mit »Erklären und Verstehen« würde ich uneingeschränkt zustimmen, Willy. Im Kontext von Diskursanalyse ist es mir jedoch noch unklar. Man kann natürlich immer schnell sagen, dass man was erklären oder verstehen will, und dass das eine mit dem anderen etwas zu tun hat. Aber wie man es in einer Diskursanalyse sauber in Einklang bringt, ist mir momentan und auch schon immer nicht wirklich klar.

Das Dritte, was mir in meinem eigenen Denken klarer ist als das Erklären und Verstehen, das wäre diese Begrifflichkeit von Dekonstruktion und Rekonstruktion. Was du vorhin meintest, dass man da erst einmal grundlegend anfangen müsste, damit bin ich völlig einverstanden. Aber jetzt nur einmal ganz simpel vorausgeschickt. Ich würde für mich immer versuchen in Anspruch zu nehmen, *dass* man rekonstruktiv vorgeht. Und *indem* man rekonstruktiv vorgeht, also wenn man die Re-/Konstruktionsprinzipien von Wirklichkeit in Diskursen, in Handlungen oder wo auch immer versucht zu rekonstruieren, kann man natürlich auch zeigen, was die jeweils dafür, also für diese Rekonstruktionsprinzipien grundlegenden Annahmen waren, die man dann als solche schließlich auch in Frage stellen kann. Man kann halt fragen, vor welchem Hintergrund die angemessen sind, oder wo sie unangemessen sind. So dass ich also *summa summarum* sagen würde, dass ich mich mit einem Beschreiben nicht zufrieden geben würde, mit Erklären und Verstehen habe ich Probleme und schrecke davor zurück, und mit Rekonstruktion, das würde ich jetzt in Anspruch nehmen, weil ich sage: Erst wenn ich etwas rekonstruiere, kann ich ansatzweise dekonstruieren, und dekonstruieren wäre dann für mich Kritik. Das wäre für mich die Kurzfassung der Diskussion. Dann glaube ich, dass wenn ich das so sehe, ich nicht so schnell auf Konsens stoßen würde. Ich glaube, dass man das an vielen Stellen auch ganz anders sehen könnte. Aber bei diesem Erklären und Verstehen stellen sich mir eigentlich die größten Fragezeichen. Gerade jetzt vor dem Hintergrund der Diskussion.

Wolf-Andreas Liebert
Ich denke, dass du, Willy, es sehr deutlich gemacht hast, wie das mit dem Erklären zustande gekommen ist. Wenn ich abhängige und unabhängige Variablen brauche, dann muss ich natürlich auf ein Rezept rekurrieren. Und ich denke, dass es klar ist, dass es in der Form sehr schwierig ist.

Werner Schneider
Aber trotzdem wollen wir den Anspruch von Erklären in der Diskursanalyse nicht aufgeben? Ist es das, was ihr meint?

Wolf-Andreas Liebert
Aber dann braucht man natürlich letztlich ein größeres Ursache-Wirkungsmodell. Dann muss man halt sagen: Ich habe hier bestimmte Phänomene und die kann ich durch ein Ursache-Wirkungsmodell prognostizieren.

Willy Viehöver
Am Ende gehen für mich jetzt zu viele Dinge durcheinander. Ich könnte mich zwar darauf einlassen zu sagen, *Rekonstruktion* ist eine Voraussetzung, um *dekonstruieren* zu können. Ich glaube aber, dass ein paar andere Leute aus dem Kreis der Diskursanalytiker das so gar nicht sehen würden. Ich habe zum Beispiel das Gefühl, dass auch da, z. B. bei der erwähnten Ratgeberliteratur – du hast dann da einfach einen Text genommen und dann gesagt, ich versuche jetzt hier Brüche in diesem Text zu identifizieren. Meine Frage ist aber, woher kommt dies denn und woher nimmt jemand die Kriterien für die Feststellung eines Bruchs? Ich hätte dann halt immer gesagt: Mich interessiert eher, wenn da verschiedene Akteure im Kampf um Deutungshoheit miteinander sind, welche Brüche identifizieren diese beteiligten Akteure dann bei dem jeweils anderen. Das finde ich dann soziologisch interessanter. Diese »Dekonstruktionen« rekonstruiere ich dann wiederum. Da kann man dann hinterher vielleicht aus einer Metaperspektive sagen, das und das sind die Gründe, weshalb die in den Diskursen involvierten Akteure und Akteurskoalitionen sich nicht »verstehen« können oder systematisch aneinander vorbeireden. Das wäre für mich dann auch der Versuch einer kritischen Diskursanalyse. Wobei ich dann aber noch etwas hinterherschieben muss. Also was in der Kritischen Diskursanalyse selten klar gemacht wird, was überhaupt die Kriterien für Kritik und social wrongs sind. Ich könnte halt auch sagen, augenscheinlich gehöre ich der gleichen ideologischen »Gruppe« an, aber die müsste ich ausweisen.

Jürgen Spitzmüller
Also, ich weiß nicht. Ich denke auch, dass man das Ganze noch einmal wirklich ausführlich diskutieren müsste. Vielleicht habe ich auch einen zu naiven Erklärungsbegriff. Aber ich denke, man müsste zunächst erst einmal erklären, warum bestimmte Prozesse in irgendeiner Art und Weise offenbar geregelt ablaufen, in einer Form, die ich zunächst einmal nicht verstehe. Konkret denke ich hier an bestimmte Argumentationen, die ich nicht nachvollziehen kann, die aber immer wieder auftauchen und offenbar für andere Akteure plausibel sind. Da denke ich dann, dass es etwas geben muss, was ich zunächst ein-

mal verstehen und für mich klären muss, um zu verstehen, warum das Argument »funktioniert«. Das ist im Grunde das, was Achim (Landwehr) heute Vormittag auf die Frage geantwortet hat, was Diskursanalyse für ihn ist – wenn ich ihn richtig verstanden habe – sagen zu können, was »Wirklichkeit« ist und wie sie kontrolliert ist.

Und weil die Wirklichkeit diskursiv konstituiert ist, entzaubert Diskursanalyse letztlich immer auch das Habermas'sche Ideal, demzufolge wir mit guten Argumenten letztlich immer zum »richtigen Ergebnis« kommen. Hier findet eine fundamentale Desillusionierung statt, indem die Diskursanalyse zeigt: Es gibt nicht »die Wahrheit« und »die guten Argumente«, die man nur lange genug suchen und klar genug vortragen muss. Nicht der Konsens, sondern das Missverstehen bestimmt unsere Welt, die Tatsache, dass die Leute sich vielfach *nicht* verstehen. Und warum das so ist, dass Menschen sich nicht verstehen – das zu erklären ist mein linguistisches Interesse am Diskurs.

Wolf-Andreas Liebert
Man müsste den Erklärungsbegriff halt schon genau fassen. Ich würde da schon fast nur von plausibilisieren sprechen, obwohl man damit wenig reüssiert. Aber letztendlich ist es schon eine Plausibilisierung. Du hast ja von Dilthey (1958) diesen Begriff vom Erklären und Verstehen, und von dieser Tradition muss man sich ja schon ein wenig abgrenzen. Erklären machen die Naturwissenschaften, Verstehen machen die Geisteswissenschaften. Und bei Erklären ist damit gemeint, dass du für bestimmte Phänomene ein funktionsfähiges Ursache-Wirkungsmodell hast. Da hast du beim Ozonloch drei verschiedene Modelle und irgendwann hast du eins (das mit großer Kälte und bla und bla). Das ist aber reproduzierbar und du kannst es immer nachweisen. Du hast dann ein Modell, aus dem du schließen kannst, wie sich die Welt verhält – also eine deterministische Vorstellung. Oder eben bei der Quantentheorie eine halb-deterministische Vorstellung. Aber die sind dann exakt und beinhalten spezifische Wahrscheinlichkeiten. Das ist das, was ich von unserer Tradition her als Phänomen des Erklärens verstehe. Jetzt kann man natürlich sagen: Okay, ich habe einen anderen Begriff von Erklären, aber da müsste man den davon tatsächlich abgrenzen. Damit man nicht in diese Gefilde reinkommt. Eigentlich denke ich, dass wir nur plausibilisieren. Wir haben nicht diesen Anspruch und auch nicht diese deterministische Vorstellung. Das ist in dem Diskursbegriff auch nicht angelegt. Von daher würde ich sagen, dass wir es nur plausibilisieren können.

Jürgen Spitzmüller
Ja. Wir liefern nur Hypothesen, warum etwas funktioniert.

Wolf-Andreas Liebert
Wir sind nicht nur Diskursforscher, sondern auch Teilnehmer am Diskurs und bringen das da ein. Vielleicht gelingt es uns, das in Zukunft geschickter zu machen. Deshalb gibt es ja auch diese Netzwerktreffen, damit wir uns da verbessern. Das ist aber gut, weil wir uns ja jetzt sozusagen auch schon formieren. Aber letztendlich sind wir da selbst im Diskurs und kommen da auch nicht raus. Oder wer es geschafft hat, der soll da bitte mal berichten.

Reiner Keller
Ich würde das mit dem Erklären im Grund auch so sehen: Das hängt durchaus mit Deskription und Verstehen zusammen. Deskription ist halt ein Weg oder ein Teil des Verstehens, der Möglichkeit des Verstehens. Deskription oder Beschreibung ist aber nicht eine einfache Abbildung dessen, was geschah oder was da ist. Sie erfolgt immer aus einer Perspektive, einem Erzählinteresse. Insoweit ist sie auch konstruierend und rekonstruierend. Erklären ist das für mich insoweit schon. Max Weber (1972) hat natürlich in seiner Soziologiedefinition am Anfang von »Wirtschaft und Gesellschaft« das »Ursächliche« auch noch mit drin, aber dennoch glaube ich kann man sehen, dass es keinen Täter hinter der Tat und keine Erklärung hinter dieser Erklärung gibt. Das heißt: Hinter dieser Deskription und den Elementen, die ich damit relevant mache, gehe ich nicht nochmal auf eine andere Ebene als Erklärungsweg. Ich sage nicht: Gesellschaftsstruktur! Funktionale Differenzierung! Wenn das nicht Teil meiner Deskription sein kann, dann kann ich das nicht nehmen, um zu sagen: Das ist eigentlich DIE Erklärung dafür, dass sich der Diskurs SO entwickelt hat. Oder: der kapitalistische Staatsapparat ... Das wären sozusagen all diese anderen Erklärungsvarianten, die Kausalmodelle irgendwie haben. Aber im Sinne der Plausibilisierung und des Erklärungsbegriffs würde ich durchaus für so eine Variante eintreten. Aber ich würde nicht sagen, dass das der Begriff der Kausalerklärung ist. Beispielsweise lässt sich das bei Bruno Latour ganz schön verdeutlichen. In der *actor-network-theory* geht man so vor: Ich analysiere diese Technologie-Entwicklung und dadurch erkläre ich sie. Halt nur durch die Elemente dieser Analyse und nicht durch etwa, was ich da von außen herein zaubere. Obwohl: So ganz hält er das nicht durch – bei »Aramis«, der automatisierten Pariser Metro lautet die Erklärung: Sie wurde nicht genügend geliebt, deswegen hat man sie nicht realisiert (Latour 1992).

Wolf-Andreas Liebert
Ich erkläre, indem ich beschreibe?

Reiner Keller
Ja genau. Durch die perspektivisch rekonstruierende, also empirisch begründete, und doch zugleich spezifischen Interessen folgende, also konstruierende Beschreibung. Das ist die einzige plausible Erklärungsform, die nicht eine dritte Variable oder eine verborgene Größe heranzieht.

Jürgen Spitzmüller
Was du also am Ende machst ist, dass du einen fremden Diskurs nimmst und diesen in deinen eigenen überträgst. Das ist die Beschreibung. Erklären ist also das Einordnen dessen was man sieht, in die eigene Diskurswelt.

Achim Landwehr
Deswegen habe ich auch Probleme mit dem Rekonstruktionsbegriff. Rekonstruktion – zumindest nach dem strengen Wortsinn – sieht für mich so aus, als würden wir nur die Puzzle-Teile zusammensetzen. Das Bild, das wir dann vor Augen haben, soll uns dann zeigen: So war es! Genau da, finde ich, nehmen wir uns zu viel heraus. Das ist nicht nur

einfach eine Rekonstruktion, es ist tatsächlich ein diskursives Weiterschreiten auf eine andere Art und Weise. Von daher würde der Begriff der Beschreibung für mich einfach besser passen, weil er nicht nur passivisch ist, sondern in Form der Beschreibung auch aktiv wird. Also: Ich als derjenige, der hier Diskurse analysiert, bin auch aktiv schon wieder daran beteiligt, dies eben auf andere Art und Weise fortzusetzen oder zu übertragen oder sonst irgendwas. Rekonstruktion führt hier ein wenig auf die falsche Fährte; als stünde man außen und hätte den göttergleichen Blick von oben und sagt: So, jetzt erzähl ich euch mal, was da abläuft.

Willy Viehöver
Also heißt das, dass du diese Unterscheidung ganz verwerfen würdest?

Achim Landwehr
So weit würde ich jetzt spontan nicht gehen wollen. Aber problematisieren zumindest.

Wolf-Andreas Liebert
Ich würde sagen, dass das, was Achim Landwehr da jetzt mit einbringt, das bringt in den Blick, dass du selber den Diskurs wieder weiterschreibst. Also positionierst du dich da wieder, wie wir uns auch jetzt hier positionieren …

Achim Landwehr
Wenn wir unsere eigenen Vorgaben ernst nehmen, dann muss das so sein.

Werner Schneider
Das ist für uns in der Soziologie nun deshalb ganz schwierig, weil der Rekonstruktionsbegriff in der qualitativen Forschung eigentlich das ganz stark macht, dass Rekonstruieren eigentlich ein Konstruieren – im Sinne eines perspektivischen Nach-Konstruierens – ist. Dein Einwand ist also genau mit dem Begriff verbunden. Aber du hast völlig recht mit dem Grundproblem.

Jürgen Spitzmüller
Wir würden als Linguisten (mit Blommaert 2005, S. 47 f.; Bauman/Briggs 1990) eher von De- und Re-Kontextualisierungs- oder Textualisierungsprozessen (entextualization) sprechen …

Wolf-Andreas Liebert
Als Diskurslinguist würde ich sagen: Ich schreibe den Diskurs weiter, indem ich Diskursanalyse mache. Ich kann mitschreiben, gegenschreiben, ich kann auch subversiv schreiben.

Werner Schneider
Genau, absolut, klar.

Reiner Keller
Welchen Diskurs schreibst du weiter, den linguistischen?

Wolf-Andreas Liebert
Das kommt darauf an. Je nachdem bist du sofort in einer anderen Arena.

Vorläufiges Ende der Diskussion, Aufbruch.

Literatur

Angermüller, J./Nonhoff, M./Herschinger, E./Macgilchrist, F./Reisigl, M./Wedl, J./Wrana, D./Ziem, A. (Hrsg.) (2014a): Diskursforschung. Ein interdisziplinäres Handbuch. Band I: Theorien, Methodologien und Kontroversen. Bielefeld: transcript.

Angermüller, J./Nonhoff, M./Herschinger, E./Macgilchrist, F./Reisigl, M./Wedl, J./Wrana, D./Ziem, A. (Hrsg.) (2014b): Diskursforschung. Ein interdisziplinäres Handbuch. Band II: Methoden und Analysepraxis. Perspektiven auf Hochschulreformdiskurse. Bielefeld: transcript.

Argyris, C. (1997): Wissen in Aktion. Eine Fallstudie zur lernenden Organisation. Stuttgart: Klett-Cotta.

Arrhenius, S. (1896): Ueber den Einfluss des atmosphärischen Kohlensäuregehalts auf die Temperatur der Erdoberfläche. Stockholm: Norstedt & Söner.

Bauman, R./Briggs, C. (1990): Poetics and Performance as Critical Perspectives on Language and Social Life. In: Annual Review of Anthropology 19, S. 59–88.

Beck, U. (1986): Risikogesellschaft. Auf dem Weg in eine andere Moderne. Frankfurt am Main: Suhrkamp.

Benford, R. D./Snow, D. A. (2000): Framing Processes and Social Movements: An Overview and Assessment. In: Annual Review of Sociology Vol. 26, S. 611–639.

Benveniste, É. (1974): Probleme der allgemeinen Sprachwissenschaft. München: List.

Berger, P. (2011 [1963]): Einladung zur Soziologie. Konstanz: UVK.

Berger, P./Luckmann, T. (1980 [1966]): Die gesellschaftliche Konstruktion der Wirklichkeit. Frankfurt am Main: Fischer.

Blommaert, J. (1999): The Debate Is Open. In: ders. (Hrsg.): Language Ideological Debates. Berlin und New York: de Gruyter, S. 1–38.

Blommaert, J. (2005): Discourse. A Critical Introduction. Cambridge: Cambridge University Press.

Bohnsack, R. (2008): Rekonstruktive Sozialforschung – Einführung in qualitative Methoden. Opladen und Farmington Hills: Barbara Budrich.

Böke, K. (1996): Überlegungen zu einer Metaphernanalyse im Dienste einer »parzellierten« Sprachgeschichtsschreibung. In: Böke, K./Jung, M./Wengeler, M. (Hrsg.): Öffentlicher Sprachgebrauch. Praktische, theoretische und historische Perspektiven. Opladen: Westdeutscher Verlag, S. 431–452.

Böke, K./Jung, M./Wengeler, M. (Hrsg.) (1996): Öffentlicher Sprachgebrauch, Praktische, theoretische und historische Perspektiven. Opladen: Westdeutscher Verlag.

Bosančić, S./Keller, R. (Hrsg.) (2016): Perspektiven wissenssoziologischer Diskursforschung. Wiesbaden: Springer VS.

Bosančić, S./Keller, R. (Hrsg.) (2019): Diskursive Konstruktionen. Kritik, Materialität und Subjektivierung in der wissenssoziologischen Diskursforschung. Wiesbaden: Springer VS.

Brand, K.-W./Eder, K./Poferl A. (Hrsg.) (1997): Ökologische Kommunikation in Deutschland. Opladen: Westdeutscher Verlag.

Bröckling, U. (2007): Das unternehmerische Selbst. Frankfurt am Main: Suhrkamp.

Brünner, G./Fiehler, R./Kindt, W. (Hrsg.) (1999): Angewandte Diskursforschung. 2 Bde. Opladen/Wiesbaden: Westdeutscher Verlag.

Brunner, O./Conze, W./Koselleck, R. (Hrsg.) (2004): Geschichtliche Grundbegriffe Bände 1 – 8, Stuttgart: Klett-Cotta.

Bublitz, H. (2002): Judith Butler zur Einführung. Hamburg: Junius.

Bublitz, H./Bührmann, A. D./Hanke, C./Seier, A. (Hrsg.) (1999): Das Wuchern der Diskurse. Perspektiven der Diskursanalyse Foucaults. Frankfurt am Main: Campus

Bührmann, A./Diaz-Bone, R./Gutiérrez-Rodríguez, E./Schneider, W./Kendall, G./Tirado, F. (Hrsg.) (2007): Entwicklungen im Feld der Foucaultschen Diskursanalyse. Forum qualitative Sozialforschung Vol. 8, Nr. 2.

Bührmann, A. D./Schneider, W. (2012): Vom Diskurs zum Dispositiv. Eine Einführung in die Dispositivanalyse. 2. unver. Aufl. Bielefeld: transcript.

Bührmann, A. D./ Schneider, W. (2016): Das Dispositiv als analytisches Konzept: Mehr als nur Praxis – Überlegungen zum Verhältnis zwischen Praxis- und Dispositivforschung. In: Zeitschrift für Diskursforschung, Jg. 4., H. 1, S. 5–28.
Busse, D. (1987): Historische Semantik. Analyse eines Programms. Stuttgart: Klett-Cotta.
Busse, D. (2012). Frame-Semantik. Ein Kompendium. Berlin: de Gruyter.
Busse, D./Teubert, W. (1994): Ist Diskurs ein sprachwissenschaftliches Objekt? Zur Methodenfrage der historischen Semantik. In: Busse, D./ Hermanns, F./Teubert, W. (Hrsg.): Begriffsgeschichte und Diskursgeschichte. Methodenfragen und Forschungsergebnisse der historischen Semantik. Opladen: Westdeutscher Verlag, S. 10–28 [Wiederabdruck in: dies. (2013): Linguistische Diskursanalyse: neue Perspektiven. Wiesbaden: VS, S. 13–30].
Busse, D./Teubert, W. (2013): Linguistische Diskursanalyse: Neue Perspektiven. Wiesbaden: VS.
Butler, J. (1995): Körper von Gewicht. Die diskursiven Grenzen des Geschlechts. Frankfurt am Main: Suhrkamp.
Butler, J. (1997): The Psychic Life of Power. Stanford: Stanford University Press. [dt.: Psyche der Macht: Das Subjekt der Unterwerfung. Frankfurt am Main: Suhrkamp, 2001].
Carson, R. (1962): Silent Spring. Boston: Houghton Mifflin Company. [dt.: Stummer Frühling. München: C.H. Beck, 1976].
Clarke, A. (2012): Situationsanalyse. Grounded Theory nach dem Postmodern Turn. Wiesbaden: VS.
Corbin, J./Strauss, A. (2015): Basics of Qualitative Research. Techniques and Procedures for Developing Grounded Theory. London: Sage.
Coupland, N. (2007): Style: Language Variation and Identity. Cambridge: Cambridge University Press.
D'Andrade, R. (1995): The Development of Cognitive Anthropology. Cambridge: University Press.
Debus, F./Kallmeyer, W./Stickel, G. (Hrsg.) (1994): Kommunikation in der Stadt, Band 4. Berlin und New York: de Gruyter.
Diaz-Bone, R. (2009): Kulturwelt, Diskurs und Lebensstil: Eine diskurstheoretische Erweiterung der Bourdieuschen Distinktionstheorie. Wiesbaden: VS.
Diaz-Bone, R. (2010): Was ist der Beitrag der Diskurslinguistik für die Foucaultsche Diskursanalyse? In: Forum Qualitative Sozialforschung/Forum: Qualitative Social Research [Online Journal], 11 (2), Art. 19. Verfügbar über: http://www.qualitative-research.net/index.php/fqs/article/view/1454/2955.
Dilthey, W. (1958): Der Aufbau der geschichtlichen Welt in den Geisteswissenschaften. Stuttgart, Göttingen: Teubner, Vandenhoeck & Ruprecht. 2., unv. Aufl. (=Gesammelte Schriften; VII).
Dinges, M. (1994): The Reception of Michel Foucault's Ideas on Social Discipline, Mental Asylums, Hospitals and the Medical Profession in German Historiography. In: Jones, C./Porter, R. (Hrsg.): Reassessing Foucault: Power, Medicine and the Body. London: Routledge, S. 181–212.
Dinges, M. (1996): Michel Foucault's Impact on German Historiography of Criminal Justice, Social Discipline and Medicalization, in: Finzsch, N./Jütte, R. (Hrsg.): Institutions of Confinement, Hospitals, Asylums, and Prisons in Western Europe and North America 1500-1900. Cambridge: University Press, S. 155–174.
Dinges, M. (Hrsg.) (2005): Männer – Macht – Körper: Hegemoniale Männlichkeiten vom Mittelalter bis heute (Geschichte und Geschlechter). Frankfurt am Main: Campus.
DiskursNetz (Hrsg.) (2014): Wörterbuch der interdisziplinären Diskursforschung. Berlin: Suhrkamp.
Douglas, M. (1981): Ritual, Tabu und Körpersymbolik. Sozialanthropologische Studien zur Industriegesellschaft. Frankfurt am Main: Suhrkamp.
Drew, P./Heritage, J. (Hrsg.) (2006): Conversation Analysis. Sage Benchmarks in Social Research Methods. London und Thousand Oaks: Sage.
Durkheim, E. (1981 [1912]): Die elementaren Formen des religiösen Lebens. Frankfurt am Main: Suhrkamp.
Eder, F. (Hrsg.) (2006): Historische Diskursanalysen: Genealogie, Theorie, Anwendungen. Wiesbaden: VS.
Eder, F./Kühschelm, O./Linsboth, C. (2014): Bilder in historischen Diskursen. Wiesbaden: VS.
Ehlich, K. (Hrsg.) (1994): Diskursanalyse in Europa. Frankfurt am Main: Lang.

Fairclough, N. (1985): Critical and Descriptive Goals in Discourse Analysis. In: Journal of Pragmatics 9, S. 739–763.
Fairclough, N. (1989): Language and Power. London: Longman.
Felder, E./Müller, M. (Hrsg.) (2008): Wissen durch Sprache. Theorie, Praxis und Erkenntnisinteresse des Forschungsnetzwerkes »Sprache und Wissen«. Berlin und New York: de Gruyter.
Fischer-Rosenthal, W./Rosenthal, G. (1997): Narrationsanalyse biographischer Selbstpräsentationen. In: Hitzler, R./Honer, A. (Hrsg.): Sozialwissenschaftliche Hermeneutik. Opladen: Leske + Budrich, S. 133–164.
Fleck, L. (1935/2010): Entstehung und Entwicklung einer wissenschaftlichen Tatsache. Einführung in die Lehre vom Denkstil und Denkkollektiv. Frankfurt am Main: Suhrkamp.
Foucault, M. (1977): Überwachen und Strafen. Frankfurt am Main: Suhrkamp.
Foucault, M. (1978): Dispositive der Macht. Über Sexualität, Wissen und Wahrheit. Berlin: Merve.
Foucault, M. (1984/2005), Technologien des Selbst. In: ders.: Schriften in vier Bänden. Dits et Écrits. Hrsg. von D. Defert u. F. Ewald. Band 4: 1980–1988. Frankfurt am Main: Suhrkamp, S. 966–998.
Foucault, M. (1989a): Der Wille zum Wissen. Sexualität und Wahrheit, Band 1. Frankfurt am Main: Suhrkamp.
Foucault, M. (1989b): Der Gebrauch der Lüste. Sexualität und Wahrheit, Band 2. Frankfurt am Main: Suhrkamp.
Foucault, M. (1989c): Die Sorge um sich. Sexualität und Wahrheit, Band 3. Frankfurt am Main: Suhrkamp.
Foucault, M. (1969/2001a): Linguistik und Sozialwissenschaften. In: Defert, D. (Hrsg.): Dits et Écrits. Schriften in vier Bänden. Band 1. Frankfurt am Main: Suhrkamp, S. 1042–1068.
Foucault, M. (1968/2001b): Über die Archäologie der Wissenschaften. Antwort auf den Cercle d'épistémologie. In: Defert, D. (Hrsg.): Dits et Écrits. Schriften in vier Bänden. Band 1. Frankfurt am Main: Suhrkamp, S. 887–931.
Foucault, M. (1971/2002): Gespräch mit Michel Foucault. In: ders.: Dits et Écrits, Schriften Band 2. Hrsg. von Daniel Defert und François Ewald. Frankfurt am Main: Suhrkamp, S. 191–211.
Gamson, W. A./Modigliani, A. (1989): Media Discourse and Public Opinion on Nuclear Power: A Constructionist Approach. In: American Journal of Sociology 95, S. 1–37.
Gardt, A. (2007): Diskursanalyse – aktueller theoretischer Ort und methodische Möglichkeiten. In: Warnke, I. H. (Hrsg.): Diskurslinguistik nach Foucault. Theorie und Gegenstände. Berlin und New York: de Gruyter, S. 27–52.
Gasteiger, L./Schneider, W. (2014): Die Modernisierung der Hochschule im Spannungsfeld von politischer Steuerung und Autonomie. Interpretativ-rekonstruktive Diskursforschung und Grounded Theory Methodology. In: Nonhoff, M./Herschinger, E./Angermüller, J./Macgilchrist, F./Reisigl, M./Wedl, J./Wrana, D./Ziem, A. (Hrsg.): Diskursforschung. Ein interdisziplinäres Handbuch, Band 2: Methoden und Analysepraxis. Perspektiven auf Hochschulreformdiskurse. Bielefeld: transcript, S. 140–163.
Geertz, C. (2003): Dichte Beschreibung. Beiträge zum Verstehen kultureller Systeme. 2. Auflage. Frankfurt am Main: Suhrkamp.
Gehring, P. (2012): Abseits des Akteurs-Subjekts. Selbsttechniken, Ethik als politische Haltung und der Fall der freimütigen Rede. In: Keller, R./Schneider, W./Viehöver, W. (Hrsg.): Diskurs – Macht – Subjekt. Theorie und Empirie der Subjektivierung in der Diskursforschung. Wiesbaden: VS, S. 21–34.
Geideck, S./Liebert, W.-A. (Hrsg.) (2003): Sinnformeln. Linguistische und soziologische Analysen von Leitbildern, Metaphern und anderen kollektiven Orientierungsmustern. Berlin und New York: de Gruyter.
Gerhards, J. (1992): Dimensionen und Strategien öffentlicher Diskurse. In: Journal für Sozialforschung 3/4, S. 307–318.
Gerhards, J. (2011): Diskursanalyse als systematische Inhaltsanalyse. In: Keller, R./Hirseland, A./Schneider, W./Viehöver, W. (Hrsg.) (2011): Handbuch Sozialwissenschaftliche Diskursanalyse Bd. 2: Forschungspraxis. Wiesbaden: VS, S. 333–358.

Gerhards, J./Neidhardt, F./Rucht, D. (1998): Zwischen Palaver und Diskurs. Strukturen öffentlicher Meinungsbildung am Beispiel der deutschen Diskussion zur Abtreibung. Opladen: Westdeutscher Verlag.
Goffman, E. (1980): Rahmen-Analyse. Ein Versuch über die Organisation von Alltagserfahrungen. Frankfurt am Main: Suhrkamp.
Goodman, N. (1978): Ways of Worldmaking. Indianapolis: Hackett Publishing.
Gugutzer, R. (2004): Soziologie des Körpers. Bielefeld: transcript.
Habermas, J. (1981): Theorie des kommunikativen Handelns, 2 Bände. Frankfurt am Main: Suhrkamp.
Habermas, J. (1986): Der philosophische Diskurs der Moderne. Frankfurt am Main: Suhrkamp.
Hajer, M. A. (1995): The Politics of Environmental Discourse – Ecological Modernization and the Policy Process. Oxford: Clarendon Press.
Hann, J. (1896): Die Erde als Ganzes, ihre Atmosphäre und Hydrosphäre. Hann, J./Brückner, E./Kirchhoff, A. (Hrsg.), Allgemeine Erdkunde. Prag, Wien und Leipzig: Tempsky und Freytag.
Heinze, T./Klusemann, H.-W./Soeffner, H.-G. (Hrsg.) (1980): Interpretationen einer Bildungsgeschichte. Überlegungen zur sozialwissenschaftlichen Hermeneutik. Bensheim: Päd. Extra Buchverlag.
Hepp, A./Krotz, F./Thomas, T. (Hrsg.) (2009): Schlüsselwerke der Cultural Studies. Wiesbaden: VS.
Hermanns, F. (1994): Schlüssel-, Schlag- und Fahnenwörter. Zu Begrifflichkeit und Theorie der lexikalischen »politischen Semantik«. Heidelberg: Universitätsverlag.
Hitzler, R./Honer, A. (Hrsg.) (1997): Sozialwissenschaftliche Hermeneutik. Opladen: Leske + Budrich.
Holland, D./Quinn, N. (Hrsg.) (1987): Cultural Models in Language and Thought. Cambridge: University Press.
Hymes, D. (1962): The Ethnography of Speaking. In: Gladwin, T. v./Sturtevant, W.C. (Hrsg.): Anthropology and Human Behavior. Washington D.C.: The Anthropological Society of Washington, S. 13–53.
Jäger, S. (1987): Text und Diskursanalyse. Eine Anleitung zur Analyse politischer Texte. Duisburg: Diss.
Jäger, S. (1993): Kritische Diskursanalyse. Eine Einführung. Duisburg: DISS
Jäger, S. (1999): Kritische Diskursanalyse. Eine Einführung. Duisburg: DISS.
Jäger, S. (2015): Kritische Diskursanalyse. Eine Einführung. 6., völlig überarbeitete Ausgabe. Münster: Unrast.
Jäger, S. (Hrsg.) (1988): Rechtsruck. Die Presse der Neuen Rechten. Berlin und Bonn: Dietz.
Jung, M. (1996): Linguistische Diskursgeschichte. In: Böke, K./Jung, M./Wengeler, M. (Hrsg.): Öffentlicher Sprachgebrauch. Praktische, theoretische und historische Perspektiven. Opladen: Westdeutscher Verlag, S. 453–472.
Jung, M./Niehr, T./Böke, K. (2000): Ausländer und Migranten im Spiegel der Presse. Ein diskurshistorisches Wörterbuch zur Einwanderung seit 1945. Wiesbaden: Westdeutscher Verlag.
Jung, M./Wengeler, M./Böke, K. (Hrsg.) (1997): Die Sprache des Migrationsdiskurses. Das Reden über »Ausländer« in Medien, Politik und Alltag. Opladen: Westdeutscher Verlag.
Kallmeyer, W. (Hrsg.) (1995): Kommunikation in der Stadt. Teil 2: Ethnographien von Mannheimer Stadtteilen. Berlin und New York: de Gruyter.
Kauppert, M./Leser, I. (Hrsg.) (2014): Hillarys Hand: Zur politischen Ikonographie der Gegenwart. Bielefeld: transcript.
Keller, R. (1994): Verstreute Expertisen. Psychologisches Wissen und Biographiekonstruktion. In: Hitzler, R./Honer, A./Maeder, C. (Hrsg.): Expertenwissen. Opladen: Westdeutscher Verlag, S. 62–73.
Keller, R. (1997): Diskursanalyse. In: Hitzler, R./Honer, A. (Hrsg.): Sozialwissenschaftliche Hermeneutik. Opladen: Leske + Budrich, S. 309–335.
Keller, R. (2008): Michel Foucault. Konstanz: UVK.
Keller, R. (2009 [1998]): Müll – Die gesellschaftliche Konstruktion des Wertvollen. 2. Aufl. Wiesbaden: VS.
Keller, R. (2011a [2004]): Diskursforschung. Eine Einführung für SozialwissenschaftlerInnen, 4. Auflage. Wiesbaden: VS.
Keller, R. (2011b [2005]): Wissenssoziologische Diskursanalyse. Grundlegung eines Forschungsprogramms. 3. Auflage. Wiesbaden: VS.

Keller, R. (2012a): Zur Praxis der Wissenssoziologischen Diskursanalyse. In: Keller, R./Truschkat, I. (Hrsg.): Methodologie und Praxis der Wissenssoziologischen Diskursanalyse. Band 1: Interdisziplinäre Perspektiven. Wiesbaden: VS, S. 27–68.

Keller, R. (2012b): Diskursanalyse vs. (Hermeneutische) Wissenssoziologie? In: Zeitschrift für Theoretische Soziologie, 1. Jg. H.1, S. 95–108.

Keller, R. (2016): Die komplexe Diskursivität der Visualisierungen. In: Bosančić, S./Keller, R. (Hrsg.) (2016): Perspektiven wissenssoziologischer Diskursforschung. Wiesbaden: Springer VS, S. 75–94.

Keller, R. (2017a) Has Critique Run Out of Steam? On Discourse Research as Critical Inquiry. In: Qualitative Inquiry. Special Issue: Challenges for a New Critical Qualitative Inquiry. Volume 23, Issue 1, S. 58–68.

Keller, R. (2017b): Neuer Materialismus und Neuer Spiritualismus? Diskursforschung und die Herausforderung der Materialitäten. In: Österreichische Zeitschrift für Volkskunde Neue Serie Band LXXXI, Band 120, Heft 1+2, S. 5–32.

Keller, R. (2018): Der fliegende See. Wissenssoziologie, Diskursforschung und Neuer Materialismus. In: Poferl, A./Pfadenhauer, M. (Hrsg.), Wissensrelationen: Beiträge und Debatten zum 2. Sektionskongress der Wissenssoziologie. Weinheim und Basel: Beltz Juventa, S. 94–107.

Keller, R. (2019a): New Materialism? A View from Sociology of Knowledge. In: Kissmann, U.T./Loon, J. v. (Hrsg.): Discussing New Materialism. Methodological Implications for the Study of Materialities. Wiesbaden: Springer VS, S. 151–172.

Keller, R. (2019b): Die Untersuchung von Dispositiven. Zur fokussierten Diskurs- und Dispositivethnografie in der Wissenssoziologischen Diskursanalyse. In: Bosančić, S./Keller, R. (Hrsg.) (2019): Diskursive Konstruktionen. Kritik, Materialität und Subjektivierung in der wissenssoziologischen Diskursforschung. Wiesbaden: Springer VS, S. 51–73.

Keller, R./Hirseland, A./Schneider, W./Viehöver, W. (Hrsg.) (2003/2010). Handbuch Sozialwissenschaftliche Diskursanalyse, Band 2: Forschungspraxis. 4. Auflage, Wiesbaden: VS.

Keller, R./Hirseland, A./Schneider, W./Viehöver, W. (Hrsg.) (2005): Die diskursive Konstruktion von Wirklichkeit. Zum Verhältnis von Wissenssoziologie und Diskursforschung. Konstanz: UVK.

Keller, R./Hirseland, A./Schneider, W./Viehöver, W. (Hrsg.) (2011 [2001]): Handbuch Sozialwissenschaftliche Diskursanalyse, Band 1: Theorien und Methoden. 3. Auflage, Wiesbaden: VS.

Keller, R./Hornidge, A/Schünemann, W. (Hrsg.) (2018): The Sociology of Knowledge Approach to Discourse. Investigating the Politics of Knowledge and Meaning-making. London: Routledge.

Keller, R./Knoblauch, H./Reichertz, J. (Hrsg.) (2013): Kommunikativer Konstruktivismus. Wiesbaden: VS.

Keller, R./Schneider, W. (2019): Wissenssoziologische Diskurs- und Dispositivforschung: Zur machtanalytischen Rekonstruktion der Vorauslegung der alltäglichen Auslegung. In: Hitzler, R./Reichertz, J./Schröer, N. (Hrsg.) (2019): Kritik der Hermeneutischen Wissenssoziologie. Weinheim und Basel: Beltz Juventa [im Druck].

Keller, R./Schneider, W./Viehöver, W. (Hrsg.) (2015): Diskurs - Interpretation - Hermeneutik. 1. Beiheft der Zeitschrift für Diskursforschung. Weinheim und Basel: Beltz Juventa.

Keller, R./Truschkat, I. (2014): Angelus Novus: Über alte und neue Wirklichkeiten der deutschen Universitäten. Sequenzanalyse und Deutungsmusterrekonstruktion in der Wissenssoziologischen Diskursanalyse. In: Angermüller, J./Nonhoff, M./Herschinger, E./Macgilchrist, F./Reisigl, M./Wedl, J./Wrana, D./Ziem, A. (Hrsg.): Diskursforschung. Ein interdisziplinäres Handbuch. Bd. 2. Bielefeld: transcript, S. 294–328.

Keller, R./Truschkat, I. (Hrsg.) (2012): Methodologie und Praxis der Wissenssoziologischen Diskursanalyse. Band 1: Interdisziplinäre Perspektiven. Wiesbaden: Springer VS.

Keller, R./Viehöver, W./Schneider, W. (Hrsg.) (2012): Diskurs – Macht – Subjekt: Theorie und Empirie von Subjektivierung in der Diskursforschung. Wiesbaden: VS.

Knoblauch, H. (1995): Kommunikationskultur. Die kommunikative Konstruktion kultureller Kontexte. Berlin: de Gruyter.

Konerding, K.-P. (2009): Diskurslinguistik – eine neue linguistische Teildisziplin. In: Felder, E. (Hrsg.): Sprache. Heidelberger Jahrbücher. Berlin und Heidelberg: Springer, S. 155–177.

Kress, G./van Leeuwen, T. (1996): Reading Images: The Grammar of Visual Design. London: Routledge.

Laclau, E./Mouffe, C. (2012): Hegemonie und radikale Demokratie. Zur Dekonstruktion des Marxismus. Wien: Passagen-Verlag.

Lakoff, G./Johnson, M. (1980): Metaphors We Live By. Chicago und London: University of Chicago Press.

Landwehr, A. (2001): Geschichte des Sagbaren. Einführung in die historische Diskursanalyse. Tübingen: edition diskord.

Landwehr, A. (2008): Historische Diskursanalyse. Frankfurt am Main: Campus.

Landwehr, A. (Hrsg.) (2010): Diskursiver Wandel. Wiesbaden: VS.

Laqueur, T. (1992): Auf den Leib geschrieben. Die Inszenierung der Geschlechter von der Antike bis Freud. Frankfurt am Main und New York: Campus.

Latour, B. (1992): Aramis ou l'Amour des techniques. Paris: La Découverte.

Lévi-Strauss, C. (1975): Strukturale Anthropologie II. Frankfurt am Main: Suhrkamp.

Lévi-Strauss, C. (1977): Strukturale Anthropologie I. Frankfurt am Main: Suhrkamp.

Liebert, W.-A. (1992): Metaphernbereiche der deutschen Alltagssprache. Kognitive Linguistik und die Perspektiven einer Kognitiven Lexikographie. Frankfurt am Main: Lang.

Liebert, W.-A. (2002): Wissenstransformationen. Handlungssemantische Analysen von Wissenschafts- und Vermittlungstexten. Berlin, New York: de Gruyter (=Studia Linguistica Germanica; 63).

Liebert, W.-A. (2004): Diskursdynamik in der Risikokommunikation. Eine diskurslinguistische Untersuchung der Trierer Luftschadstoff-Debatte. In: Deutsche Sprache 32(2), S. 137–161.

Liebert, W.-A. (2009): Mit Bezug auf Sprache. Tübingen: Günter Narr Verlag.

Liebert, W.-A. (2015): Selbstgerechtigkeit – Selbstermächtigte Status-Degradierungszeremonien von Online-Petitionen bis zum Lynchen 2.0. In: Linguistik Online 73(4). https://doi.org/10.13092/lo.73.2199

Liebert, W.-A. (2016): Kulturbedeutung, Differenz, Katharsis. Kulturwissenschaftliches Forschen und Schreiben als zyklischer Prozess. In: Luth, J./Ptashnyk, S./Vogel, F. (Hrsg.): Linguistische Zugänge zu Konflikten in europäischen Sprachräumen. Korpus – Pragmatik – kontrovers. Heidelberg: Winter, S. 21–42.

Liebert, W.-A./Geideck, S. (Hrsg.) (2003): Sinnformeln. Linguistische und soziologische Analysen von Leitbildern, Metaphern und anderen kollektiven Orientierungsmustern. Berlin und New York: de Gruyter.

Liebert, W.-A./Metten, T. (Hrsg.) (2007): Mit Bildern lügen. Köln: Halem.

Liebert, W.-A./Neuhaus, S./Paulus, D./Schaffers, U. (Hrsg.) (2014): Künstliche Menschen. Transgressionen zwischen Körper, Kultur und Technik. Königshausen & Neumann.

Liebert, W.-A./Weitze, M.-D. (Hrsg.) (2006): Kontroversen als Schlüssel zur Wissenschaft? Wissenskulturen in sprachlicher Interaktion. Bielefeld: transcript.

Lindemann, G. (2005): Die Verkörperung des Sozialen. Theoriekonstruktion und empirische Forschungsperspektiven. In: Schroer, M. (Hrsg.): Soziologie des Körpers, Frankfurt am Main: Suhrkamp, S. 114–138.

Lindemann, G. (2018): Strukturnotwendige Kritik. Theorie der modernen Gesellschaft, Band 1. Weilerswist: Velbrück.

Link, J. (2005): Warum Diskurse nicht von personalen Subjekten »ausgehandelt« werden. Von der Diskurs- zur Interdiskurstheorie. In: Keller, R./Hirseland, A./Schneider, W./Viehöver, W. (Hrsg.): Die diskursive Konstruktion von Wirklichkeit. Zum Verhältnis von Wissenssoziologie und Diskursforschung. Konstanz: UVK, S. 77–100.

Luhmann, N. (1986): Ökologische Kommunikation. Opladen: Westdeutscher Verlag.

Luhmann, N. (2010): Gesellschaftsstruktur und Semantik, Band 1. Frankfurt am Main: Suhrkamp.

Maingueneau, D. (2012): Äußerungsszene und Subjektivität. In: Keller, R./Schneider, W./Viehöver, W. (Hrsg.): Diskurs – Macht – Subjekt. Theorie und Empirie von Subjektivierung in der Diskursforschung. Wiesbaden: VS, S. 165–190.

Mead, G. H. (1973 [1934]): Geist, Identität und Gesellschaft. Frankfurt am Main: Suhrkamp.

Mutz, G./Kühnlein, I. (1996): Psychotherapie als Transformationsprozeß. Expertenwissen im Alltagshandeln ehemaliger Klienten. Opladen: Westdeutscher Verlag.
Nohl, A.-M. (2006): Interview und dokumentarische Methode. Anleitungen für die Forschungspraxis. Wiesbaden: VS.
Oevermann, U./Allert, T./Konau, E./Krambeck, J. (1979): Die Methodologie einer »objektiven Hermeneutik« und ihre allgemeine forschungslogische Bedeutung in den Sozialwissenschaften. In: Soeffner, H.-G. (Hrsg.): Interpretative Verfahren in den Sozial- und Textwissenschaften. Stuttgart: Metzler, S. 352–434:
Przyborski, A./Haller, G. (Hrsg.) (2014): Das politische Bild: Situation Room: Ein Foto – vier Analysen. Opladen: Barbara Budrich.
Rayfield, J. R. (1972): What is a Story? In: American Anthropologist 74, S. 1085–1106.
Reckwitz, A. (2003): Grundelemente einer Theorie sozialer Praktiken. Eine sozialtheoretische Perspektive. In: Zeitschrift für Soziologie, Jg. 32, Heft 4, S. 282–301.
Reckwitz, A. (2008): Praktiken und Diskurse: eine sozialtheoretische und methodologische Relation. In: Kalthoff, H./Hirschauer, S./Lindemann, G. (Hrsg.): Theoretische Empirie: zur Relevanz qualitativer Forschung. Frankfurt am Main: Suhrkamp, S. 188–209.
Ricœur, P. (1991a): Myths as a Bearer of Possible Worlds. In: Valdés, M. J. (Hrsg.): Reflection & Imagination. New York: Harvester/Wheatsheaf, S. 482–490.
Ricœur, P. (1991b): The Creativity of Language. In: Valdés, M. J. (Hrsg.): Reflection & Imagination. New York: Harvester/Wheatsheaf, S. 463–481.
Ricœur, P. (2005): Vom Text zur Person. Hermeneutische Aufsätze 1970-1999. Hamburg: Meiner.
Ricœur, P. (2007): Zeit und Erzählung. 3 Bände. München: Wilhelm Fink Verlag.
Ricœur, P./Greimas, A.J. (1991): On Narrativity: Debate with A. J. Greimas. In: Valdés, M. J. (Hrsg.): Reflection & Imagination. New York: Harvester/Wheatsheaf, S. 287–299.
Rotman, C. (2001): Elizabeth Teissier docteur des astres. Polémique universitaire autour de sa thèse de sociologie. In: Libération, 9.4.2001 (o.S.).
Sarasin, P. (2003): Geschichtswissenschaft und Diskursanalyse. Frankfurt am Main: Suhrkamp.
Schmitt, R. (Hrsg.) (2011): Unterricht ist Interaktion! Analysen zur De-facto-Didaktik. Mannheim: Institut für Deutsche Sprache – amades. (=Arbeitspapiere und Materialien zur deutschen Sprache; 41).
Schneider, S. H. (1989): Global Warming: Are We Entering the Greenhouse Century? San Francisco: Sierra Club Books.
Schneider, S. H. / Mesirow, L.E. (1976): The Genesis Strategy: Climate and Global Survival. New York: Plenum Pub Corp.
Schneider, W. (1994): Streitende Liebe. Zur Soziologie familialer Konflikte. Opladen: Leske + Budrich.
Schneider, W. (1999): »So tot wie nötig – so lebendig wie möglich!« Sterben und Tod in der fortgeschrittenen Moderne. Eine Diskursanalyse der öffentlichen Diskussion um den Hirntod in Deutschland. Münster: Lit-Verlag.
Schneider, W. (2015): Dispositive… – überall (und nirgendwo)? Anmerkungen zur Theorie und methodischen Praxis der Dispositivforschung. In: Othmer, J./Weich, A. (Hrsg.): Medien – Bildung – Dispositive. Beiträge zu einer interdisziplinären Medienbildungsforschung, Wiesbaden: Springer VS, S. 21–40.
Schneider, W./Hirseland, A. (2005): Macht – Wissen – gesellschaftliche Praxis. Dispositivanalyse und Wissenssoziologie. In: Keller, R./ Hirseland, A./Schneider, W./Viehöver, W. (Hrsg.): Die diskursive Konstruktion von Wirklichkeit. Zum Verhältnis von Wissenssoziologie und Diskursforschung. Konstanz: UVK, S. 251–275.
Schütz, A. (1973 [1945]): On multiple realities. In: ders.: Collected Papers I: The Problem of Social Reality. Hrsg. von M. Natanson. Den Haag: Martinus Nijhoff Publishers, S. 207–259.
Schütz, A. (1993 [1932]): Der sinnhafte Aufbau der sozialen Welt. Eine Einleitung in die verstehende Soziologie. Frankfurt am Main: Suhrkamp.
Schütz, A./Luckmann, T. (2003 [1975]): Strukturen der Lebenswelt. Konstanz: UVK.

Schwab-Trapp, M. (2011 [2001]): Diskurs als soziologisches Konzept. Bausteine für eine soziologische orientierte Diskursanalyse. In: Keller, R./Hirseland, A./Schneider, W./Viehöver, W. (Hrsg.): Handbuch Sozialwissenschaftliche Diskursanalyse Band 1: Theorien und Methoden, 3. erweiterte und aktualisierte Neuauflage. Wiesbaden: VS, S. 283–308.

Spies, T./Tuider, E. (Hrsg.) (2017): Biographie und Diskurs. Methodisches Vorgehen und Methodologische Verbindungen. Wiesbaden: Springer VS.

Spitzmüller, J. (2005): Metasprachdiskurse. Einstellungen zu Anglizismen und ihre wissenschaftliche Rezeption. Berlin und New York: de Gruyter.

Spitzmüller, J. (2013): Graphische Variation als soziale Praxis. Eine soziolinguistische Theorie skripturaler ‚Sichtbarkeit'. Berlin/Boston: De Gruyter (Linguistik – Impulse & Tendenzen 56).

Spitzmüller, J./Warnke, I. (2011): Diskurslinguistik. Eine Einführung in Theorien und Methoden der transtextuellen Sprachanalyse. Berlin und Boston: de Gruyter.

Stötzel, G./ Wengeler, M. (Hrsg.) (1995): Kontroverse Begriffe. Geschichte des öffentlichen Sprachgebrauchs in der Bundesrepublik Deutschland. Berlin und New York: de Gruyter.

Strauss, A. (1994): Grundlagen qualitativer Sozialforschung: Datenanalyse und Theoriebildung in der empirischen soziologischen Forschung. München: Fink.

Teubert, W (2013): Die Wirklichkeit des Diskurses. In: Busse, D./Teubert, W. (Hrsg.): Linguistische Diskursanalyse: neue Perspektiven. Wiesbaden: VS, S. 55–146.

Teubert, W. (2010): Provinz eines föderalen Superstaates - regiert von einer nicht gewählten Bürokratie? Schlüsselbegriffe des europakritischen Diskurses in Großbritannien. In: Keller, R./Hirseland, A./Schneider, W./Viehöver W. (Hrsg.): Handbuch Sozialwissenschaftliche Diskursanalyse. Band 2: Forschungspraxis. 4. erweiterte Auflage. Wiesbaden: VS, S. 387–422.

Titscher, S./Wodak, R./Meyer, M./Vetter, E. (1998): Methoden der Textanalyse. Leitfaden und Überblick. Wiesbaden: Opladen.

Truschkat, I. (2008): Kompetenzdiskurs und Bewerbungsgespräche. Eine Dispositivanalyse (neuer) Rationalitäten sozialer Differenzierung. Wiesbaden: VS.

Ulrich, P./Keller, R. (2014): Comparing Discourse Between Cultures. A Discursive Approach to Movement Knowledge. In: Baumgarten, B./Daphi, P./Ulrich, P. (Hrsg.): Conceptualizing Culture in Social Movement Research. Hampshire: Palgrave, S. 113–139.

Van Dijk, T. (1991): Racism in the Press. London: Routledge.

Van Dijk, T. (1993): Principles of Critical Discourse Analysis. In: Discourse & Society 4(2), S. 249–283.

Van Dijk, T. (Hrsg.) (1997): Discourse as Structure and Process. Discourse Studies, Band 1. London: Sage.

Van Leeuwen, T. (1993): Genre and Field in Critical Discourse Analysis: A Synopsis. In: Discourse & Society 4(2), S. 193–225.

Van Leeuwen, T. (1995): Representing Social Action. In: Discourse & Society 6(1), S. 81–106.

Viehöver, W. (1997): »Ozone Thieves« and »Hot House Paradise«. Epistemic Communities as Cultural Entrepreneurs and the Reenchantment of Sublunar Space: A Sociological Analysis of the Media Discourse on the Greenhouse Effect in the Federal Republic of Germany 1970-1995. Florenz: EUI.

Viehöver, W. (2010a [2003]): Die Wissenschaft und die Wiederverzauberung des sublunaren Raumes. Der Klimadiskurs im Licht der narrativen Diskursanalyse. In: Keller, R./Hirseland, A./Schneider, W./Viehöver, W. (Hrsg.): Handbuch Sozialwissenschaftliche Diskursanalyse. Band 2: Forschungspraxis. 4. erweiterte und aktualisierte Neuauflage. Wiesbaden: Springer VS, S. 233–269.

Viehöver, W. (2010b): Governing the Planetary Greenhouse in Spite of Scientific Uncertainty. In: Science, Technology & Innovation Studies Vol. 6(2), S. 127–154.

Viehöver, W./Keller, R./Schneider, W. (Hrsg.) (2013): Diskurs – Sprache –Wissen. Interdisziplinäre Beiträge zum Verhältnis von Sprache und Wissen in der Diskursforschung. Wiesbaden: VS.

Von Polenz, P. (1985): Deutsche Satzsemantik. Grundbegriffe des Zwischen-den-Zeilen-Lesens. Berlin: de Gruyter.

Warnke, I. H. (Hrsg.) (2007): Diskurslinguistik nach Foucault. Theorie und Gegenstände. Berlin und New York: de Gruyter.

Warnke, I./Spitzmüller, J. (2008): Methoden und Methodologie der Diskurslinguistik – Grundlagen und Verfahren einer Sprachwissenschaft jenseits textueller Grenzen. In: Dies. (Hrsg.): Methoden der Diskurslinguistik. Sprachwissenschaftliche Zugänge zur transtextuellen Ebene. Berlin und New York: de Gruyter, S. 3–54.

Weber, M. (1972): Wirtschaft und Gesellschaft. Grundriß der verstehenden Soziologie. Studienausg., 5., rev. Aufl. Besorgt von Johannes Winckelmann, Tübingen: Mohr.

Wehler, H.-U. (1998): Die Herausforderung der Kulturgeschichte. München: Achim Freudenstein.

Wengeler, M. (1997): Vom Nutzen der Argumentationsanalyse für eine linguistische Diskursgeschichte. Konzept eines Forschungsvorhabens. In: Sprache und Literatur in Wissenschaft und Unterricht 28/80, S. 96–109.

Wengeler, M. (2003): Topos und Diskurs. Begründung einer argumentationsanalytischen Methode und ihre Anwendung auf den Migrationsdiskurs (1960–1985). Tübingen: Niemeyer.

Wernet, A. (2000): Einführung in die Interpretationstechnik der Objektiven Hermeneutik. Opladen: Leske + Budrich.

White, H. (1990): Die Bedeutung der Form. Erzählstrukturen in der Geschichtsschreibung. Frankfurt am Main: Fischer.

Wittgenstein, L. (1969): Schriften. Band 1: Philosophische Untersuchungen. Frankfurt am Main: Suhrkamp, S. 279–544.

Wodak, R./Nowak, P./Pelikan, J./Gruber, H./ De Cillia, R./ Mitten, R. (1990): »Wir sind alle unschuldige Täter.« Diskurshistorische Studien zum Nachkriegsantisemitismus. Frankfurt am Main: Suhrkamp.

Wodak, R./Menz, F./Mitten, R./Stern, F. (Hrsg.) (1994): Die Sprachen der Vergangenheiten. Öffentliches Gedenken in österreichischen und deutschen Medien. Frankfurt am Main: Suhrkamp.

Wodak, R./Kargl, M./De Cillia, R./Reisigl, M./Liebhart, K./Hofstätter, K. (1998): Zur diskursiven Konstruktion nationaler Identität. Frankfurt am Main: Suhrkamp.

Ziem, A. (2008a): »Heuschrecken« in Wort und Bild. Zur Karriere einer Metapher. In: Muttersprache 2, S. 108–120.

Ziem, A. (2008b): Frames und sprachliches Wissen. Kognitive Aspekte der semantischen Kompetenz. Berlin und New York: de Gruyter.

Reiner Keller | Angelika Poferl (Hrsg.)
Wissenskulturen der Soziologie
2018, 304 Seiten, broschiert
ISBN: 978-3-7799-3447-9
Auch als E-BOOK erhältlich

Die Frage, was soziologisches Wissen ausmacht, hat die Entwicklung des Fachs seit seinen Anfängen teils im-, teils explizit begleitet. Sie lässt sich weniger denn je durch die normative Behauptung einer Einheit beantworten. Die Außengrenzen sind unbeständig, die Vielzahl der Binnendifferenzierungen nimmt zu. Das Buch wendet sich den Besonderheiten soziologischer Wissensproduktion empirisch und analytisch zu. Es widmet sich der Untersuchung und Diskussion von Wissenskulturen unter vorrangiger Berücksichtigung der Soziologie.

Georg Vobruba
Die Kritik der Leute
Einfachdenken gegen
besseres Wissen
2019, 138 Seiten, broschiert
ISBN: 978-3-7799-6037-9
Auch als E-BOOK erhältlich

Der intellektuelle Anspruch auf Gesellschaftsgestaltung ist in der Katastrophe des Stalinismus untergegangen. Intellektuelle Kritik verliert ihre Exklusivität und wird von der Kritik der Leute absorbiert. Das ist die Konsequenz des Strukturwandels der Weltbilder, ablesbar an der stürmischen Durchsetzung der Moderne in Wien.
Heute steht das bessere Wissen von Intellektuellen und Experten ratlos vor aggressivem Einfachdenken, das ihm die Anerkennung verweigert. Die Soziologie kann ihren gesellschaftskritischen Anspruch nur einlösen, wenn sie sich auf die Kritik der Leute einstellt – auch wenn's weh tut.

Reiner Keller | Achim Landwehr | Wolf-Andreas Liebert |
Werner Schneider | Jürgen Spitzmüller | Willy Viehöver
Diskurse untersuchen